Dr. Peter J. D'Adamo
4 Blutgruppen
Das große Kochbuch

PIPER

Zu diesem Buch

Dr. Peter J. D'Adamo entwickelte gemeinsam mit Kristin O'Connor köstliche und gesunde Gerichte für jeden Tag, die auf seinem Blutgruppenkonzept »4 Blutgruppen – 4 Strategien für ein gesundes Leben« basieren. Mit den passenden Rezepten für Frühstück, Mittagessen und Abendessen wird es kinderleicht, eine für die eigene Blutgruppe ideale Ernährungsweise einzuhalten – und das ganz einfach, kreativ und köstlich. Mit diesen alltagstauglichen Rezepten wird die Blutgruppendiät zu einem gesunden und abwechslungsreichen Kochvergnügen für die ganze Familie. Mit Tipps zur Vorratshaltung, Last-Minute-Mahlzeiten und einem 4-Wochen-Plan.

Dr. Peter J. D'Adamo, geboren 1956 in New York, ist einer der bekanntesten Naturheilmediziner der USA. Über viele Jahre hinweg hat er die Zusammenhänge zwischen Blutgruppe, Lebensweise, Ernährung, Gesundheit und Krankheiten erforscht. Er hat mit seinem ersten Buch zum Blutgruppenkonzept »4 Blutgruppen. Vier Strategien für ein gesundes Leben« einen internationalen Bestseller veröffentlicht.
Kristin O'Connor hat sich als ausgebildete Köchin auf die gesunde Küche spezialisiert und produziert Kochsendungen fürs Fernsehen.

Dr. Peter J. D’Adamo
mit Kristin O’Connor

4 Blutgruppen
DAS GROSSE KOCHBUCH

150 einfache Rezepte für ein gesundes Leben

Aus dem Amerikanischen von Stefanie Hutter

PIPER

Mehr über unsere Autorinnen, Autoren und Bücher:
www.piper.de

Von Dr. Peter J. D'Adamo liegen im Piper Verlag vor:
4 Blutgruppen – Das Original-Blutgruppenkonzept
(Tipps für die Blutgruppe A)
4 Blutgruppen – Das Original-Blutgruppenkonzept
(Tipps für die Blutgruppe 0)
4 Blutgruppen – Das Original-Blutgruppenkonzept
(Tipps für die Blutgruppe B)
4 Blutgruppen – Das Original-Blutgruppenkonzept
(Tipps für die Blutgruppe AB)
4 Blutgruppen – 4 Strategien für ein gesundes Leben
4 Blutgruppen – Das Lexikon für ein gesundes Leben
4 Blutgruppen – Das Kochbuch für ein gesundes Leben
4 Blutgruppen – Richtig leben
4 Blutgruppen – Das große Kochbuch

Unser Versprechen für mehr Nachhaltigkeit
• Klimaneutrales Produkt
• FSC®-zertifiziertes Papier
• Hergestellt in Europa

FSC www.fsc.org
MIX
Papier aus verantwortungsvollen Quellen
FSC® C083411

Ungekürzte Taschenbuchausgabe
ISBN 978-3-492-30804-5
1. Auflage Dezember 2015
3. Auflage April 2022

Die amerikanische Originalausgabe erschien in vier Bänden unter dem Titel:
»Eat right 4 your type. Personalized Cookbook« (Type A, Type AB, Type B, Type 0), The Berkeley Publishing Group/Penguin Group (USA) LLC/Penguin Random House, 2013

Umschlaggestaltung: FAVORITBUERO, München
Umschlagabbildung: Shutterstock.com/Olha Afanasieva
Litho: Lorenz & Zeller, Inning a. Ammersee
Satz: Uhl+Massopust, Aalen
Gesetzt aus der Lexia
Druck und Bindung: CPI books GmbH, Leck
Printed in Germany

INHALT

NÜTZLICHE HILFSMITTEL

ANHANG

Ein wichtiger Hinweis

Halten Sie sich bei den in diesem Buch enthaltenen Rezepten genau an die Angaben. Der Verlag haftet nicht für Ihren persönlichen Gesundheitszustand oder allergische Erscheinungen, die eventuell ärztlicher Betreuung bedürfen.

Der Autor war bemüht, die zum Zeitpunkt der Veröffentlichung korrekten Internetadressen anzugeben, weder Autor noch Verlag haften für Irrtümer oder für Änderungen, die nach der Veröffentlichung vorgenommen wurden. Auch übernimmt der Verlag keinerlei Verantwortung für die Webseiten des Autors oder Dritter und für deren Inhalt.

Einleitung

Lass die Nahrung deine Medizin sein
und die Medizin deine Nahrung.

HIPPOKRATES

Nahrung kann uns heilen und stärken, die Genesung nach Verletzung und Krankheit fördern und vielleicht sogar unser genetisches Schicksal beeinflussen.

Nahrung ist aber nicht nur Speise und Kräftigung, sie bietet uns zudem die Möglichkeit, der Kreativität freien Lauf zu lassen und gesellige Stunden mit anderen zu erleben, beispielsweise wenn neue Rezepte oder Zubereitungsarten ausprobiert werden und wir gemeinsam mit anderen ein schönes Essen genießen. Als ich im Jahr 1996 *4 Blutgruppen – 4 Strategien für ein gesundes Leben* schrieb, untersuchte ich den Zusammenhang zwischen Blutgruppe und Ernährung und stellte einzelne, auf die jeweilige Blutgruppe abgestimmte Ernährungsprogramme vor. Seit der Erstveröffentlichung vor mehr als 15 Jahren setzte ich meine Forschungsarbeit fort und schrieb darüber, welche Rolle diese Nahrungsmittel in unserem Leben spielen. Darüber hinaus entwickelte ich hilfreiche Materialien und Anleitungen für jene, die nach der Blutgruppendiät leben.

1998 schrieb ich *4 Blutgruppen – Das Kochbuch für ein ge-*

sundes Leben, ein Handbuch für meine Leser, das Rezepte, Tipps und Richtlinien enthält, welche die Planung und Zubereitung von Mahlzeiten erleichtern. Die Idee der leichteren Umsetzung wollte ich immer schon weiterentwickeln, denn Nahrung und ihre Zubereitung besitzen für mich seit jeher eine ästhetische Qualität, die in einem neuen Buch zum Ausdruck kommen sollte, und zwar nicht nur in tollen Rezepten, sondern auch in schönen Fotos. Vor etwa drei Jahren lernte ich dann Kristin O'Connor kennen. Zwar suchte sie mich als Patientin auf, doch das Gespräch kam rasch auf die Blutgruppendiät, aufs Kochen und ihre Arbeit als Caterer, Foodstylistin und Foodbloggerin.

Ihre Hingabe, ihre Begeisterung für gesunde Ernährung und ihre Fähigkeit, die Zubereitungsweise auch für unerfahrene Köche zu vereinfachen, beeindruckten mich. Im Verlauf der folgenden Monate, in denen wir als Arzt und Patientin miteinander arbeiteten, kamen unsere Gespräche immer wieder auf das Thema Essen zurück. Ich hatte das Gefühl, dass Kristin die perfekte Partnerin für ein Buchprojekt wäre, in dem der wissenschaftliche Hintergrund der Blutgruppendiät und die Kunst des Kochens zu einem optisch ansprechenden Kochbuch verschmelzen könnten, das zudem speziell auf die Bedürfnisse der einzelnen Blutgruppen zugeschnitten ist. Kristin begeistert sich für die Blutgruppendiät wie kaum ein anderer und sie verfügt über ein beinahe enzyklopädisches Wissen, was die Nahrungsmittelauswahl der einzelnen Blutgruppen angeht. Sie ist kreativ und erfinderisch, und sie weiß, dass Essen einerseits schmecken und andererseits Nährstoffe liefern muss.

Ich selbst koche seit über einem Jahr nach den neuen Rezepten in diesem Buch und erfreue mich daran, wie köstlich sie sind und wie leicht sie sich umsetzen lassen. Denn schließlich haben die meisten von uns nur begrenzt Zeit, sich um die Planung und Zubereitung ihrer Mahlzeiten zu kümmern. Die Rezepte in diesem Buch eignen sich für Einzelpersonen und für Familien, aber auch für besondere Anlässe und die Bewirtung von Gästen. Außerdem gibt es hilfreiche Zubereitungstipps, Vorschläge für die Organisation von Küche und Vorratshaltung sowie für eine Grundausstattung, welche die Vorbereitungen und das Kochen erleichtern.

Die enthaltenen Rezepte passen zur jeweiligen Blutgruppe und lassen sich mit den Nahrungsmitteltabellen vereinbaren, sie schmecken köstlich und wurden mit Liebe entwickelt – Liebe zum Essen, Liebe zur Gesundheit, Liebe zu unseren Lesern.

Ich lade Sie ein, uns auf der Reise zu einem maßgeschneiderten Lebensstil weiter zu begleiten. Ich bin überzeugt, Sie werden dieses Kochbuch als bewährten Gefährten erleben, der Ihr Leben bereichert und Ihre Gesundheit verbessert, während Sie die Rezepte ausprobieren, die speziell für Ihre Blutgruppe entwickelt wurden.

Die Blutgruppen

0, A, B und AB im Überblick

Angehörige der Blutgruppe 0 sind oft fasziniert, wenn sie beim Überfliegen der Tabellen für *bekömmlich, neutral* und *zu vermeiden* feststellen, dass sowohl Schokolade als auch Rindfleisch unter *bekömmlich* zu finden sind. Vielleicht fragen Sie sich: »Mache ich hier eine ›Diät‹, bei der Schokolade die Gewichtsabnahme begünstigt?« Die Antwort lautet Ja. Der Unterschied ist, dass es sich bei den *4 Blutgruppen* nicht um eine typische Diät handelt; es ist vielmehr eine Ernährungsweise, die optimale Voraussetzungen für einen gesunden Körper schafft. Das ist der Grund, warum diese »Diät« gleichzeitig zur Gewichtsabnahme und zur Vorbeugung oder Linderung von Krankheiten beitragen kann. Die Frage ist nun, worin diese Diät für die jeweilige Blutgruppe eigentlich besteht.

Im Bereich Ernährung profitieren Personen mit **Blutgruppe 0** von hochwertigem tierischen Eiweiß, wenig Getreide, Obst und Gemüse. Zum Verhängnis werden dieser Blutgruppe vor allem Weizen, Mais, weiße Bohnen, Linsen, Kidneybohnen und die meisten Milchprodukte. Aber keine Sorge, eine weizen- und/oder glutenfreie Ernährung bedeutet längst nicht mehr Verzicht und Leben ohne Brot. Weizen- und glutenfreie Produkte gehören zu den am raschesten zunehmenden Artikeln der Branche, es wird immer leichter, entsprechend Pizza, Brot und Mehle zu finden, sodass Sie auf nichts verzichten müssen, was Ihnen schmeckt. Blutgruppe 0 erzielt mit einer eiweißreichen Ernährung und geringem Getreideanteil optimale Gesundheit und Gewichtsabnahme. Besonders verlockend sind unter den *bekömmlichen* Nahrungsmitteln etwa Lamm, Rind, Grünkohl, Brokkoli, Schokolade, Grüntee, Ananas, Kirschen und Bananen. Und das ist nur eine kleine Auswahl köstlicher Dinge, die für diese Blutgruppe auch unglaublich heilend wirken.

Und wovon müssen Personen dieser Blutgruppe hauptsächlich geheilt werden? Sie sind anfällig für Geschwüre und Reizungen durch übersäuerten Magen sowie für Schilddrüsenleiden durch Jodmangel, für überschießendes Hefewachstum, Darmentzündungen oder einen Mangel an der Aminosäure Tyrosin. Diese Probleme lassen sich durch eine Ernährung gemäß den *4 Blutgruppen* beheben. So sind Algen beispielsweise für die Blutgruppe 0 höchst *bekömmlich*; sie enthalten natürliches Jod und können zur Verbesserung der Schilddrüsenfunktion und der Stoffwechselrate beitragen. Wenn Sie sich also blutgruppengerecht ernähren, gleichen Sie Störungen aus und optimieren Ihr gesundheitliches Potenzial.

Friedlich. Besser könnte man die optimale Ernährung und Lebensweise der **Blutgruppe A** gar nicht beschreiben – der Erhalt des Gleichgewichts im Leben durch eine vorwiegend vegetarische Ernährung, leichte, entspannende Bewegung und häufige kleine Mahlzeiten. Ich bin sicher, dass 99 Prozent der Leser ganz anders leben; in der realen Welt, mit vollem Terminkalender und vielleicht wenig Zeit für Entspannung. Keine Angst, Leben und Essen gemäß Blutgruppe A sind auch in unserer hektischen Welt machbar – mit ein wenig Anleitung. Beginnen wir mit der Nahrungsmittelauswahl.

Blutgruppe A profitiert von Sojaprotein, frischem Gemüse, Vollkorn und Früchten. Um die Wirkung dieser vorwiegend vegetarischen Ernährung zu verstärken, isst man diese Dinge am besten in ihrem natürlichsten Zustand: frisch und biologisch. Das heißt nicht, dass Sie alles tierische Eiweiß meiden müssen, sowohl Huhn als auch Pute fallen unter *neutral,* was bedeutet, dass ihr gelegentlicher Verzehr zusätzliches Eiweiß liefert und keinen Schaden anrichtet, aber sie sind für Personen der Blutgruppe A nicht gesundheitsfördernd.

Gesunde Ernährung und Gewichtsabnahme sind bei der Blutgruppe A tatsächlich eng miteinander verbunden. Ein häufiges Problem ist ein überempfindliches Immunsystem und eine Neigung, auf Stress heftig zu reagieren. Wenn unser Körper irgendeine Art von Stress registriert, sei es durch Training, ein Stimmungshoch oder -tief oder durch berufliche Belastungen, reagiert er mit einer vermehrten Ausschüttung des Stresshormons Kortisol. Bei optimaler Funktion ist der Kortisolspiegel morgens am höchsten und nimmt im Verlauf des Tages ab. Blutgruppe A neigt jedoch zu einem erhöhten Kortisolspiegel, der den Blutzuckerhaushalt durcheinanderbringt und die Anfälligkeit für Diabetes (Typ I und II) erhöht. Daher ist es wichtig, dass der Blutzucker durch häufigere kleine Mahlzeiten über den Tag im Gleichgewicht gehalten wird. Ein verringerter Kortisolspiegel wird auch zu einer Gewichtsabnahme führen. Wenn Sie je von Diätpillen gehört haben, die den Kortisolspiegel senken und dadurch das Körperfett reduzieren, vor allem um die Körpermitte, dann kommt Ihnen das vermutlich bekannt vor. Glücklicherweise müssen Sie nun nicht losgehen und Pillen kaufen, denn Sie kennen das Geheimnis: die Blutgruppendiät.

Unter den Blutgruppen steht die **Blutgruppe B** für Balance. Um bestmögliche Gesundheit zu erreichen, sollten Angehörige der Blutgruppe B nicht nur beim Essen nach Balance streben, sondern auch im Leben. Blutgruppe A erzielt gute Gesundheit über eine vorwiegend vegetarische Ernährung, Blutgruppe 0 sollte sich eiweißreich ernähren, viel Fleisch essen, Blutgruppe B profitiert, wenn sie das Beste aus beiden Welten verbindet. Während die anderen Blutgruppen vieles meiden müssen, gibt es für Blutgruppe B in jeder Kategorie sehr *Bekömmliches*: Fleisch, Getreide, Milchprodukte, Obst und Gemüse. Sie können aus einer großen Vielfalt von Käsesorten wählen, ganz zu schweigen von den drei *neutralen* Genussmitteln, die für die meisten anderen *zu vermeiden* sind: Bier, Rotwein und Kaffee – Sie Glückspilz! *Neutrale* Lebensmittel fördern die Gesundheit zwar nicht, aber sie schaden auch nicht. Sehen wir uns noch mal kurz an, was das für Blutgruppe B bedeutet.

Bei der Planung ihrer Mahlzeiten sollten Menschen dieser Blutgruppe jeweils Protein, komplexe Kohlenhydrate und Gemüse einbeziehen. Das beste Eiweiß liefern rotes Fleisch – wie Lamm, Schaf und Kaninchen – sowie diverse Käsesorten, Bohnen und verschiedenste Meeresfrüchte. Huhn, Krustentiere und Sojaprotein sollten vermieden werden. Neben der Auswahl an *bekömmlichen* und *neutralen* Getreidesorten muss – mit Ausnahme von Mais – nicht viel gemieden werden. Angehörigen der Blutgruppe B steht eine große Vielfalt an köstlichem Getreide, Broten und Nudeln zur Verfügung. Auch die Optionen für Obst und Gemüse sind reichlich, denken Sie nur daran, Tomaten zu meiden.

Menschen der Blutgruppe B sind mit einer starken Abwehr gesegnet, was ihnen die Anpassung an verschiedene Ernährungs- und Umwelteinflüsse erleichtert. Genau aus diesem Grund sollten Angehörige der Blutgruppe B auf eine vielfältige, ausgewogene Ernährung achten. Krankheitsanfällig werden sie, wenn es zu einem Ungleichgewicht im Körper kommt, was üblicherweise Autoimmunerkrankungen oder seltene, sich langsam ausbreitende Viruserkrankungen zur Folge hat. Blutgruppe B neigt auch zu Typ-I-Diabetes und chronischem Erschöpfungssyndrom. Durch eine ausgewogene Ernährung und das Festhalten an *bekömmlichen* Nahrungsmitteln kann man solchen Krankheitsrisiken jedoch vorbeugen.

Blutgruppe AB ist die seltenste und jüngste Blutgruppe, der nur fünf Prozent der Bevölkerung angehören. Diese Blutgruppe entstand aus einer Verbindung der Gruppen A und B. Daher verfügt sie über die Stärken, aber auch über einige Schwächen der beiden ursprünglichen Gruppen.

Das Ernährungsprofil von AB basiert auf wenig Magensäure, ein Erbstück von Gruppe A, was zu einer langsameren Verdauung führt. Daher profitieren Angehörige der Blutgruppe AB, die Fleisch nur in Maßen verzehren sollten, von vielen kleinen, über den Tag verteilten Mahlzeiten und von einer Trennung von Fleisch und Kohlenhydraten. Diese Strategie fördert die Verdauung, hält das Insulin im Gleichgewicht und begünstigt eine Gewichtsabnahme. Äußerst *bekömmlich* für Blutgruppe AB sind etwa Lamm, einige Meeresfrüchte, Sojaprodukte, Vollkorn sowie viele Früchte und Gemüse. Blutgruppe AB kann sich sehr ausgewogen ernähren; bedenken Sie jedoch, dass das Gleichgewicht hier etwas anders erzielt wird, nämlich mit kleinen Mahlzeiten und einer Trennung von Eiweiß und Kohlenhydraten. Wenn es für Sie ungewohnt ist, Protein zu der einen und komplexe Kohlenhydrate zu einer anderen Mahlzeit zu essen, empfehle ich Ihnen, das Gericht normal vorzubereiten und dann vor dem Essen entweder den Protein- oder den Kohlenhydratlieferanten in den Kühlschrank zu packen. Holen Sie den Rest der Mahlzeit nach einigen Stunden aus dem Kühlschrank und wärmen Sie ihn auf, wenn Sie möchten. So haben Sie nicht das Gefühl, dass Sie ständig kochen müssen.

Durch die zusätzliche Berücksichtigung des Sekretorenstatus wurde die Blutgruppendiät noch stärker auf Sie zugeschnitten. Etwa 80 Prozent der Bevölkerung gehören zu den Sekretoren, was bedeutet, dass die meisten von uns ihre Blutgruppenantigene über Körperflüssigkeiten wie Speichel und

Schleim ausscheiden. Wie ich in *4 Blutgruppen – Richtig leben* schrieb:

Die genauere Bestimmung Ihres Blutes, besonders des Sekretorenstatus, ermöglicht eine noch bessere Abstimmung. Ihre Blutgruppe verhält sich in Ihrem Körper nicht passiv. Sie drückt sich in zahllosen Dingen aus. Ein schöner Vergleich wäre ein Wasserhahn. Abhängig vom Wasserdruck wird das Wasser aus dem Hahn strömen oder tröpfeln. Auf dieselbe Art hängt es mit Ihrem Sekretorenstatus zusammen, wie stark und wo Ihr Blutgruppenantigen im Körper exprimiert wird.

Wenn Sie Sekretor sind, bedeutet das, Sekrete in Ihrem Speichel können Viren, Bakterien und andere Fremdkörper sofort angreifen. Nicht-Sekretoren (NS) verfügen über diese erste Abwehr nicht; dafür ist ihre innere Abwehr stärker als bei Sekretoren. All das führt dazu, dass manche Nahrungsmittel für Sekretoren, vielleicht aber nicht für Nicht-Sekretoren NS geeignet sind und umgekehrt. Zu diesem Zweck wurden alle für Nicht-Sekretoren geeigneten Rezepte in diesem Buch als solche gekennzeichnet, wenn möglich wurden in anderen Rezepten Alternativen angeboten, die diese auch für Nicht-Sekretoren geeignet und gesund machen.

Abgesehen von der Ernährung gibt es verschiedene Arten der Bewegung und Stressreduktion, die für die jeweiligen Blutgruppen zuträglich sind.

Blutgruppe 0 benötigt für eine Gewichtsabnahme und zur Stressreduktion Training hoher Intensität. Also los! Aerobic kann mit Krafttraining, Kickboxen, Freiluftsport, Wandern etc. kombiniert werden. Es gibt viele Möglichkeiten, kräftig zu schwitzen und ein paar Kalorien zu verbrennen – achten Sie nur darauf, dass Sie sich drei bis vier Mal pro Woche jeweils mindestens 30 bis 40 Minuten betätigen.

Besonders in einer Welt übermäßiger Stimulation, Geräuschbelastung, großer Menschenansammlungen und hektischer Lebensweise sollte Stressreduktion für die **Blutgruppe A** Priorität genießen und zur täglichen Gewohnheit werden. Es gibt Entspannungs-DVDs, Yogakurse und CDs, Meditationstechniken online und immer neue beruhigende Formen der Bewegung. Die Hilfsmittel sind da, Sie müssen entscheiden, was Ihrer Lebensweise und Ihren Interessen entspricht.

Wie die Ernährung sollte auch das Training für die **Blutgruppe B** ausgewogen sein. Am wirkungsvollsten ist eine Kombination aus mäßiger körperlicher Anstrengung und geistigen Komponenten, halten Sie sich also an Wandern, Radfahren, Tennis und Schwimmen, was meist auch die Knie nicht zu sehr belastet.

Blutgruppe AB neigt zur übermäßigen Produktion von Stresshormonen, richtet gesteigerte Emotionen aber oft nach innen. Die Art des körperlichen Trainings ist für Sie entscheidend für eine gute Gesundheit. Ein Gleichgewicht zwischen intensiver körperlicher Bewegung für den Stressabbau und beruhigenden, meditativen Formen, in denen sich Körper und Geist auf die Mitte ausrichten, ist wichtig für Stressreduktion und Fitness. Streben Sie ein intensives Work-out an jedem zweiten Tag der Woche an, bei dem Sie sich fordern und kräftig schwitzen, und Meditation, Stretching oder beruhigendes Yoga an den Tagen dazwischen.

In diesem Buch finden Sie Rezepte, Speisepläne und Hilfsmittel, die speziell für Ihre Blutgruppe und Ihren Sekretorenstatus entwickelt wurden. Alle Rezepte sind so ausgelegt, dass sie den größtmöglichen gesundheitlichen Nutzen für die jeweilige Blutgruppe erzielen und dabei gut schmecken und Abwechslung bieten. Näheres entnehmen Sie den Büchern *4 Blutgruppen – 4 Strategien für ein gesundes Leben* oder *Das Original-Blutgruppenkonzept – Tipps für die Blutgruppe 0, A, B, AB,* oder verwenden Sie die SWAMI© Software für eine persönlich zugeschnittene Ernährung, wenn Sie darüber verfügen (SWAMI ist unsere selbst erstellte Software zur Erzeugung eines einzigartigen Diätprotokolls auf Basis Ihrer Blutgruppe, einer Reihe von biometrischen Angaben und

Ihrer persönlichen Geschichte, weitere Informationen dazu finden Sie im Anhang). Wir wollen, dass Ihr Leben einfacher wird, sobald Sie Ihre Blutgruppendiät beginnen, also stürzen Sie sich ins Vergnügen!

Wichtiges vorab

Bekömmliche Nahrungsmittel

Es folgt eine Liste mit Vorschlägen für die Grundausstattung Ihrer Küche. An Tagen, an denen Sie spontan und in Windeseile etwas auf den Tisch bringen müssen, sorgen *bekömmliche* und *neutrale* Grundzutaten dafür, dass es immer etwas Gesundes sein wird.

Beginnen wir mit dem Kühlschrank

Grundzutaten für Salate

Wählen Sie einzelne Sorten oder mischen Sie bei jedem Einkauf neu, aber behalten Sie die folgenden Basismöglichkeiten im Hinterkopf:

	bekömmlich	neutral
Blutgruppe 0	• Bataviasalat • Buttersalat • Romanasalat • Roter Kopfsalat • Rucola	
Blutgruppe A	• Bataviasalat • Chicorée • Romanasalat • Roter Kopfsalat • Spinat	
Blutgruppe B	• Grünkohl • Kopfkohl	• Bataviasalat • Buttersalat • Roter Kopfsalat • Rucola • Spinat
Blutgruppe AB	• Grünkohl • Löwenzahnblätter	• Bataviasalat • Chicorée • Kopfkohl • Romanasalat • Roter Kopfsalat • Rucola • Spinat • Winterendivie

Mit diesen Zutaten haben Sie eine gute Grundlage für einen schnellen Salat oder ein knackiges Sandwich.

Ofengemüse

Empfehlenswert ist es, einen Vorrat an herzhaftem, frischem Gemüse anzulegen, das Sie für das Abendessen im Backofen rösten können. Bereiten Sie gleich eine größere Menge davon zu, denn das Ofengemüse schmeckt auch noch am nächsten Tag zum Salat oder in einer Frittata. Reste von geröstetem Gemüse lassen sich vielseitig einsetzen. Die meisten Gemüsesorten mischt man mit wenig Olivenöl und Meersalz und röstet sie bei 190 Grad im Backofen 12 bis 20 Minuten (je nach Größe und Festigkeit). Diese Gemüsesorten sind für Ihre jeweilige Blutgruppe *bekömmlich* oder *neutral*:

	bekömmlich	neutral
Blutgruppe 0	• Brokkoli • Grünkohl • Kürbis (Pumpkin) • Paprikaschoten • Pastinaken • Speiserüben • Süßkartoffeln • Zwiebeln	• Aubergine • Fenchel • Knollensellerie • Möhren • Rosenkohl • Rote Bete • Spargel • Tomaten
Blutgruppe A	• Zwiebeln • Spargelbrokkoli • Pastinaken • Möhren • Kürbis (Pumpkin) • Grünkohl • Fenchel • Brokkoli • Artischockenherzen	• Blumenkohl • Knollensellerie • Kürbis (Squash) • Rosenkohl • Rote Bete • Spargel • Steckrüben • Zucchini
Blutgruppe B	• Aubergine • Blumenkohl • Brokkoli • Grünkohl • Möhren • Paprikaschoten • Pastinaken • Rote Bete • Speiserüben • Süßkartoffeln	• Fenchel • Kartoffeln • Knollensellerie • Kürbis (Squash) • Spargel • Zucchini • Zwiebel
Blutgruppe AB	• Aubergine • Blumenkohl • Brokkoli • Grünkohl • Pastinaken • Rote Bete • Süßkartoffeln	• Fenchel • Knollensellerie • Kürbis (Squash) • Kürbis (Pumpkin) • Möhren • Rosenkohl • Spargel • Speiserüben • Steckrüben • Zucchini

Wenn Sie jede Woche einige der für Sie *bekömmlichen* Gemüsesorten in Ihrem Kühlschrank haben, wird das Kochen leichter und Ihr Speisezettel um *Bekömmliches* bereichert.

Obst

Zusammen mit Nüssen oder Nussmus ist Obst perfekt für zwischendurch, Sie können daraus aber auch einen Nachtisch zaubern oder Trockenfrüchte zu Getreideflocken oder Salaten geben. Einige Früchte passen sogar zu pikanten Gerichten. Hier ist eine Aufstellung der *bekömmlichen* Obstsorten für Ihre jeweilige Blutgruppe:

Blutgruppe	0	A	B	AB
bekömmlich	• Bananen • Blaubeeren • Dörr-pflaumen • Feigen (ge-trocknet) • Guaven • Kirschen • Mango • Pflaumen	• Ananas • Aprikosen • Blaubeeren • Boysen-beeren • Brom-beeren • Cranberrys • Dörr-pflaumen • Feigen (getrocknet) • Grapefruit • Kirschen • Limonen • Pflaumen • Zitronen	• Ananas • Bananen • Cranberrys • Papaya • Pflaumen • Wasser-melone • Wein-trauben	• Ananas • Cranberrys • Feigen • Kirschen • Pflaumen • Wasser-melone • Wein-trauben

Milch/Milchersatz

Die Blutgruppen 0 und A vertragen zwar keine Kuhmilch, für die Zubereitung von Smoothies, Müsli, diversen Suppen und zum Backen gibt es jedoch einige Alternativen, die man vorrätig haben sollte. Geeignete Milch bzw. Milchersatz für die einzelnen Blutgruppen finden Sie in der folgenden Tabelle:

	bekömmlich	neutral
Blutgruppe 0	• Hanfdrink • Mandeldrink • Reisdrink (für Nicht-Sekretoren)	
Blutgruppe A	• Sojadrink	• Mandeldrink • Reisdrink
Blutgruppe B	• Kuhmilch, fettarm	
Blutgruppe AB	• Ziegenmilch	• Kuhmilch, fettarm • Mandeldrink

Extras

Und wie ist es mit jenen Dingen, die wir alle in der Kühlschranktür stehen haben – mit Dingen wie Salatdressing, Würzsaucen und dergleichen? Werfen Sie all diese Flaschen und Gläser voller chemischer Zusätze weg und ersetzen Sie sie durch frische, schmackhafte, hausgemachte Alternativen. Verwenden Sie anstelle von Ketchup, das Essig (für 0 *zu vermeiden*) enthält, Tomatenmark in Gläsern (das ist ein wenig dünnflüssiger, der metallische Geschmack der Konservendose fehlt). Übrigens: Tomaten enthalten sehr viel Säure, daher ist es sehr wichtig, dass man sie nicht in Dosen kauft. Die Säure der Tomaten greift die innere Schicht der Dosen an, die in den meisten Fällen BPA enthält, eine Substanz, die den Hormonhaushalt stört.

Hier finden Sie einige Dinge, die Ihren Geschmacksknospen Abwechslung verschaffen:

Bekömmlich

- Butter (Blutgruppe 0, B) oder Ghee (Blutgruppe 0, A, AB)
- Frische Kräuter: Basilikum, Petersilie, Oregano, Thymian (alle Blutgruppen)
- Gemahlene Leinsamen (alle Blutgruppen)
- Honig-Senf-Dressing* (Blutgruppe AB)
- Ketchup* (Blutgruppe 0, B)
- Kräuter-Dressing* (alle Blutgruppen)
- Möhren-Ingwer-Dressing* (alle Blutgruppen)

- Olivenöl/helles Olivenöl (Blutgruppe A)
- Zitronen (Blutgruppe 0, A)
- Zitrus-Dressing* (Blutgruppe A, B, AB)

Eiweiß

Blutgruppe 0

Eiweißlieferanten bilden die Grundlage der Ernährung für Blutgruppe 0, Menschen dieser Blutgruppe sind Fleischesser, die nicht viel Getreide brauchen, wenn überhaupt, und davon auch nicht profitieren. Ein Fleischvorrat ist hier natürlich ideal. Günstig wären jeweils zwei frische Eiweißlieferanten im Kühlschrank und zwei bis drei im Gefrierschrank als Reserve (mehr dazu später). Praktisch ist, wenn man die nachfolgenden Grundzutaten vorrätig hat.

Achten Sie bitte darauf, dass Geflügel stets aus biologischer Haltung und Rindfleisch aus biologischer Weidehaltung stammt. Truthahnspeck sollte möglichst frei von Nitraten und Konservierungsstoffen sein.

Bekömmlich

- Eier
- Filetspitzen
- Huhn
- Käse (Feta, Ziegenkäse, Mozzarella); SWAMI weist vielleicht einzelne Käsesorten als mehr oder weniger bekömmlich aus, orientieren Sie sich daran.
- Lamm-Steaks (billiger, enthalten mehr mageres Fleisch als Koteletts oder Lammkrone)
- Meeresfrüchte (Wolfsbarsch, Kabeljau, Heilbutt, Flussbarsch, Hecht, Regenbogenforelle, Nördlicher Schnapper, Seezunge, Stör, Schwertfisch, Ziegelbarsch, Gelbschwanzmakrele)

* Rezepte im Buch

- Nussmus (Mandel, Macadamianuss, Pekannuss, Walnuss). Mandelmus ist nicht so teuer und in vielen Supermärkten oder Naturkostläden erhältlich. Auch hier gilt, wenn das persönliche Ernährungsprotokoll aus SWAMI eine Nuss als bekömmlicher ausweist als andere, verwenden Sie diese und stellen Sie Ihr eigenes Nussmus her, indem Sie die rohen Nüsse in einem Hochleistungsmixer zu glatter Konsistenz verarbeiten.
- Putenbrust
- Rinderhack (zu mindestens 90 Prozent mager)

Blutgruppe A

Grundlagen der Ernährung für Blutgruppe A sind pflanzliche Proteine, herzhafte Getreidegerichte und frisches Obst und Gemüse pur. Dennoch ist die Aufrechterhaltung eines ausgewogenen Verhältnisses zwischen Eiweiß, Kohlenhydraten und gesundem Fett in der Nahrung entscheidend. Pflanzliche Proteine sind für Sie vielleicht noch Neuland, die nachfolgende Liste wird Ihnen den Anfang erleichtern. Achten Sie auf Abwechslung bei den Eiweißlieferanten, wie Sie es beim Fleisch tun würden. Kaum jemand isst täglich zum Abendessen Rindfleisch, beschränken Sie sich also auch hier nicht auf eine Art von Protein. Sie können die Liste um einige *Neutrale* ergänzen, das Hauptaugenmerk liegt aber möglichst auf *Bekömmlichem.*

Beachten Sie bitte die Empfehlung, dass Geflügel stets aus biologischer Haltung und Rindfleisch aus biologischer Weidehaltung stammen sollte.

Bekömmlich

- Hülsenfrüchte (Adzukibohnen, schwarze Bohnen, Augenbohnen, Dicke Bohnen, Linsen, Sojabohnen, Wachtelbohnen)
- Meeresfrüchte (Karpfen, Kabeljau, Makrele, Seeteufel, Flussbarsch, Amerikanischer Hecht, Seelachs, Nördlicher Schnapper, Lachs, Sardinen, Schnecken, Forelle, Renke, Wittling)

- Nüsse (Erdnüsse, Walnüsse)
- Nussmus (Erdnusscreme – *bekömmlich* – oder Mandelmus – *neutral*). Mandelmus ist nicht so teuer und in vielen Supermärkten oder Naturkostläden erhältlich. Wenn das persönliche Ernährungsprotokoll aus SWAMI eine Nuss als bekömmlicher ausweist als andere, verwenden Sie diese und stellen Sie im Hochleistungsmixer Ihr eigenes Nussmus her.
- Soja (Sojakäse, Sojadrink, Tempeh, Tofu)

Neutral

- Eier
- Geflügel (Huhn, Hähnchen, Pute)
- Käse (Mozzarella, Feta, Ziegenkäse, Kefirkäse, Ricotta, Quark, Joghurt). Wenn Sie mit SWAMI Ihr persönliches Ernährungsprotokoll erstellt haben, weist es vielleicht einzelne Käsesorten als mehr oder weniger bekömmlich aus, orientieren Sie sich daran.

Blutgruppe B

Die Ernährung für Blutgruppe B basiert auf einem ausgewogenen Protein- und Gemüsekonsum, daher ist es wichtig, verschiedenste Eiweißlieferanten zur Hand zu haben, die Gemüse und Getreide in jeder Mahlzeit ergänzen. Wir empfehlen, zwei frische Eiweißlieferanten im Kühlschrank und zwei bis drei als Reserve im Gefrierschrank aufzubewahren. Bereiten Sie mehr Fleisch zu und essen Sie es am nächsten Tag zu Mittag oder in einem Eintopf. Praktisch ist, wenn man die folgenden Grundzutaten vorrätig hat.

Beachten Sie bitte, dass Geflügel stets aus biologischer Haltung und Rindfleisch aus biologischer Weidehaltung stammen sollte.

Bekömmlich

- Käse (Hüttenkäse, Quark, Feta, Ziegenkäse, Kefirkäse, Mozzarella, Ricotta)
- Lamm-Steaks (billiger, enthalten mehr mageres Fleisch als Koteletts oder Lammkrone)
- Meeresfrüchte (Kabeljau, Scholle, Zackenbarsch, Heilbutt, Goldmakrele, Lachs, Seezunge)
- Nussmus (Walnussmus aus schwarzen Walnüssen)

Neutral

- Eier
- Filetspitzen
- Käse (Brie, Camembert, Cheddar, Rahmfrischkäse, Gouda, Gruyère, Jarlsberg, Münster, Parmesan, Provolone, Emmentaler)
- Meeresfrüchte (Wels, Hering, Kaiserbarsch, Nördlicher Schnapper, Seezunge, Tintenfisch, Tilapia, Renke)
- Nussmus (Mandel, Pekannuss, Macadamianuss. Mandelmus ist nicht so teuer und in vielen Supermärkten oder Naturkostläden erhältlich.)
- Putenbrust
- Rinderhack (zu mindestens 90 Prozent mager)

Blutgruppe AB

Grundlage der Ernährung für Blutgruppe AB ist eine Kombination aus tierischem und pflanzlichem Protein, herzhaften Getreidegerichten und frischem Obst und Gemüse pur. Achten Sie auf Abwechslung bei den Eiweißlieferanten. Hier werden auch *Neutrale* genannt, konzentrieren Sie sich aber möglichst oft auf *Bekömmliches*.

Achten Sie bitte darauf, dass Geflügel stets aus biologischer Haltung und Rindfleisch aus biologischer Weidehaltung stammt.

Bekömmlich

- Eier
- Fleisch (Lamm, Schaf, Kaninchen)
- Geflügel (Pute)
- Hülsenfrüchte (Linsen, weiße Bohnen, Wachtelbohnen, rote Bohnen)
- Käse (Hüttenkäse, Quark, Feta, Kefirkäse, Mozzarella, Ricotta)
- Meeresfrüchte (Kabeljau, Zackenbarsch, Makrele, Goldmakrele, Lachs, Nördlicher Schnapper, Schnecken, Thunfisch)
- Nüsse (Kastanien, Erdnüsse, Walnüsse)
- Nussmus (Erdnusscreme). Wenn das persönliche Ernährungsprotokoll aus SWAMI eine Nuss als bekömmlicher ausweist als andere, verwenden Sie diese und stellen Sie im Hochleistungsmixer Ihr eigenes Nussmus her.
- Soja (Sojabohnen, Tempeh, Tofu)

Neutral

- Nussmus (Mandelmus). Mandelmus ist nicht so teuer und in vielen Supermärkten oder Naturkostläden erhältlich.

Vorräte im Gefrierschrank

Smoothies

Ein Smoothie ist ein tolles Frühstück oder auch perfekt für zwischendurch. Smoothies lassen sich rasch zubereiten, halten Sie also immer einige Zutaten bereit. Verwenden Sie auf jeden Fall auch frisches Saisonobst. Etwas dicker wird ein Smoothie, wenn Sie gefrorenes Obst und Gemüse zufügen. Hier sind einige *bekömmliche* und *neutrale* Optionen:

	bekömmlich	**neutral**
Blutgruppe 0	• Blaubeeren • Grünkohl • Kirschen • Mango • Spinat	• Ananas • Erdbeeren (*zu vermeiden* für Nicht-Sekretoren) • Himbeeren • Pfirsiche
Blutgruppe A	• Ananas • Aprikosen • Blaubeeren • Brombeeren • Feigen • Grünkohl • Kirschen • Spinat	• Avocado • Datteln • Erdbeeren • Himbeeren • Pfirsiche
Blutgruppe B	• Ananas • Bananen • Grünkohl	• Erdbeeren • Feigen • Himbeeren • Mangos • Pfirsiche
Blutgruppe AB	• Ananas • Feigen • Grünkohl • Kirschen	• Blaubeeren • Brombeeren • Datteln • Erdbeeren • Papaya • Pfirsiche • Spinat

Reste

Bei der Zubereitung von Gerichten, die sich einfrieren lassen, lohnt es sich stets, gleich die doppelte Menge zu nehmen:

- Chili
- Eintöpfe
- Kekse
- Kräcker
- Lasagne
- Muffins
- Nudelsaucen
- Pesto
- Saucen

Pesto lässt sich in BPA-freien Eiswürfelbehältern zur portionsweisen Entnahme einfrieren. Auf den folgenden Seiten finden Sie noch weitere Tipps für die gesunde Lagerung von Nahrungsmitteln und die Zubereitung in großen Mengen.

Eiweißlieferanten

Neben den frischen Eiweißlieferanten im Kühlschrank ist es auch sinnvoll, zumindest einige Optionen im Gefrierschrank zu haben. Fleisch, Geflügel und Fisch nimmt man zum Auftauen am Vortag aus dem Gefrierschrank und gibt sie in den Kühlschrank. Rindfleisch sollte stets aus organischer Weidehaltung stammen. Hier finden Sie einige Dinge, die sich gut für den Gefrierschrank eignen:

Blutgruppe 0

Bekömmlich

- Filetspitzen
- Lamm-Steaks (billiger, enthalten mehr mageres Fleisch als Koteletts oder Lammkrone)
- Meeresfrüchte (Wolfsbarsch, Kabeljau, Heilbutt, Flussbarsch, Hecht, Nördlicher Schnapper, Regenbogenforelle, Seezunge, Stör, Schwertfisch, Ziegelbarsch, Gelbschwanzmakrele)
- Putenbrust / Putenhack
- Rinderhack (zu mindestens 90 Prozent mager)

Blutgruppe A

Bekömmlich

- Pute (Putenhack / Putenbrust)
- Meeresfrüchte (Karpfen, Kabeljau, Makrele, Seeteufel, Flussbarsch, Amerikanischer Hecht, Seelachs, Nördlicher Schnapper, Lachs, Sardinen, Schnecken, Forelle, Renke, Wittling)

Blutgruppe B

Bekömmlich

- Filetspitzen
- Lamm-Steaks (billiger, enthalten mehr mageres Fleisch als Koteletts oder Lammkrone)
- Meeresfrüchte (Kabeljau, Scholle, Zackenbarsch, Heilbutt, Goldmakrele, Lachs, Seezunge)
- Pute (Putenhack, Putenbrust, ganz)
- Rinderhack (zu mindestens 90 Prozent mager)

Neutral

- Meeresfrüchte (Wels, Hering, Kaiserbarsch, Nördlicher Schnapper, Kammmuscheln, Tintenfisch, Tilapia, Renke)

Blutgruppe AB

Bekömmlich

- Fleisch (Lamm, Kaninchen)
- Meeresfrüchte (Kabeljau, Zackenbarsch, Makrele, Goldmakrele, Lachs, Nördlicher Schnapper, Schnecken, Thunfisch)
- Putenbrust / Putenhack

Die Vorratskammer befüllen

Zwischenmahlzeiten

Das Erste, was wir aus der Vorratskammer holen, ist meist ein kleiner Happen für unterwegs oder für das Pausenbrot der Kinder. Auch diese Stärkung zwischendurch muss ausgewogen und vollwertig sein. Das können Sie gewährleisten, wenn Sie Ihre Vorräte klug anlegen.

Hier finden Sie einige Grundnahrungsmittel für Ihre Blutgruppe:

Blutgruppe 0

- Dunkle Schokolade (mindestens 70 Prozent)
- Frisches Obst (Bananen, Kirschen, Pflaumen, Mangos)
- Kürbiskerne
- Mandelmus
- Naturreiswaffeln
- Nüsse (Mandeln, Macadamia-, Pekan-, Walnüsse)
- Trockenobst (Cranberrys, Kirschen, Feigen, Pflaumen)

Blutgruppe A

- Dunkle Schokolade (mindestens 70 Prozent)
- Erdnusscreme
- Frisches Obst (Ananas, Blaubeeren, Kirschen, Grapefruit, Pflaumen)
- Kürbiskerne
- Leinsamen
- Naturreiswaffeln
- Nüsse (Walnüsse, Erdnüsse, Mandeln, Pekannüsse, Macadamianüsse)
- Trockenobst (Aprikosen, Kirschen, Feigen, Dörrpflaumen)

Blutgruppe B

- Dinkelkräcker
- Dunkle Schokolade (mindestens 70 Prozent)
- Frisches Obst (Bananen, Weintrauben, Papaya, Ananas, Pflaumen, Wassermelone)
- Mandelmus
- Naturreiswaffeln
- Nüsse (Mandeln, Pekan-, Macadamia-, Walnüsse)
- Trockenobst (Bananenchips, Cranberrys, Feigen, Dörrpflaumen)
- Vollkornzerealien (aus Hafer, Dinkel oder Naturreis)

Blutgruppe AB

- Dinkelkräcker
- Dunkle Schokolade (mindestens 70 Prozent)

- Erdnusscreme
- Frisches Obst (Kirschen, Grapefruit, Weintrauben, Kiwi, Ananas, Pflaumen, Wassermelone)
- Naturreiswaffeln
- Nüsse (Mandeln, Erdnüsse, Pekan-, Macadamia-, Walnüsse)
- Trockenobst (Aprikosen, Kirschen, Cranberrys, Feigen, Ananas, Dörrpflaumen, Rosinen)

Wenn Sie eine Mischung aus Nüssen, Trockenfrüchten und eventuell etwas dunkler Schokolade in einzelnen Portionen verpacken, sind Sie für hektische Zeiten vorbereitet. Verwenden Sie dafür kleine, wiederverschließbare Glasbehälter, die Sie mit ins Auto, Flugzeug oder wohin auch immer nehmen können.

Brot

Die **Blutgruppen A** und **AB** können Weizen vertragen. Allerdings gehört er zu den *Neutralen*, wenn Sie sich auf *Bekömmliches* konzentrieren möchten, nehmen Sie lieber Essener Brot (aus gekeimtem Weizen) oder Brot aus Hafer- oder Roggenmehl (für Blutgruppe A) bzw. Brot aus Naturreis, Dinkel, Sojamehl, Hirse oder Amaranth (für Blutgruppe AB). Beachten Sie bitte, dass im Handel angebotenes Essener Brot eventuell den Zusatz Weizengluten enthalten kann, prüfen Sie die Zutatenliste auf Zusätze, die *zu vermeiden* sind.

Getränke

Blutgruppe 0

Wasser ist immer die beste Option, doch wer ein wenig Abwechslung in seine Getränkeauswahl bringen möchte, kann die folgenden *bekömmlichen* Tees versuchen, pur, mit etwas Selters oder einem Hauch Zitrone, Limone oder Minze. Einige Rezepte für solche Tees und kohlensäurehaltige Getränke finden sich weiter hinten in diesem Buch.

Bekömmlich

- Grüntee
- Ingwertee
- Kamillentee
- Löwenzahntee
- Minztee
- Selters
- Süßholzwurzeltee

Blutgruppe A

Noch ein Grund, warum sich Blutgruppe A glücklich schätzen darf: Kaffee und Rotwein sind für Sie höchst *bekömmlich*. Natürlich sollte man keines von beiden den ganzen Tag trinken, versuchen Sie es neben Wasser also mit folgenden *bekömmlichen* Tees oder Fruchtsäften, pur oder mit etwas Zitrone, Limone oder Minze. Für Blutgruppe A ist es förderlich, mit warmem Wasser und einem Schuss Zitronensaft in den Tag zu starten.

Bekömmlich

- Aloesaft
- Fruchtsaft (Schwarzkirschen)
- Kaffee
- Rotwein
- Tees (Kamille, Löwenzahn, Echinacea, Grüntee, Ingwer, Ginseng, Hagebutten)

Blutgruppe B

Wasser ist immer die beste Option, doch wer ein wenig Abwechslung in seine Getränkeauswahl bringen möchte, kann die folgenden *bekömmlichen* Tees oder *neutralen* Getränke versuchen, aber übertreiben Sie bei Letzteren nicht. Einige Rezepte für Getränke finden Sie weiter hinten in diesem Buch.

Bekömmlich

- Ananassaft
- Tees (Ingwer, Grüntee, Süßholzwurzel, Pfefferminze, Hagebutten)
- Traubensaft

Neutral

- Bier
- Kaffee
- Rotwein
- Schwarztee

Blutgruppe AB

Auch Blutgruppe AB darf sich glücklich schätzen: Rotwein ist für Nicht-Sekretoren höchst *bekömmlich*, für Sekretoren *neutral*. Natürlich sollte man nicht den ganzen Tag Wein trinken, versuchen Sie es neben Wasser also mit folgenden *bekömmlichen* Tees oder Fruchtsäften, pur oder mit etwas Zitrone, Limone oder Minze. Für Blutgruppe AB ist es förderlich, mit warmem Wasser und einem Schuss Zitronensaft in den Tag zu starten. Im Rezeptteil finden Sie einige originelle Tipps für Getränke.

Bekömmlich

- Fruchtsäfte (Kirsche, Cranberry, Grapefruit, Trauben, Ananas)
- Rotwein
- Tee (Kamille, Echinacea, Ingwer, Ginseng, Grüntee, Süßholzwurzel, Hagebutten)

Neutral

- Bier
- Weißwein

Blutgruppe 0

Wie bereits erwähnt, spielt Getreide in der Ernährung für Blutgruppe 0 eine untergeordnete Rolle. In mäßigen Mengen sind die folgenden Getreide jedoch gut geeignet. Quinoa gart in zwölf Minuten und ist eine leichte, sättigende Beilage für ein schnelles Abendessen an Werktagen; Bohnen bereichern Salate, Eintöpfe, Schmorgerichte, Dips und Suppen um sättigende Proteine und Kohlenhydrate.

Bekömmlich

- Adzukibohnen
- Augenbohnen
- Hirse
- Naturreis
- Quinoa
- Rote Quinoa

Blutgruppe A

Vollkorn und Hülsenfrüchte sind für Angehörige der Blutgruppe A *bekömmlich*, bauen Sie sie ein, wo immer es geht. Haben Sie diese Zutaten immer vorrätig, damit Sie sie jederzeit einsetzen können.

Bekömmlich

- Hülsenfrüchte (Adzukibohnen, schwarze Bohnen, Augenbohnen, Dicke Bohnen, Linsen, Sojabohnen, Wachtelbohnen)
- Vollkorn (Buchweizen, Hafermehl, Haferflocken, Roggenmehl)

Neutral

- Vollkorn (Gerste, Mais, Couscous, Hirse, Quinoa, Reis, Weizen, Dinkel)

Blutgruppe B

Getreide ist ein integraler Bestandteil der Ernährung für Blutgruppe B, und zwar bei jeder Mahlzeit in einem ausgewogenen Verhältnis mit Eiweiß und Gemüse. Ihnen stehen etliche Getreide zur Auswahl, *bekömmliche* und *neutrale*, die für Abwechslung sorgen. Quinoa gart in zwölf Minuten und ist eine leichte, sättigende Beilage für ein schnelles Abendessen an Werktagen. Bohnen bereichern Salate, Eintöpfe, Schmorgerichte, Dips und Suppen um sättigende Proteine und Kohlenhydrate.

- Bohnen (Kidneybohnen, Limabohnen, weiße Bohnen)
- Vollkorn (Hirse, Haferkleie, Haferflocken, Puffreis, Reiskleie, Reiswaffeln, Dinkel)

Blutgruppe AB

Vollkorn und Hülsenfrüchte sind für Menschen der Blutgruppe AB *bekömmlich*, bauen Sie sie ein, wo immer es geht. Haben Sie diese Zutaten immer vorrätig, damit Sie sie jederzeit einsetzen können.

Bekömmlich

- Hülsenfrüchte (Linsen, weiße Bohnen, Wachtelbohnen, rote Bohnen, Sojabohnen)
- Vollkorn (Hirse, Hafermehl, Haferflocken, Reis, Roggenmehl)

Neutral

- Vollkorn (Gerste, Couscous, Quinoa, Weizen)

Gewürze

Gesundes Essen soll auch schmecken, das ist eine Grundvoraussetzung. Wer sich mit natürlichen Gewürzen auskennt, erreicht das besonders schnell. Kräuter und Gewürze enthalten keine Kalorien, aber viel Geschmack. Die nachfolgend angeführten Gewürze passen auch bestens zu Ihrer jeweiligen

Blutgruppe. Halten Sie dabei immer ein Glas hausgemachtes Semmelmehl (glutenfreies Semmelmehl für Gruppe 0 **NS**) vorrätig zum Bestreuen von Aufläufen, Panieren von Fisch oder Geflügel und als Zutat für Hackbraten (das Grundrezept für Semmelmehl finden Sie auf Seite 352 in diesem Buch).

Auch wenn Sie Ihre Vorliebe für Süßes gerne unterdrücken möchten, ist das in den meisten Fällen nicht realistisch, decken Sie sich also mit natürlichen Süßungsmitteln wie Agaven- und Ahornsirup ein, aber gehen Sie sparsam damit um.

Blutgruppe 0

Bekömmlich

- Agavensirup
- Ahornsirup
- Gewürze (Piment, Basilikum, Kardamom, Cayennepfeffer, Chilipulver, Zimt, Kreuzkümmel, Curry, Knoblauch, Oregano, Paprika, Petersilie, Salbei, Salz, Estragon, Thymian, Kurkuma)
- Hausgemachtes glutenfreies Semmelmehl **NS**
- Olivenöl

Blutgruppe A

Bekömmlich

- Agavensirup
- Ahornsirup
- Gewürze (Knoblauch, Ingwer, Meerrettich, Senf, Tamari)
- Hausgemachtes Semmelmehl **NS**
- Honig
- Melasse
- Miso
- Olivenöl
- Sojasauce
- Vanille

Neutral

- Gewürze (Piment, Basilikum, Lorbeerblatt, Kümmel, Kardamom, Schnittlauch, Zimt, Gewürznelken, Koriander, Muskat, Oregano, Paprika, Pfefferminze, Safran, Rosmarin, Salbei, Estragon, Thymian, Meersalz)

Blutgruppe B

Bekömmlich

- Gewürze (Cayennepfeffer, Curry, Ingwer, Meerrettich, Petersilie)
- Hausgemachtes Semmelmehl **NS**
- Melasse
- Olivenöl

Neutral

- Agavensirup
- Ahornsirup
- Essig
- Gewürze (Anis, Basilikum, Lorbeerblatt, Kümmel, Kardamom, Carob, Chilipulver, Schnittlauch, Gewürznelken, Koriander, Kreuzkümmel, Knoblauch, Majoran, Senf, Muskat, Oregano, Paprika, Peperoncini, Pfefferminze, Salbei, Tamari, Tamarinde, Estragon, Thymian, Kurkuma, Vanille)

Blutgruppe AB

Bekömmlich

- Agavensirup
- Ahornsirup
- Fruchtgelee (von zulässigen Früchten)
- Gewürze (Curry, Knoblauch, Meerrettich, Miso, Petersilie)
- Hausgemachtes Semmelmehl
- Honig
- Konfitüre (von zulässigen Früchten)

- Mayonnaise
- Melasse
- Miso
- Olivenöl
- Sojasauce
- Vanille

Neutral

- Gewürze (Basilikum, Lorbeerblatt, Kümmel, Kardamom, Carob, Chilipulver, Schnittlauch, Zimt, Gewürznelken, Koriander, Kreuzkümmel, Dill, Süßholzwurzel, Senf, Muskat, Paprika, Pfefferminze, Rosmarin, Safran, Salbei, Meersalz, Tamari, Tamarinde, Estragon, Thymian, Kurkuma)

Last-Minute-Rezepte

Zeitsparende Tricks

Bereiten Sie folgende Mahlzeiten und Snacks in größerer Menge zu und bewahren Sie diese im Gefrierschrank auf: Leinsamen-Chips, Smoothies in Einzelportionen, Backwaren, Chili, Knuspermüsli, Suppen, Eintöpfe, Pastasauce, Pesto (in Eiswürfelbehältern) und Schmorgerichte.

Nehmen Sie, wenn Sie Dressings oder Würzsaucen herstellen, immer die zwei- oder dreifache Menge und bewahren Sie den Rest im Kühlschrank auf – so können Sie sich zwei Mal Vorbereitung und Aufräumen ersparen.

Ofengemüse verwenden

Wir möchten nochmals betonen, wie nützlich Reste von Ofengemüse sein können. Man kann es nicht nur zu fast jedem Gericht geben, es wertet auch viele Speisen geschmacklich auf, ohne viel Mühe zu machen. Hier sind einige Beispiele, aus welchen Rezepten man durch die Beigabe von Ofengemüse ein köstliches neues Gericht zaubern kann:

- Crêpes
- Eintöpfe
- Frittatas
- Frühlingsrollen
- Gemüsekuchen
- Kalte Nudelsalate
- Omelettes
- Pizza
- Quiches
- Reissalate
- Salate
- Salatrollen
- Soufflés
- Tacos

Tun Sie sich, wenn Sie das nächste Mal Ofengemüse zum Abendessen zubereiten, den Gefallen und verdoppeln Sie die Menge – die Reste lassen sich ganz wunderbar für ein bis zwei Tage im Kühlschrank aufbewahren.

Inspektion der Vorräte

Nun haben wir die Grundlagen geschaffen, sehen wir uns also an, was *zu vermeiden* ist. Bisher konnten Sie essen, was Sie wollten. Jetzt öffnen Sie den Schrank und denken, wo soll ich beginnen? Die Antwort ist simpel: Sie müssen einfach das Hauptgewicht auf die gesunden Optionen legen, die Sie nun kennen. Doch Sie sollten alles aussortieren, was für Ihre Blutgruppe in die Kategorie *zu vermeiden* fällt. Im Folgenden werden einige Orte angeführt, wo *zu Vermeidendes* lauern könnte, das Ihre ansonsten perfekte neue Ernährung sabotiert.

- Öffnen Sie den Kühlschrank: Stellen Sie fest, welche Würz- und sonstigen Saucen, Brühen und anderen Fertigprodukte sich dort befinden.
- Öffnen Sie die Vorratskammer: Sehen Sie nach, welche Zutaten Ihre Snacks, Zerealien, Nudeln, Gewürze und sonstigen Lebensmittel enthalten.
- Öffnen Sie den Gefrierschrank: Entfernen Sie Tiefkühlgerichte. Tun Sie es einfach. Sie können sicher sein, dass diese Ihnen nicht guttun. Ansonsten verfahren Sie wie oben: Sehen Sie nach, was Sie haben, welche Zutaten

darin stecken, und machen Sie sich klar, womit Sie es zu tun haben.

Wenn Sie so weit sind, legen Sie alle fragwürdigen Lebensmittel nebeneinander auf die Arbeitsfläche oder den Küchentisch. Sehen Sie in *Das Original-Blutgruppenkonzept* für Blutgruppe 0, A, B oder AB nach beziehungsweise nehmen Sie die »TYPEbase Food Values« auf unserer Website zu Hilfe (www.dadamo.com). Wenn Sie mit der SWAMI-Software für eine persönlich zugeschnittene Ernährung arbeiten, verwenden Sie die Nahrungsmitteltabellen in Ihrem Handbuch. Sehen Sie unter *zu vermeiden* nach, so können Sie diese Nahrungsmittel am raschesten aussortieren.

Sie wissen nun, was Sie vermeiden müssen, mögliche Sündenfälle wurden aus Vorratskammer, Kühl- und Gefrierschrank entfernt, sehen wir uns also einige der häufigsten Problemfälle einzeln an.

Beachten Sie dabei bitte, dass nicht nur die nachfolgend angeführten Beispiele *zu vermeiden* sind.

Blutgruppe 0

Essig

Blutgruppe 0 bekommt Essig nicht gut. Vielleicht erscheint es Ihnen auf den ersten Blick unmöglich, ohne Essig zu leben, aber die vielen Rezepte in diesem Buch werden die Lücke schließen. Verbannen Sie ihn aus Ihrer Küche – aus den Augen, aus dem Sinn. Bleibt allerdings die Frage, was alles Essig enthält, ohne dass man es am Namen erkennt wie bei Balsamico-, Rotwein-, Apfel- oder Reisessig.

In folgenden Lebensmitteln versteckt sich Essig:

- Chilisaucen
- Cocktail-Saucen
- In Essig eingelegtes Gemüse
- Ketchup
- Mayonnaise
- Meerrettich-Zubereitung
- Oliven

- Relish
- Salatdressing
- Sojasauce
- Steak-Sauce
- Tafelsenf
- Worcestershire-Sauce

Weizen/Gluten

Auch wenn es traumatisierend wirken mag, es ist besser, sich den Tatsachen zu stellen: Weizen ist nicht gut für Sie – Gluten auch nicht, zumindest für viele Angehörige der Blutgruppe 0. Weizen steckt in überraschend vielen Lebensmitteln, sehen wir uns also zunächst an, wie wir ihn eliminieren, und trennen wir uns dann leichten Herzens davon.

Viele weizenfreie Getreideprodukte sind auch glutenfrei. Gluten ist das Protein in Weizen, Roggen und Gerste. Es lässt sich schwer ersetzen, weil es für die Backeigenschaften dieser Getreide verantwortlich ist. Es macht den Teig elastisch und hält ihn zusammen, es lässt ihn schön aufgehen und sorgt für die typische Konsistenz des Brotes. Getreide, in denen dieses Protein fehlt, etwa Reis, Buchweizen, Quinoa, Amaranth und Teff, fühlen sich im Brot grob an, zerfallen beim Garen und gehen nicht gut auf. Lassen Sie sich davon nicht entmutigen – Sie sollten nur vorgewarnt sein, dass ein Rezept, welches Sie mit Ihren neuen Getreidesorten zubereiten, anfangs eventuell nicht so gerät, wie Sie es erwarten. In diesem Buch finden sich Rezepte für Scones, Brote, Muffins, Pfannkuchen und sogar Waffeln, die gut schmecken und vielleicht sogar zu eigenen Experimenten anregen. Sie werden dadurch die aufregenden Seiten dieser Getreidesorten entdecken, denn sie bieten Geschmacksrichtungen, die Sie mit Weizen nicht erzielen.

Einige Beispiele für Weizen (und Gluten) in Lebensmitteln:

- »Natürliches Aroma« (entweder Soja oder Gluten)
- Aromaextrakt (einige)
- Aufschnitt (einige Sorten)
- Bäckerhefe
- Backpulver (einige)
- Bier
- Blauschimmelkäse (einige)

- Bonbons (einige)
- Bratensauce
- Brezeln
- Brot
- Brühe (einige)
- Bulgur
- Croutons
- Couscous
- Eiscreme (einige)
- Feingebäck
- Fleischbällchen
- Gewürzmischungen (einige)
- Grahammehl
- Grieß
- Hackbraten
- Hartweizengrieß
- Hotdogs
- Hydrolysiertes Pflanzenprotein
- Kamut
- Kartoffelchips (einige)
- Kaugummi
- Kekse
- Klöße
- Kräcker
- Maisbrot
- Malz (Aromastoff und Essig)
- Matzen
- Panierter Fisch
- Pastetenteig
- Pfannkuchen / Waffeln
- Pitabrot
- Pizzateig
- Salatdressing
- Seitan
- Semmelmehl
- Sirup
- Sojasauce
- Speisestärke oder modifizierte Stärke (einige)
- Suppen
- Tamari
- Teigwaren
- Teriyaki-Sauce
- Texturiertes Pflanzenprotein
- Weizen
- Weizenprotein
- Worcestershire-Sauce
- Zerealien
- Zuckerkulör (einige)

Eine Liste mit Nahrungsmitteln und Zutaten, durch die sich viele der genannten ersetzen lassen, finden Sie im Abschnitt Alternativen (ab Seite 353).

Mais

Die Meinungen zum Thema Mais gehen sehr weit auseinander. Der Film *Food Inc. – Was essen wir wirklich* machte für viele Menschen erst offensichtlich, wie sehr die Massenproduktion von Mais ein amerikanisches, wenn nicht weltweites Problem geworden ist. Durch die Einführung gentechnisch veränderter Organismen (»genetically modified organisms«, GMO), also Lebensmitteln, deren Wachstumspotenzial genetisch optimiert wurde, ist Mais buchstäblich zu einer anderen Spezies geworden. Mais fällt für Blutgruppe 0 unter *zu vermeiden,* und seine Eliminierung aus dem Speiseplan bietet für Angehörige dieser Blutgruppe eine weitere Chance, ihre Ernährung zu verbessern. Er wird bei uns für eine große Zahl an industriell verarbeiteten Nahrungsmitteln verwendet und lässt sich daher schwer gänzlich meiden. Wir haben versucht, hier aufzuführen, worin sich häufig Mais verbirgt, doch dürfen Sie bei dieser Ernährungsweise ruhig ab und zu etwas *zu Vermeidendes* erwischen, ohne Ihre Fortschritte zu gefährden. Wenn Sie keine akute Erkrankung haben und die Blutgruppendiät nur Ihrem Allgemeinbefinden dient, müssen Sie sie nur zu 80 Prozent einhalten, um 100 Prozent Wirkung zu erzielen. Ist das nicht großzügig?

Hier sind einige Dinge, in denen Mais steckt:

- Alkoholika (einige)
- Ascorbinsäure
- Aspartam
- Backpulver (einige)
- Backwaren
- Eiscreme (einige)
- Erfrischungsgetränke
- Fast Food
- Gemüsekonserven
- Hefe (einige)
- Hydrolysiertes Pflanzenprotein
- Joghurt (mit Maissirup)
- Ketchup
- Künstliche Aromen
- Künstliche Süßstoffe
- Lakritze
- Löslicher Kaffee/Tee
- Maisgrütze
- Maismehl
- Maissirup
- Maisstärke
- Malz/Malzsirup
- Melasse (einige)
- Modifizierte Speisestärke
- Obstkonserven
- Polenta
- Popcorn
- Puderzucker
- Saccharose
- Salatdressing
- Salz (jodiert)

- Speisestärke
- Streichkäse
- Süße Getränke (mit Maissirup)
- Tacos
- Tafelsenf (einige)
- Tomatensauce (mit Maissirup)
- Vitamine (einige)
- Xanthan
- Zerealien
- Zitronensäure
- Zucker (wenn nicht Rohr- oder Rübenzucker)
- Zuckerkulör

Der Rest

Was Sie außer Essig, Weizen, Gluten und Mais noch aus dem Vorrats-/Kühl-/Gefrierschrank holen müssen, ist ganz einfach. Studieren Sie in Ruhe Ihre Aufstellung *zu vermeidender* Nahrungsmittel und schaffen Sie diese aus dem Haus. Konserven und Unverderbliches können Sie einer Hilfsorganisation (Tafel) spenden. Wo die nächste Tafel ist, finden Sie auf der Website www.tafel.de. Aber nochmals, wenn Sie nicht akut krank sind, können Sie im Sinne der Sparsamkeit die 80/20-Regel anwenden und das *zu Vermeidende* langsam aufbrauchen, indem Sie es nur ab und zu essen, bis es weg ist, und dann nur noch *neutrale* und *bekömmliche* Vorräte anlegen.

Nun können Sie zum ersten Einkauf aufbrechen, um die entstandenen Lücken aufzufüllen.

Blutgruppe A

Fleisch

Das Erste, was den Angehörigen der Blutgruppe A meist – positiv oder negativ – auffällt, ist die Notwendigkeit, auf Rindfleisch zu verzichten. Wenn Sie nicht wirklich akut krank sind und die Diät deshalb sofort streng einhalten müssen, dürfen Sie sich langsam daran gewöhnen. Lassen Sie sich Zeit, richten Sie Ihren Blick auf das, was für Sie *bekömmlich* ist, und versuchen Sie, es möglichst oft zu essen. Wenn Sie sich ein Leben ohne Fleisch schwer vorstellen können, nehmen Sie die 80/20-Regel zu Hilfe – wer nicht akut erkrankt ist, erzielt die volle Wirkung, wenn er sich in 80 Prozent der Fälle an die Blutgruppendiät hält. Wir wollen ganz sicher nicht, dass der Verzicht auf Fleisch für Sie zur Belastung wird oder Sie von der Diät abhält.

Essig

Für Blutgruppe A fällt Essig unter *zu vermeiden*. Die Aussicht auf ein Leben ohne Essig erscheint Ihnen vielleicht wenig schön – bei mir war es jedenfalls so. Aber keine Sorge, unsere Rezepte werden die Lücke füllen. Verbannen Sie den Essig erst einmal aus der Küche – aus den Augen, aus dem Sinn. Bleibt nur die Frage, was alles Essig enthält, ohne dass man es am Namen erkennt wie bei Balsamico-, Rotwein-, Apfel- oder Reisessig.

In folgenden Lebensmitteln kann Essig enthalten sein:

- Chilisaucen
- Cocktail-Sauce
- In Essig eingelegte Gemüse
- Ketchup
- Mayonnaise
- Meerrettich-Zubereitung
- Oliven
- Relish
- Salatdressing
- Steak-Sauce
- Tafelsenf
- Worcestershire-Sauce

Paprika und Pfeffer

Die meisten Pflanzen wirken heilend auf Ihren Körper, aber diese hier gehören nicht dazu. Paprika gibt es viele, von den milden Paprikaschoten bis hin zu den geräucherten Jalapeños in der mexikanischen Küche – nehmen Sie sich in Acht vor scharfen Gewürzen. Die einzigen Ausnahmen sind für Sie zwei *Neutrale*: Paprikapulver und milde Kirschpaprika. Beide werden für die Rezepte in diesem Buch verwendet; sie sind für Ihre Blutgruppe geeignet.

Der Rest

Was Sie außer Fleisch, Essig, Paprikaschoten und Pfeffer noch aus dem Vorrats-/Kühl-/Gefrierschrank entfernen müssen, ist ganz einfach. Studieren Sie in Ruhe die Aufstellung der für Sie *zu vermeidenden* Nahrungsmittel und schaffen Sie diese aus dem Haus. Konserven und Unverderbliches können Sie einer Hilfsorganisation (Tafel) spenden. Wo die nächste Tafel ist, finden Sie auf der Website www.tafel.de. Nochmals, wenn Sie nicht akut krank sind, können Sie im Sinne der Sparsamkeit die 80/20-Regel anwenden und das *zu Vermeidende* langsam aufbrauchen, indem Sie es nur ab und zu essen, bis es weg ist, und dann nur noch *neutrale* und *bekömmliche* Vorräte anlegen.

Nun sollten Sie gut vorbereitet sein und können zum ersten Einkauf aufbrechen, um die entstandenen Lücken zu füllen.

Blutgruppe B

Mais

Mais wird von Ernährungsfachleuten mittlerweile heiß diskutiert. Der Film *Food Inc. – Was essen wir wirklich* machte vielen Menschen klar, wie sehr die Massenproduktion von Mais ein amerikanisches, wenn nicht weltweites Problem geworden ist. Durch die Einführung gentechnisch veränderter Organismen (»genetically modified organisms«, GMO), also von Lebensmitteln, deren Wachstumspotenzial genetisch optimiert wurde, ist Mais buchstäblich zu einer anderen Spezies geworden. Mais fällt für Blutgruppe B unter *zu vermeiden,* und seine Eliminierung aus dem Speiseplan bietet für Angehörige dieser Blutgruppe eine weitere Chance, ihre Ernährung zu verbessern. Mais wird für eine Vielzahl an industriell bearbeiteten Nahrungsmitteln verwendet und ist kaum gänzlich zu meiden.

Wir haben versucht, hier aufzuführen, worin sich häufig Mais verbirgt, doch dürfen Sie bei dieser Ernährungsweise ruhig ab und zu etwas *zu Vermeidendes* erwischen, ohne Ihre Fortschritte zu gefährden. Wenn Sie keine akute Erkrankung haben und die Blutgruppendiät nur Ihrem Allgemeinbefinden dient, müssen Sie sie nur zu 80 Prozent einhalten, um 100 Prozent Wirkung zu erzielen. Ist das nicht großzügig?

Hier sind einige Dinge, in denen Mais steckt:

- Alkoholika (einige)
- Ascorbinsäure
- Aspartam
- Backpulver (einige)
- Backwaren (einige)
- Eiscreme (einige)
- Erfrischungsgetränke
- Hefe (einige)
- Hydrolysiertes Pflanzenprotein
- Joghurt (mit Maissirup)
- Ketchup
- Künstliche Aromen
- Künstliche Süßstoffe
- Lakritze
- Löslicher Kaffee/Tee
- Maisgrütze
- Maismehl
- Maissirup
- Maisstärke
- Malz/Malzsirup
- Melasse (einige)
- Modifizierte Speisestärke
- Obstkonserven und einige Gemüsekonserven
- Polenta
- Popcorn
- Puderzucker
- Saccharose
- Salatdressing
- Salz (jodiert)
- Speisestärke
- Streichkäse
- Süße Getränke (mit Maissirup)
- Taco Shells
- Tafelsenf (einige)
- Tomatensauce (mit Maissirup)
- Vitamine (einige)
- Xanthan
- Zerealien
- Zitronensäure
- Zucker (wenn nicht Rohr- oder Rübenzucker)
- Zuckerkulör

Soja

Bei Soja sagen die meisten Menschen: »Weglassen ist kein Problem, ich kann Tofu ohnehin nicht ausstehen.« Aber auch Soja findet sich nicht nur in offensichtlichen Dingen wie Sojasauce, Tofu oder Sojakäse. Soja ist so wandelbar, er passt sich an jeden Geschmack, jede Konsistenz an. Er ist relativ kostengünstig herzustellen und heute in fast allen industriell bearbeiteten Nahrungsmitteln enthalten. Die gute Nachricht lautet daher, wer Soja meidet, verzichtet damit gleichzeitig auf die meisten Fertigprodukte, die vermutlich zahlreiche ungesunde Zutaten enthalten. Betrachten Sie den Verzicht auf Soja also als Anstoß, möglichst oft vollwertige, reine Nahrung zu genießen. Es folgt eine Liste mit Lebensmitteln, die häufig Soja enthalten oder aus Soja hergestellt werden. Um Soja ganz auszuschließen, müssen Sie jeweils die Zutatenliste studieren.

- Bratensauce (einige)
- Edamame
- Fermentierte Sojabohnenpaste
- Gekaufte Backwaren (einige)
- Gekaufte Brühe (einige)
- Gewürzmischungen (einige)
- Hydrolysiertes Pflanzenprotein
- Künstliche oder natürliche Aromen
- Mayonnaise
- Miso
- Mono- und Diglyceride (E471, Emulgator)
- Mononatriumglutamat
- Pflanzenfette (einige)
- Schlagcreme
- Salatdressing
- Schokolade
- Sojadrink
- Sojakäse
- Sojamehl
- Sojaöl
- Sojasauce
- Suppen (einige)
- Tamari
- Tempeh
- Teriyaki-Sauce
- Texturiertes Pflanzenprotein
- Tofu
- Thunfischkonserven (einige)
- Worcestershire-Sauce

Weizen

Blutgruppe B muss sich zwar nicht glutenfrei ernähren, möglichst wenig Weizen ist jedoch von Vorteil, sowohl für die optimale Gewichtsabnahme als auch für die Gesundheit. Glücklicherweise gibt es viele weizenfreie Optionen als gesunden Ersatz für die Zubereitung. Dinkel- und Naturreisbrot ist in vielen Naturkostläden und online erhältlich, es kommt Weizenbrot in Konsistenz und Geschmack schon sehr nahe.

Hier sind einige Dinge, die Weizen enthalten:

- »Natürliches Aroma« (entweder Soja oder Gluten)
- Aromaextrakt (einige)
- Aufschnitt (einige Sorten)
- Bäckerhefe
- Backpulver (einige)
- Bier
- Blauschimmelkäse (einige)
- Bonbons (einige)
- Bratensauce
- Brezeln
- Brot
- Brühe (einige)
- Bulgur
- Croutons
- Couscous
- Eiscreme (einige)
- Feingebäck
- Fleischbällchen
- Gewürzmischungen (einige)
- Grahammehl
- Grieß
- Hackbraten
- Hartweizengrieß
- Hotdogs
- Hydrolysiertes Pflanzenprotein
- Kamut
- Kartoffelchips (einige)
- Kaugummi
- Kekse
- Klöße
- Kräcker
- Maisbrot
- Malz (Aromastoff und Essig)
- Matzen
- Panierter Fisch
- Pastetenteig
- Pfannkuchen
- Pitabrot
- Pizzateig
- Salatdressing
- Seitan
- Semmelmehl
- Sirup
- Sojasauce
- Speisestärke oder modifizierte Stärke (einige)
- Suppen
- Tamari
- Teigwaren (auch Risoni)
- Teriyaki-Sauce
- Texturiertes Pflanzenprotein
- Waffeln
- Weizen
- Weizengras
- Weizenprotein
- Worcestershire-Sauce
- Zerealien
- Zuckerkulör (einige)

Huhn

Huhn dürfte für Blutgruppe B am schwersten wegzulassen sein. Und zwar konkret dann, wenn man auswärts isst, denn in der eigenen Küche kann man Huhn in den meisten Rezepten durch Pute ersetzen. Blutgruppe B profitiert jedoch von einer ausgewogenen Ernährung, daher bleiben auch im Restaurant immer noch viele Möglichkeiten, unter denen man wählen kann.

Der Rest

Was Sie außer Mais, Soja, Weizen und Huhn noch aus dem Vorrats-/Kühl-/Gefrierschrank entfernen müssen, ist ganz einfach. Studieren Sie in Ruhe die Aufstellung der für Sie *zu vermeidenden* Nahrungsmittel und schaffen Sie diese aus dem Haus. Konserven und Unverderbliches können Sie einer Hilfsorganisation (Tafel) spenden. Wo die nächste Tafel ist, finden Sie auf der Website www.tafel.de.

Nun sollten Sie gut vorbereitet sein und können zum ersten Einkauf aufbrechen, um die entstandenen Lücken zu füllen.

Blutgruppe AB

Mais

Mais ist wohl mittlerweile Gegenstand der größten Debatte des Jahrhunderts. Der Film *Food Inc. – Was essen wir wirklich* machte für viele Menschen erst offensichtlich, wie sehr die Massenproduktion von Mais ein amerikanisches, wenn nicht weltweites Problem geworden ist. Durch die Einführung gentechnisch veränderter Organismen (»genetically modified organisms«, GMO), also Lebensmitteln, deren Wachstumspotenzial genetisch optimiert wurde, ist Mais buchstäblich zu einer anderen Spezies geworden. Mais fällt für Blutgruppe AB unter *zu vermeiden*, und seine Eliminierung aus dem Speiseplan bietet für Angehörige dieser Blutgruppe eine weitere Chance, ihre Ernährung zu verbessern. Mais wird für eine

Vielzahl an industriell bearbeiteten Nahrungsmitteln verwendet und ist kaum gänzlich zu meiden.

Wir haben versucht, hier aufzuführen, worin sich häufig Mais verbirgt, doch dürfen Sie bei dieser Ernährungsweise ruhig ab und zu etwas *zu Vermeidendes* erwischen, ohne Ihre Fortschritte zu gefährden. Wenn Sie keine akute Erkrankung haben und die Blutgruppendiät nur Ihrem Allgemeinbefinden dient, müssen Sie sie nur zu 80 Prozent einhalten, um 100 Prozent Wirkung zu erzielen. Ist das nicht großzügig?

Hier sind einige Dinge, in denen Mais steckt:

- Alkoholika (einige)
- Ascorbinsäure
- Aspartam
- Backpulver (einige)
- Backwaren
- Eiscreme (einige)
- Erfrischungsgetränke
- Fast Food
- Gemüsekonserven
- Hefe (einige)
- Hydrolysiertes Pflanzenprotein
- Joghurt (mit Maissirup)
- Ketchup
- Künstliche Aromen
- Künstliche Süßstoffe
- Lakritze
- Löslicher Kaffee/Tee
- Maisgrütze
- Maismehl
- Maissirup
- Maisstärke
- Malz/Malzsirup
- Melasse (einige)
- Modifizierte Speisestärke
- Obstkonserven
- Polenta
- Popcorn
- Puderzucker
- Saccharose
- Salatdressing
- Salz (jodiert)
- Streichkäse
- Süße Getränke (mit Maissirup)
- Taco Shells
- Tafelsenf (einige)
- Tomatensauce (mit Maissirup)
- Vitamine (einige)
- Xanthan
- Zerealien
- Zitronensäure
- Zucker (wenn nicht Rohr- oder Rübenzucker)
- Zuckerkulör

Fleisch

Zwar findet sich in Ihrer Liste für *Bekömmliches* auch rotes Fleisch, Rindfleisch gehört aber nicht dazu. Das wird entweder Freude oder Enttäuschung hervorrufen. Wenn Sie derzeit viel Rindfleisch essen, machen Sie sich vorläufig keine Gedanken. Wenn Sie nicht wirklich akut krank sind und die Diät sofort streng einhalten müssen, dürfen Sie sich langsam daran gewöhnen. Lassen Sie sich Zeit, richten Sie, anstatt mit dem Weglassen zu kämpfen, Ihren Blick auf das, was für Sie *bekömmlich* ist, und versuchen Sie, es möglichst oft zu essen.

Weizen

Blutgruppe AB muss sich zwar nicht glutenfrei ernähren, möglichst wenig Weizen ist jedoch äußerst günstig, sowohl für die optimale Gewichtsabnahme als auch für die Gesundheit. Glücklicherweise gibt es viele weizenfreie Optionen als gesunden Ersatz für die Zubereitung. Dinkel- und Naturreisbrot ist in vielen Naturkostläden und online erhältlich, es kommt Weizenbrot in Konsistenz und Geschmack schon sehr nahe. Weizen steckt in überraschend vielen Dingen, die völlig unverdächtig erscheinen:

- »Natürliches Aroma« (entweder Soja oder Gluten)
- Aromaextrakt (einige)
- Aufschnitt (einige Sorten)
- Bäckerhefe
- Backpulver (einige)
- Bier
- Blauschimmelkäse (einige)
- Bonbons (einige)
- Bratensauce
- Brezeln
- Brot
- Brühe (einige)
- Bulgur
- Croutons
- Couscous
- Eiscreme (einige)
- Feingebäck
- Fleischbällchen
- Gewürzmischungen (einige)
- Grahammehl
- Grieß
- Hackbraten
- Hartweizengrieß
- Hotdogs

- Hydrolysiertes Pflanzenprotein
- Kamut
- Kartoffelchips (einige)
- Kaugummi
- Kekse
- Klöße
- Kräcker
- Maisbrot
- Malz (Aromastoff und Essig)
- Matzen
- Panierter Fisch
- Pastetenteig
- Pfannkuchen
- Pitabrot
- Pizzateig
- Salatdressing
- Seitan
- Semmelmehl
- Sirup
- Sojasauce
- Speisestärke oder modifizierte Stärke (einige)
- Suppen
- Tamari
- Teigwaren
- Teriyaki-Sauce
- Texturiertes Pflanzenprotein
- Weizengras
- Weizenprotein
- Worcestershire-Sauce
- Zerealien
- Zuckerkulör (einige)

Huhn

Huhn dürfte für Blutgruppe AB am schwersten wegzulassen sein. Und zwar konkret dann, wenn man auswärts isst, denn in der eigenen Küche kann man Huhn in den meisten Rezepten durch Pute ersetzen. Blutgruppe AB profitiert jedoch von einer ausgewogenen Ernährung, daher bleiben auch im Restaurant immer noch viele Möglichkeiten, unter denen man wählen kann.

Essig

Sie gehören der Blutgruppe AB an, daher bekommt Ihnen Essig nicht. Die Aussicht auf ein Leben ohne Essig erscheint Ihnen vielleicht wenig angenehm. Aber keine Sorge: Unsere Rezepte werden die Lücke füllen. Verbannen Sie ihn erst einmal aus der Küche – aus den Augen, aus dem Sinn. Bleibt nur die Frage, was alles Essig enthält, ohne dass man es am Namen erkennt wie bei Balsamico-, Rotwein-, Apfel- oder Reisessig.

- Chilisaucen
- Cocktail-Sauce
- In Essig eingelegte Gemüse
- Ketchup
- Mayonnaise
- Meerrettich-Zubereitung
- Oliven
- Relish
- Salatdressing
- Sojasauce
- Steak-Sauce
- Tafelsenf
- Worcestershire-Sauce

Paprika und Pfeffer

Die meisten Pflanzen wirken heilend auf Ihren Körper, aber diese hier gehören nicht dazu. Paprika gibt es viele, von den milden Paprikaschoten bis hin zu den geräucherten Jalapeños in der mexikanischen Küche – nehmen Sie sich in Acht vor scharfen Gewürzen. Die einzigen Ausnahmen bei dieser Regel sind Paprikapulver und milde Kirschpaprika.

Der Rest

Was Sie außer den oben angeführten Zutaten noch aus dem Vorrats-/Kühl-/Gefrierschrank entfernen müssen, ist ganz einfach. Studieren Sie in Ruhe die Aufstellung der für Sie *zu vermeidenden* Nahrungsmittel und schaffen Sie diese aus dem Haus. Konserven und Unverderbliches können Sie einer Hilfsorganisation (Tafel) spenden. Wo die nächste Tafel ist, finden Sie auf der Website www.tafel.de.

Nun können Sie zum ersten Einkauf aufbrechen, um die entstandenen Lücken aufzufüllen.

Was bei den Rezepten zu beachten ist

Dieses Kochbuch soll Ihnen so viel praktische Hilfe für die Blutgruppendiät bieten wie nur möglich. Wir haben dabei auch berücksichtigt, dass viele Familien wohl regelmäßig für verschiedene Blutgruppen kochen müssen und auch Freunde mit anderen Blutgruppen einladen. Damit die Umsetzung einfach bleibt, enthalten die Abschnitte für die einzelnen Blutgruppen dieselben oder ähnliche Rezeptideen mit einer genauen Anleitung, wie sie der jeweiligen Blutgruppe entspricht. Auch wenn die Rezepttitel beinahe identisch scheinen, variieren Zutaten und Methoden doch beträchtlich. Es gibt beispielsweise für jede Blutgruppe ein Pfannkuchenrezept; Blutgruppe 0 muss jedoch Getreidesorten meiden, die für andere Blutgruppen *bekömmlich* sein können, daher wird in jedem Rezept ein anderes Mehl verwendet. Es wurde auch darauf geachtet, dass jedes Rezept möglichst viele *bekömmliche* Zutaten enthält, ohne dass der Geschmack darunter leidet. Es ist wohl anzunehmen, dass Sie wenig Appetit auf Grünkohl-Kekse oder Algen-Kakao haben, aber einem würzig-frischen Meeresfrüchte-Eintopf mit Wakame werden Sie nicht widerstehen können. Wir wollen, dass Sie dabei bleiben und die Ernährung gemäß der Blutgruppe nicht als Aufopferung, sondern als Genuss erleben.

Beim Lesen dieses Buches werden Sie immer wieder besonders gekennzeichnete Abschnitte finden mit der Überschrift **»Kennen Sie …?«**. Wir verwenden in diesem Buch einige Zutaten, die Sie vielleicht noch nicht kennen, einige davon sind vor allem *bekömmlich,* andere schmeicheln besonders dem Gaumen. Wir möchten Sie mit diesen Zutaten bekannt machen und gehen kurz darauf ein, worum es sich dabei jeweils handelt und wie oder warum die Zutat verwendet wird. Scheuen Sie sich nicht, Neuland zu betreten!

Viele Menschen, die sich an die Blutgruppendiät halten, kommen in meine Praxis oder machen die Tests auf meiner Website (www.dadamo.com), um einen individuellen Diätplan zu erstellen. Diese Personen haben ein persönliches SWAMI-Ernährungsbuch zur Verfügung, das den familiären und medizinischen Hintergrund, Sekretorenstatus und GenoTyp berücksichtigt und deswegen vielleicht ein wenig von der allgemeinen Diät für die Blutgruppe abweicht. (Der GenoTyp ist eine Verfeinerung der persönlich zugeschnittenen Ernährung. Er klassifiziert Personen auf der Basis einfacher Messungen und der Blutgruppenbestimmung als zu einem von sechs Epigenotypen zugehörig: Jäger, Sammler, Lehrer, Forscher, Krieger und Nomade.) Da die *bekömmlichen, neutralen* und *zu vermeidenden* Nahrungsmittel zwischen den Typen variieren, können einzelne Rezepte Zutaten enthalten, die für Sie persönlich nicht geeignet sind. Bitte lassen Sie diese Rezepte nicht ganz weg. Es gibt immer eine Möglichkeit, Zutaten schnell und einfach zu ersetzen (siehe »Alternativen«, Seite 353 ff.). Hier noch ein kleiner Tipp – Gemüse lässt sich leicht austauschen, ein grünes Blattgemüse gegen ein anderes, eine Sorte Hülsenfrüchte durch eine andere. In einigen Fällen kann eine Zutat einfach weggelassen werden, wenn das *zu Vermeidende* keine Hauptrolle spielt. Wenn Ihnen ein Rezept zu würzig erscheint, nehmen Sie einfach weniger von den Gewürzen. Dasselbe gilt, wenn es für Sie gar nicht würzig genug sein kann – nehmen Sie mehr Gewürze, wenn Sie möchten.

Sie werden sehen, dass bei einigen Rezepten auch der Sekretorenstatus angegeben wird. Manche Rezepte eignen sich nicht für Nicht-Sekretoren, sehr wohl aber für Sekretoren (siehe die »Legende für die Rezepte« auf Seite 60 f.). In den meisten Fällen kann das Rezept dann mit einfachen Ersetzungen für Nicht-Sekretoren angepasst werden. In einigen wenigen Fällen bleibt es für einen Nicht-Sekretor der Blutgruppe aber *zu vermeiden.* So ist Käse für Nicht-Sekretoren der Blutgruppe 0 beispielsweise kritisch. Es gibt keine Käsesorte, die sich für alle Nicht-Sekretoren der Blutgruppe 0 eignet, Manchego-Käse ist jedoch für einige *neutral.* Daher wird Manchego-Käse häufig als Alternative für Nicht-Sekretoren genannt. Wenn Sie feststellen, dass Manchego-Käse Ihnen nicht guttut, lassen Sie einfach allen Käse aus dem Rezept weg.

In vielen unserer Rezepte steht hinter Meersalz der Zusatz »nach Geschmack« – vielleicht fragen Sie sich, wie viel denn das nun ist. Salz hat eine alles entscheidende Wirkung – wenn Sie zu viel erwischen, gibt es kein Zurück. Nehmen Sie jeweils eine kleine Menge, probieren Sie und würzen Sie nach, wenn nötig. Und was ist *eine kleine Menge*? Streuen Sie zunächst eine Prise über das Gericht, geben Sie ihr eine Minute Zeit, die Wirkung zu entfalten, und probieren Sie dann. Wollten Sie eine Prise messen, dann wäre es etwas weniger als ⅛ TL.

Wie Sie nun bereits wissen, ist eine der wesentlichen Herausforderungen für Angehörige der **Blutgruppe 0** der Umstieg auf eine weizen- und für manche glutenfreie Ernährung. In all Ihren Rezepten werden für Mehl oft vielerlei Arten von Mehl für ein Gericht verwendet. Warum nicht einfach Weizenmehl durch Reismehl ersetzen? Das Problem beim Backen ohne Weizen/Gluten ist, dass das Ergebnis grob und hart sein kann, der Teig zerfällt. Um das zu vermeiden, können Sie verschiedene glutenfreie Mehle mit unterschiedlichen Eigenschaften mischen, denn sie verhalten sich mit Flüssigkeit jeweils anders. Ein Leben lang von irgendetwas nur eine Art zu essen ist generell keine gute Idee. Jede Getreideart liefert andere Nährstoffe, Ballaststoffe und Zucker, von denen der Körper wiederum in anderer Weise profitiert. Unkomplizierter wird die Verwendung verschiedenster Getreidesorten, wenn Sie Glas- oder Keramikbehälter anschaffen, in denen Sie einige der am häufigsten verwendeten Mehle (zum Beispiel Naturreis, Tapioka, Pfeilwurzel, Teff oder Hirse) griffbereit aufbewahren. Dann können Sie, wenn Sie Pfannkuchen zubereiten, einfach ein wenig aus jedem Behälter nehmen, das Mehl mischen, und es kann losgehen.

Für **Blutgruppe A** besteht die wesentliche Änderung in den meisten Fällen im Verzicht auf Fleisch. Im gesamten Rezeptteil wird in Rezepten, die üblicherweise Fleisch enthalten, Tofu, Tempeh oder auch Geflügel verwendet. Für **Blutgruppe AB** ist der Verzicht auf Hühnerfleisch eine Herausforderung. In Ihrem gesamten Rezeptteil verwenden wir in Rezepten, die man üblicherweise mit Huhn kennt, Tofu, Tempeh oder auch Pute. Wenn Sie auf die Vorstellung, Tofu oder Tempeh zu essen, reagieren wie die meisten Menschen, erscheint Ihnen diese Veränderung wohl wenig reizvoll. Das Schöne am Tofu ist, dass er geschmacklich ein unbeschriebenes Blatt ist und jede gewünschte Richtung annehmen kann. Marinieren Sie Tofu beispielsweise in Soja, Honig und Ingwer und braten Sie ihn kurz in etwas Olivenöl – Sie werden diese Köstlichkeit beim nächsten Mal sicher nicht mehr ausschlagen!

Milch und Milchersatzprodukte wie Sojadrink, Mandeldrink, Reisdrink etc. werden in den Anleitungen für die Rezepte einfach als »Milch« bezeichnet. Dadurch entfällt die Aufzählung verschiedener Produkte für die einzelnen Blutgruppen, für Sekretoren und Nicht-Sekretoren, und das Rezept wird leichter verständlich. Was Sie verwenden, geht ohnehin klar aus Ihrer persönlichen Zutatenliste hervor.

Lesen Sie jedes Rezept ganz durch, bevor Sie beginnen, damit Sie wissen, wie viel Zeit Sie dafür brauchen und ob Sie noch Zutaten kaufen müssen. Und nun wünschen wir Ihnen viel Freude bei der Zubereitung, beim Genuss und beim Weitergeben dieser Rezepte!

Legende für die Rezepte:

- Ein * bedeutet, dass es für diese Zutat nähere Informationen, Alternativvorschläge oder Hinweise gibt. All das finden Sie jeweils am Ende der Seite bzw. unter der Zutatenliste.
- Alle Rezepte sind für Sekretoren geeignet.
- (NS) kennzeichnet ein Rezept, das für Nicht-Sekretoren der Blutgruppe geeignet ist.
- Rezeptzutaten, die sich nicht für Nicht-Sekretoren (NS)

eignen, werden in der Zutatenliste mit geeigneten Alternativen angeführt.

- Ⓢ (nur S!) kennzeichnet ein Rezept, welches nur für Sekretoren geeignet ist.

Die Nahrungsmitteltabellen im Überblick:
Im gesamten Buch wird immer wieder auf die vollständigen Nahrungsmitteltabellen für die Blutgruppendiät verwiesen. Fassen wir noch einmal kurz zusammen, wo Sie diese Tabellen finden:

- *4 Blutgruppen – 4 Strategien für ein gesundes Leben*, gewissermaßen die Einführung in die Blutgruppendiät
- *4 Blutgruppen – Richtig leben*, wo auch die Bedeutung des Sekretorenstatus berücksichtigt wird
- Tipps für die Blutgruppe 0/A/B/AB in *Das Original-Blutgruppenkonzept*, die grundlegenden Nahrungsmitteltabellen im handlichen Format
- *Change Your Genetic Destiny* (ursprünglich erschienen als *The GenoType Diet*), wo die Diät durch Berücksichtigung von Blutgruppe, Sekretorenstatus und einer Reihe von biometrischen Angaben noch stärker persönlich zugeschnitten wird
- SWAMI-Software für eine persönlich zugeschnittene Ernährung, welche Computer und künstliche Intelligenz nutzt, um mit deren unglaublicher Präzision und Geschwindigkeit einzigartige Diäten maßzuschneidern. SWAMI kann auf Grundlage seiner umfassenden Datenbank mehr als 700 Nahrungsmittel im Hinblick auf über 200 Eigenschaften bewerten (etwa Cholesterin-, Gluten-, Antioxidantiengehalt etc.) und so feststellen, ob das jeweilige Nahrungsmittel für Sie besonders wertvoll oder gar toxisch ist. Es liefert eine spezifische, einzigartige Diät in leicht verständlichem, benutzerfreundlichem Format mit zugehörigen Nahrungsmitteltabellen, Rezepten und Menüplänen.

Rezepte

FRÜHSTÜCK

Quinoa-Müsli · Melasse-Kirsch-Knuspermüsli · Frühstücks-Eiersalat · Mangold-Frittata · Brokkoli-Feta-Frittata · Rührei mit Putenhack und Ahornsirup · Soufflé mit grünem Blattgemüse · Feine Crêpes mit Hirse oder Hafer · Naturreis-/Dinkel-Pfannkuchen · Wildreis-Waffeln · Kürbis-/Süßkartoffel-Muffins mit Carob · Birnen-Rosmarin-Brot · Kirsch-Scones · Blaubeer-Nuss-Muffins

Bei den Rezepten für das Frühstück stand die Vielfalt im Vordergrund, damit Sie nicht jeden Tag das Gleiche essen. Auf die Abwechslung kommt es an: an einem Tag Ei, am nächsten Quinoa oder Knuspermüsli und so weiter, damit der Körper jeden Tag andere Nährstoffe erhält. Wahrscheinlich wird Ihnen auffallen, dass bei diesen Rezepten vor allem das Mehl anders ist. Keine Angst, beginnen Sie mit einem einfachen Rezept wie den Pfannkuchen und nehmen Sie dann die übrigen in Angriff. Sobald das neue Mehl griffbereit ist, funktioniert alles wie bei herkömmlichen Rezepten.

Quinoa-Müsli

Blutgruppe 0	Blutgruppe A	Blutgruppe B	Blutgruppe AB
90 g Quinoa	90 g Quinoa	90 g Quinoa	90 g Quinoa
120 ml Wasser	120 ml Wasser	120 ml Wasser	120 ml Wasser
120 ml Mandeldrink und mehr nach Bedarf (NS nehmen Reisdrink)	120 ml Mandeldrink plus mehr nach Bedarf	120 ml Kuhmilch, fettarm oder Magerstufe	120 ml Kuhmilch (fettarm) oder Ziegenmilch
¼ TL Meersalz	¼ TL Meersalz	¼ TL Meersalz	¼ TL Meersalz
2 EL Trockenkirschen	2 EL Trockenkirschen	2 EL Trockenkirschen	2 EL Trockenkirschen
1 EL getrocknete Cranberrys	1 EL getrocknete Cranberrys	1 EL getrocknete Cranberrys	1 EL getrocknete Cranberrys
2 EL Mandelsplitter	2 EL Mandelsplitter	2 EL Mandelsplitter	2 EL Mandelsplitter
2 EL gehackte Walnüsse	2 EL gehackte Walnüsse	2 EL gehackte Walnüsse	2 EL gehackte Walnüsse
¼ TL Zimt (NS ohne Zimt)	¼ TL Zimt	2 TL Ahornsirup	¼ TL Zimt
2 TL Ahornsirup (NS nehmen 1 TL Melasse und 1 TL Agavensirup)	2 TL Ahornsirup	10 g knusprige Reisflocken	2 TL Ahornsirup
10 g knusprige Reisflocken	10 g knusprige Reisflocken		10 g knusprige Reisflocken

1.
Quinoa unter fließendem Wasser waschen. Mit Wasser, Milch, Meersalz, Kirschen und Cranberrys in einem kleinen Topf zum Kochen bringen. Hitze zurückschalten und 10 Minuten schwach kochen lassen; dann den Herd abschalten und noch 4 bis 5 Minuten nachquellen lassen. Die Quinoa nimmt die gesamte Flüssigkeit auf und ist locker und leicht, wenn sie gegart ist.

2.
Inzwischen die Mandeln und Walnüsse ohne Fett auf mittlerer Stufe zu einem hellen Goldbraun rösten, etwa 2 Minuten. Vorsicht, Nüsse werden aufgrund ihres hohen Fettgehalts rasch schwarz!

3.
Die Quinoa mit der Gabel auflockern, mit gerösteten Nüssen, Zimt und eventuell Ahornsirup verrühren. Die Reisflocken darüberstreuen und nach Wunsch noch Milch zugießen.

4.
Sofort servieren.

FÜR 2 PERSONEN

Melasse-Kirsch-Knuspermüsli

Blutgruppe 0	Blutgruppe A	Blutgruppe B	Blutgruppe AB
100 g knusprige Reisflocken	100 g knusprige Reisflocken	100 g knusprige Reisflocken	100 g knusprige Reisflocken
100 g gehackte Walnüsse	100 g gehackte Walnüsse	100 g gehackte Walnüsse	100 g gehackte Walnüsse
100 g gehackte Pekannüsse	100 g gehackte Pekannüsse	100 g gehackte Pekannüsse	100 g gehackte Pekannüsse
40 g ganze Leinsamen	40 g ganze Leinsamen	40 g ganze Leinsamen	40 g ganze Leinsamen
80 g Melasse	80 g Melasse	80 g Melasse	80 g Melasse
2 TL Olivenöl	2 TL Olivenöl	2 TL Olivenöl	2 TL Olivenöl
1 EL Agaven-sirup	1 EL Agaven-sirup	1 EL Agaven-sirup	1 EL Agaven-sirup
⅛ TL Meersalz	⅛ TL Meersalz	⅛ TL Meersalz	⅛ TL Meersalz
60 ml Wasser	60 ml Wasser	60 ml Wasser	60 ml Wasser
150 g halbierte Trockenkirschen	150 g halbierte Trockenkirschen	150 g halbierte Trockenkirschen	150 g halbierte Trockenkirschen
60 g getrock-nete Cranberrys, halbiert	60 g getrock-nete Cranberrys, halbiert	60 g getrocknete Cranberrys, hal-biert	60 g getrock-nete Cranberrys, halbiert

1.
Backofen auf 180 Grad vorheizen. Ein Backblech mit Pergamentpapier auslegen.

2.
Reisflocken, Walnüsse, Pekannüsse und Leinsamen in einer großen Schüssel mischen.

3.
In einem kleinen Topf Melasse, Olivenöl, Agavensirup und Salz mit dem Wasser auf mittlerer Stufe etwa 2 Minuten erhitzen und verrühren.

4.
Die Melasse über die Flocken gießen, mischen und auf dem vorbereiteten Backblech verteilen. 10 Minuten im Backofen rösten.

5.
Temperatur auf 150 Grad reduzieren. Flocken durchrühren, wieder in den Backofen schieben. Weitere 25 Minuten im Backofen garen.

6.
Flocken mit Kirschen und Cranberrys mischen.

7.
Warm servieren oder erkalten lassen und in einem luftdichten Glasbehälter bis zu 2 Wochen beziehungsweise im Gefrierschrank bis zu 2 Monate lagern.

ERGIBT 32 PORTIONEN

Frühstücks-Eiersalat

	Blutgruppe 0	Blutgruppe A	Blutgruppe B	Blutgruppe AB
	½ TL Senfpulver	½ TL Senfpulver	½ TL Senfpulver	½ TL Senfpulver
	1 EL Olivenöl	1 EL Olivenöl	1 EL Olivenöl	1 EL Olivenöl
	1 EL Zitronensaft	1 EL Zitronensaft	1 EL Zitronensaft	1 EL Zitronensaft
DRESSING	1 EL Zwiebeln, geraspelt	1 EL Zwiebeln, geraspelt	1 EL Zwiebeln, geraspelt	1 EL Zwiebeln, geraspelt
	Meersalz, nach Geschmack	Meersalz, nach Geschmack	Meersalz, nach Geschmack	Meersalz, nach Geschmack
SALAT	2 TL Olivenöl	2 TL Olivenöl	2 TL Olivenöl	2 TL Olivenöl
	120 g gegarte Augenbohnen (oder Konserve), abgetropft und abgespült	120 g gegarte Augenbohnen (oder Konserve), abgetropft und abgespült	90 g gegarte Kidneybohnen (oder Konserve), abgetropft und abgespült	90 g gegarte Wachtelbohnen (oder Konserve), abgetropft und abgespült
	3 große hart gekochte Eier	3 große hart gekochte Eier	3 große hart gekochte Eier	3 große hart gekochte Eier
	30 g geriebener Mozzarella (NS ohne Käse)	30 g geriebener Mozzarella-Käse	30 g geriebener Mozzarella-Käse	30 g geriebener Mozzarella-Käse
	1 EL frisch gehackte Petersilie	1 EL frisch gehackte Petersilie	1 EL frisch gehackte Petersilie	1 EL frisch gehackte Petersilie
	150 g junges grünes Blattgemüse	150 g junges grünes Blattgemüse	150 g junges grünes Blattgemüse	150 g junges grünes Blattgemüse

1.
Alle Zutaten für das Dressing miteinander verschlagen.

2.
Olivenöl in einer kleinen Pfanne auf mittlerer Stufe erhitzen. Die Bohnen darin 2 bis 3 Minuten braten, bis sie erwärmt und leicht knusprig sind.

3.
Eier pellen und in einer Schüssel mit der Gabel zerdrücken. Bohnen, Käse und Petersilie zufügen, mit dem Dressing verrühren. Mit Meersalz nach Geschmack würzen und auf gemischtem jungen Blattgemüse anrichten.

FÜR 4 PERSONEN

Mangold-Frittata

Blutgruppe 0	Blutgruppe A	Blutgruppe B	Blutgruppe AB
2 TL Ghee	2 TL Ghee	2 TL Ghee	2 TL Ghee
40 g Gemüsezwiebeln, fein gehackt	40 g Gemüsezwiebeln, fein gehackt	40 g Gemüsezwiebeln, fein gehackt	40 g Gemüsezwiebeln, fein gehackt
4 mittelgroße Champignons, feinwürfelig geschnitten	4 mittelgroße Champignons, feinwürfelig geschnitten	4 mittelgroße Champignons, feinwürfelig geschnitten	80 g Aubergine, feinwürfelig geschnitten
100 g Mangold, gehackt	100 g Mangold, gehackt	100 g Mangold, gehackt	100 g Mangold, gehackt
3 große Eiweiße	3 große Eiweiße	3 große Eiweiße	3 große Eiweiße
3 große Eier	3 große Eier	3 große Eier	3 große Eier
2 EL Naturreismehl	2 EL Dinkelmehl	2 EL Dinkelmehl	2 EL Dinkel- oder Hafermehl
Meersalz, nach Geschmack	Meersalz, nach Geschmack	Meersalz, nach Geschmack	Meersalz, nach Geschmack
1 TL frisch gehackter Estragon	1 TL frisch gehackter Estragon	1 TL frisch gehackter Estragon	1 TL frisch gehacktes Basilikum
1 TL Olivenöl	1 TL Olivenöl	1 TL Olivenöl	1 TL Olivenöl
1 EL Kürbiskerne, geröstet	1 EL Kürbiskerne, geröstet		30 g Pinienkerne, geröstet

1.
Backofen auf 190 Grad vorheizen.

2.
Ghee in einer feuerfesten Auflaufform auf mittlerer Stufe erhitzen. Zwiebeln, Pilze und Mangold darin etwa 4 bis 5 Minuten dünsten, bis sie weich werden.

3.
In einer großen Schüssel Eier, Eiweiße, Mehl, Salz und Estragon (für 0, A, B)/Basilikum (für AB) miteinander verschlagen. Olivenöl in die Auflaufform geben, Eimasse über das Gemüse gießen und etwa 1 Minute braten.

4.
In den Backofen geben und etwa 6 bis 8 Minuten garen, bis die Eimasse stockt und an den Rändern goldbraun ist. Mit Kürbiskernen (für 0, A)/Pinienkernen (für AB) bestreuen und warm servieren.

FÜR 4 PERSONEN

Brokkoli-Feta-Frittata

Blutgruppe 0	Blutgruppe A	Blutgruppe B	Blutgruppe AB
1 ganzer Brokkoli	1 ganzer Brokkoli	1 ganzer Brokkoli	1 ganzer Brokkoli
¼ TL Meersalz, geteilt	¼ TL Meersalz, geteilt	¼ TL Meersalz, geteilt	½ TL Meersalz, geteilt
1 EL plus 2 TL Olivenöl	1 EL plus 2 TL Olivenöl	1 EL plus 2 TL Olivenöl,	1 EL plus 2 TL Olivenöl
3 große Eier	3 große Eier	3 große Eier	3 große Eier
2 große Eiweiße	2 große Eiweiße	2 große Eiweiße	2 große Eiweiße
50 g Feta, zerkrümelt (NS ohne Käse)	50 g Feta, zerkrümelt	50 g Feta, zerkrümelt	50 g Feta, zerkrümelt
20 g Spinat, gehackt	20 g Spinat, gehackt	20 g Spinat, gehackt	20 g Spinat, gehackt
3 EL fein gehackter Schnittlauch	3 EL fein gehackter Schnittlauch	3 EL fein gehackter Schnittlauch	3 EL fein gehackter Schnittlauch
2 TL Naturreismehl	2 TL Dinkelmehl	2 TL Naturreis- oder Dinkelmehl	2 TL Dinkelmehl
1 EL gehackter Oregano	1 EL gehackter Oregano	1 EL gehackter Oregano	1 EL gehackter Oregano

1.
Backofen auf 190 Grad vorheizen.

2.
Brokkoli in mundgerechte Stücke schneiden, in einer Lage auf ein Backblech geben. Mit einer Prise Meersalz bestreuen und mit 1 EL Olivenöl beträufeln. 15 Minuten im Backofen rösten, dann herausnehmen. Backofen auf Stufe Grillen schalten.

3.
In einer mittelgroßen Schüssel Eier, Eiweiße, zerkrümelten Feta, Spinat, Schnittlauch, Mehl, Oregano und etwas Salz gut miteinander verschlagen.

4.
2 TL Olivenöl in einer backofentauglichen Pfanne auf mittlerer Stufe erhitzen. Eimischung und Brokkoli in die heiße Pfanne geben. 1 bis 2 Minuten braten, Eimasse an den Seiten vorsichtig mit einem Pfannenwender anheben, damit das noch flüssige Ei abläuft.

5.
Bei Pfannen mit Kunststoffgriff diesen gut mit Alufolie umwickeln, damit er nicht schmilzt. Die Pfanne für 2 Minuten auf den Bratrost stellen oder bis die Eier stocken und an den Rändern leicht braun werden.

6.
Warm servieren.

FÜR 4 PERSONEN

Rührei mit Putenhack und Ahornsirup

Blutgruppe 0	Blutgruppe A	Blutgruppe B	Blutgruppe AB
40 g fein gehackte weiße Zwiebeln	40 g fein gehackte weiße Zwiebeln	40 g fein gehackte weiße Zwiebeln	40 g fein gehackte weiße Zwiebeln
400 g Grünkohl, gehackt	400 g Grünkohl, gehackt	400 g Grünkohl, gehackt	400 g Grünkohl, gehackt
350 g tiefgekühlte Artischockenherzen, aufgetaut und gehackt	350 g tiefgekühlte Artischockenherzen, aufgetaut und gehackt	125 g Zucchini, würfelig geschnitten	270 g Spargel
1 EL Olivenöl, geteilt	1 EL Olivenöl, geteilt	4 TL Olivenöl, geteilt	2 TL Olivenöl, geteilt
50 g rote Paprikaschote, würfelig geschnitten	250 g rohes Putenhackfleisch	50 g rote Paprikaschote, würfelig geschnitten	40 g Rispentomaten
250 g rohes Putenhackfleisch	1 EL Ahornsirup	250 g rohes Putenhackfleisch	250 g rohes Putenhackfleisch
1 EL Ahornsirup (NS nehmen 1 TL Agavensirup und 1 TL Melasse)	3 große Eier	1 EL Ahornsirup	1 EL Ahornsirup (NS ohne Ahornsirup)
3 große Eier	2 große Eiweiße	3 große Eier	3 große Eier
2 große Eiweiße	1 EL Wasser	2 große Eiweiße	2 große Eiweiße
1 EL Wasser	Meersalz, nach Geschmack	1 EL Wasser	1 EL Wasser
Meersalz, nach Geschmack	30 g geriebener Mozzarella-Käse	Meersalz nach Geschmack	Meersalz, nach Geschmack
30 g geriebener Mozzarella (NS nehmen Manchego-Käse oder gar keinen Käse)		35 g Kefirkäse	35 g Kefirkäse

1.

0 2 TL Olivenöl in einer großen Pfanne auf mittlerer Stufe erhitzen. Zwiebeln, Grünkohl, Artischocken und Paprika darin etwa 5 bis 6 Minuten dünsten, bis das Gemüse duftet und weich wird und der Grünkohl eine leuchtend grüne Farbe annimmt. Gemüse aus der Pfanne nehmen.

A 2 TL Olivenöl in einer großen Pfanne auf mittlerer Stufe erhitzen und Zwiebeln, Grünkohl und Artischocken darin etwa 3 bis 4 Minuten dünsten, bis das Gemüse duftet und weich wird, der Grünkohl eine leuchtend grüne Farbe annimmt. Gemüse aus der Pfanne nehmen.

B 2 TL Olivenöl in einer großen Pfanne auf mittlerer Stufe erhitzen und Zwiebeln, Grünkohl, Zucchini und Paprika darin etwa 3 bis 4 Minuten dünsten, bis das Gemüse duftet und weich wird und der Grünkohl eine leuchtend grüne Farbe annimmt. Gemüse aus der Pfanne nehmen.

AB Spargelstangen dritteln. 1 TL Olivenöl in einer großen Pfanne auf mittlerer Stufe erhitzen. Zwiebeln, Grünkohl, Spargel und Tomaten darin 8 bis 10 Minuten dünsten, bis das Gemüse gar ist. Gemüse aus der Pfanne nehmen.

2.
Im restlichen Olivenöl das Putenhack anbräunen, dabei zerteilen und vollständig garen, etwa 5 bis 6 Minuten. Mit Ahornsirup beträufeln und durchrühren. Zum Gemüse geben.

3.
Eier, Eiweiße, Wasser und Salz miteinander verschlagen, in die Pfanne gießen, Herd um eine Stufe zurückschalten. Mit einem hitzebeständigen Wender vorsichtig rühren, Eier stocken lassen. Hackfleisch und Gemüse zu den Eiern in die Pfanne geben und mischen.

4.
Mit geriebenem Käse bestreut servieren.

FÜR 4 PERSONEN

Soufflé mit grünem Blattgemüse

Blutgruppe 0	Blutgruppe A	Blutgruppe B	Blutgruppe AB
1 EL Ghee	1 EL Ghee	1 EL Ghee	1 EL Ghee
2 EL Naturreismehl	2 EL Hafermehl	2 EL Dinkel- oder Hafermehl	2 EL Naturreis- oder Dinkelmehl
120 ml Mandeldrink (NS nehmen Reisdrink)	120 ml Soja- oder Mandeldrink	120 ml Kuhmilch, fettarm	120 ml Kuhmilch (fettarm) oder Ziegenmilch
120 ml Gemüsebrühe*	120 ml Gemüsebrühe*	120 ml Gemüsebrühe*	120 ml Gemüsebrühe*
60 g Spinat	60 g Spinat	60 g Spinat	250 g Grünkohl, gehackt
250 g gehackte Zucchini	250 g gehackte Zucchini	150 g gehackte rote Paprikaschote	250 g gehackte Zucchini
2 große Eidotter	2 große Eidotter	2 große Eidotter	2 große Eidotter
2 EL gehacktes Basilikum	2 EL gehacktes Basilikum	2 EL gehacktes Basilikum	2 EL gehacktes Basilikum
40 g Feta, zerkrümelt (NS ohne Käse)	40 g Feta, zerkrümelt	25 g Gruyère, gerieben	25 g Gruyère, gerieben
⅛ TL gemahlene Gewürznelken	⅛ TL gemahlene Gewürznelken	¼ TL Cayennepfeffer	⅛ TL gemahlene Gewürznelken
4 große Eiweiße, zimmerwarm	4 große Eiweiße, zimmerwarm	4 große Eiweiße, zimmerwarm	4 große Eiweiße, zimmerwarm
Meersalz, nach Geschmack	Meersalz, nach Geschmack	Meersalz, nach Geschmack	Meersalz, nach Geschmack

* Siehe Rezept für Gemüsebrühe auf Seite 350 f.

1.

Backofen auf 180 Grad vorheizen. Vier kleine Auflaufformen (à 350 ml) mit Backspray besprühen.

2.

Ghee in einem kleinen Topf auf mittlerer Stufe erhitzen, Mehl mit dem Schneebesen einrühren. Langsam Milch und Brühe zugießen, dabei ständig rühren, in etwa 3 bis 4 Minuten eindicken lassen. Wenn die Mischung etwa die Konsistenz von Joghurt hat, vom Herd nehmen und vollständig erkalten lassen.

3.

0 und A Spinat und Zucchini in der Küchenmaschine zerkleinern, in einem Seihtuch oder Küchenkrepp die überschüssige Flüssigkeit ausdrücken. Eidotter mit Basilikum, Käse, Salz und Gewürznelken verrühren und unter das Gemüse heben.
B Spinat und Paprika in der Küchenmaschine zerkleinern, in einem Seihtuch oder Küchenkrepp die überschüssige Flüssigkeit ausdrücken. Eidotter mit Basilikum, Käse, Cayennepfeffer und Salz verrühren und unter das Gemüse heben.
AB Grünkohl und Zucchini in der Küchenmaschine zerkleinern, in einem Seihtuch oder Küchenkrepp die überschüssige Flüssigkeit ausdrücken. Gemüse in einer Schüssel mit Eidottern, Basilikum, Käse, Gewürznelken und Salz verrühren und unter das Gemüse heben.

4.

Die Eiweiße in einer trockenen Glasschüssel mit einem Handmixer steif schlagen. Den Eischnee in drei Schritten unter die Gemüsemischung ziehen. Die Masse gleichmäßig auf die vorbereiteten Formen verteilen.

5.
Die Förmchen in eine Auflaufform setzen, diese zur Hälfte mit heißem Wasser füllen. Vorsichtig auf der mittleren Schiene in den Backofen schieben und etwa 45 Minuten garen, Garprobe machen.

6.
Sofort servieren.

FÜR 4 PERSONEN

Feine Crêpes mit Hirse oder Hafer

Blutgruppe 0	Blutgruppe A	Blutgruppe B	Blutgruppe AB
90 g Hirsemehl	70 g Hafermehl	70 g Hafermehl	70 g Hafermehl
40 g Naturreismehl	40 g Dinkelmehl	40 g Dinkelmehl	40 g Dinkelmehl
½ TL Meersalz	¼ TL Meersalz	¼ TL Meersalz	¼ TL Meersalz
¼ TL Zimt (NS ohne Zimt)	¼ TL Zimt	300 ml Kuhmilch, fettarm	¼ TL Zimt
300 ml Mandeldrink (NS nehmen Reisdrink)	300 ml Sojadrink oder Ziegenmilch	2 große Eier	300 ml Kuhmilch (fettarm) oder Ziegenmilch
1 großes Ei	2 große Eier	1 EL plus 1 TL Ghee oder Butter, geschmolzen und abkühlt	2 große Eier
1 EL plus 1 TL Ghee, geschmolzen und abgekühlt	1 EL plus 1 TL Ghee, geschmolzen und abgekühlt		1 EL plus 1 TL Ghee, geschmolzen und abgekühlt

1.

Mehl, Salz und Zimt (außer für B) in einer Schüssel mischen.

2.

In einer zweiten Schüssel Milch, Ei und 1 EL Ghee verschlagen. Mischung zum Mehl geben und glatt rühren. Abgedeckt eine Stunde im Kühlschrank ruhen lassen.

3.

Eine große Pfanne auf mittlerer Stufe erhitzen, mit einem TL Ghee gleichmäßig ausstreichen. 60 ml Teig eingießen, die

Pfanne rasch schwenken und den Teig sehr dünn und gleichmäßig verteilen. Etwa eine Minute braten, bis der Teig fest wird und sich an den Rändern von der Pfanne löst. Mit einer Winkelpalette wenden und eine weitere Minute braten. Mit dem übrigen Teig ebenso verfahren. Die fertigen Crêpes im Backofen bei 100 Grad warm halten, dabei mit einem leicht feuchten Küchentuch abdecken.

4.
Mit Schokoladensirup (Seite 344), Walnüssen und frischen Bananenscheiben servieren.

FÜR 4 PERSONEN

Tipp: Wenn Sie Ghee oder Butter mit Eiern verrühren, lassen Sie die Butter nach dem Erhitzen auf Raumtemperatur abkühlen, damit die Eier nicht gerinnen.

KENNEN SIE …?

Mandeldrink

Mandeldrink wird aus gemahlenen Mandeln und Wasser hergestellt. Er ist kalorienarm, cholesterin- und laktosefrei, der Geschmack ist süßlich und cremig – der perfekte Ersatz für Kuhmilch. Er kann in den meisten Rezepten für Backwaren, Getränke und für einige Saucen direkt die Kuhmilch ersetzen. Interessanterweise erfreute sich Mandeldrink im Mittelalter relativ großer Beliebtheit, weil er viel Eiweiß enthält und lange haltbar ist.

Naturreis-/Dinkel-Pfannkuchen

Blutgruppe 0	Blutgruppe A	Blutgruppe B	Blutgruppe AB
100 g Naturreismehl	90 g Dinkelmehl	90 g Dinkelmehl	90 g Dinkelmehl
50 g Tapiokamehl (NS nehmen Pfeilwurzelmehl oder weißes Reismehl)	30 g Hafermehl	30 g Hafermehl	30 g Hafermehl
2 TL Backpulver	2 TL Backpulver	2 TL Backpulver	2 TL Backpulver
½ TL Meersalz	½ TL Meersalz	½ TL Meersalz	½ TL Meersalz
1 großes Ei	2 große Eier	2 große Eier	2 große Eier
1 großes Eiweiß	250 ml Mandel- oder Sojadrink	250 ml Kuhmilch, fettarm	250 ml Kuhmilch (fettarm) oder Ziegenmilch
150 ml Mandeldrink (NS nehmen Reisdrink)	2 EL Olivenöl	2 EL Olivenöl	2 EL Olivenöl
1 EL Ghee oder Butter	Backspray	Backspray	Backspray
⅓ Banane, zerdrückt			
Backspray			

1.

Backofen auf 100 Grad vorheizen.

2.

Mehl in einer großen Schüssel mit Backpulver und Salz mischen.

3.

0 In einer zweiten Schüssel Banane mit Ghee zerdrücken. Ei, Eiweiß und Milch einrühren.

A, B und AB In einer zweiten Schüssel Eier, Mandeldrink und Olivenöl verrühren.

4.

Die flüssigen Zutaten zu den trockenen geben und glatt rühren.

5.
Eine Pfanne auf mittlerer Stufe erhitzen und mit Backspray besprühen. 60 ml Teig in die Pfanne gießen, durch Schwenken verteilen und von jeder Seite 1 bis 2 Minuten backen, bis sich an der Oberfläche Blasen bilden und der Teig sich an den Rändern vom Boden zu lösen beginnt. Pfannkuchen wenden und noch eine Minute braten. Mit dem übrigen Teig ebenso verfahren.

6.
Die Pfannkuchen bei 100 Grad im Backofen warm halten, dabei mit feuchtem Küchenkrepp oder einem sauberen Küchentuch abdecken.

7.
Warm servieren.

FÜR 4 PERSONEN

Tipp: Sprühflaschen für Öl sind überall erhältlich – mit einem geeigneten Öl gefüllt ersetzen sie das Backspray. Füllen Sie Ihre Sprühflasche mit hellem Olivenöl. Olivenöl ist *bekömmlich*, wenn Sie helles anstelle von extraverginem Öl verwenden, ist Ihr Spray weitgehend geschmacklos und vielseitig verwendbar.

KENNEN SIE …?

Naturreismehl

Naturreismehl erhält man, wenn man Naturreis mehlfein mahlt. Es ist herzhaft, aber mild im Geschmack und wird hier in vielen Rezepten als Grundzutat für Backwaren verwendet. Verwendet man Naturreismehl alleine, schmeckt es oft grob und lässt das fertige Produkt zusammenfallen. Mischt man Naturreismehl mit einem feinen, beinahe pulverartigen Mehl wie Tapioka oder Pfeilwurzel, wird die Konsistenz sehr viel gleichmäßiger. Naturreis ist für Blutgruppe 0 neutral, wer abnehmen möchte, sollte ihn in Maßen konsumieren.

Wildreis-Waffeln

Blutgruppe 0	Blutgruppe A	Blutgruppe B	Blutgruppe AB
160 g Naturreismehl	180 g Dinkelmehl	180 g Dinkelmehl	180 g Dinkelmehl
50 g Tapiokamehl (NS nehmen Pfeilwurzelmehl)	50 g Hafermehl	50 g Hafermehl	50 g Hafermehl
1 EL gemahlener Leinsamen	2 EL gemahlener Leinsamen	2 EL gemahlener Leinsamen	2 EL gemahlener Leinsamen
¼ TL Meersalz	½ TL Meersalz	½ TL Meersalz	½ TL Meersalz
2 TL Backpulver	2 TL Backpulver	2 TL Backpulver	2 TL Backpulver
½ TL Zimt (NS ohne Zimt)	¼ TL Zimt	2 große Eier	¼ TL Zimt
2 große Eier	2 große Eier	480 ml Kuhmilch, fettarm	2 große Eier
2 große Eiweiße	480 ml Sojadrink oder Ziegenmilch	2 EL Olivenöl	480 ml Kuhmilch (fettarm) oder Ziegenmilch
180 ml Mandeldrink (NS nehmen Reisdrink)	2 EL Olivenöl	2 EL Apfelmus	2 EL Olivenöl
60 ml Pflanzenöl	2 EL Apfelmus	150 g gegarter Wildreis	2 EL Apfelmus
1 EL Ahornsirup (NS nehmen Agavensirup)	150 g gegarter Wildreis		150 g gegarter Wildreis
100 g gegarter Wildreis			

1.
Waffeleisen nach Herstelleranleitung vorheizen.

2.
0 In einer trockenen, mittelgroßen Schüssel die Eiweiße mit dem Handrührgerät zu Schnee schlagen.

3.
Die trockenen Zutaten in einer großen Schüssel mischen.

4.
In einer zweiten Schüssel die flüssigen Zutaten miteinander verschlagen. Die flüssigen Zutaten zu den trockenen geben und glatt rühren. Den gegarten Reis unterziehen.

5.
0 Die Eiweiße in drei Schritten vorsichtig unterheben, ohne dass sie zusammenfallen.

6.

Das Waffeleisen mit Backspray besprühen. Waffeleisen mit der korrekten Menge Teig füllen, schließen und Waffeln nach Geräteanleitung garen. Die Waffeln sollten fest sein, außen leicht knusprig, innen weich.

7.

Mit frischen Blaubeeren und Ahornsirup servieren. Oder mit Schokoladensirup (Seite 344), Carob Extract™ (Seite 412) oder Proberry 3™ Liquid (Seite 412 f.) servieren.

FÜR 4 PERSONEN

KENNEN SIE …?

Leinsamen

Leinsamen sind kleine Samen mit harter, glatter Oberfläche, die reichlich Omega-3-Fettsäuren sowie Mangan, Ballaststoffe und andere Nährstoffe enthalten. Omega-3-reiche Nahrungsmittel sind eine gesunde Ergänzung für jede Ernährungsweise, auch haben sie eine entzündungshemmende Wirkung, insbesondere im Kampf gegen Krebs und Diabetes. Leinsamen kann man zu Smoothies, Backwaren oder über Salate geben. In warmem Wasser eingeweicht nehmen Leinsamen Wasser auf und bilden eine Art Gel, das nützlich für glutenfreies Backen ist.

Kürbis-/Süßkartoffel-Muffins mit Carob

Blutgruppe 0	Blutgruppe A	Blutgruppe B	Blutgruppe AB
250 g Naturreismehl 150 g weißes Reismehl 80 g Tapiokamehl (NS nehmen Pfeilwurzelmehl) 2 TL Backpulver ½ TL Meersalz ½ TL gemahlener Zimt (NS nehmen ⅛ TL Piment) ¼ TL gemahlener Ingwer ¼ TL gemahlener Muskat 350 g pürierter Bio-Kürbis 150 ml Ahornsirup (NS nehmen Agavensirup) 3 große Eier 4 EL Ghee, weich 60 ml Carob Extract™*	250 g Dinkelmehl 100 g Hafermehl ½ TL Natron 2 TL Backpulver ½ TL Meersalz 1 TL gemahlener Zimt ½ TL gemahlener Ingwer ⅛ TL gemahlene Gewürznelken ¼ TL Piment 1 Dose (à 425 g) pürierter Bio-Kürbis 120 ml Honig 2 große Eier 120 ml Sojadrink	250 g Dinkelmehl 100 g Hafermehl ½ TL Natron 2 TL Backpulver ½ TL Meersalz ½ TL gemahlener Ingwer ⅛ TL gemahlene Gewürznelken ½ TL Piment (NS nehmen anstelle von Piment ¼ TL Muskat) 1 Dose (à 425 g) Bio-Süßkartoffeln 120 ml Honig 2 große Eier 120 ml Kuhmilch, fettarm oder Magerstufe	250 g Dinkelmehl 100 g Hafermehl ½ TL Natron 2 TL Backpulver ½ TL Meersalz 1 TL gemahlener Zimt ½ TL gemahlener Ingwer ⅛ TL gemahlene Gewürznelken 1 Dose (à 425 g) pürierter Bio-Kürbis 120 ml Honig 2 große Eier 120 ml Kuhmilch (fettarm) oder Ziegenmilch
	BELAG:		
	40 g Haferflocken 30 g Pekannüsse, fein gehackt ½ TL gemahlener Zimt 1 EL Honig 1 EL Walnuss- oder helles Olivenöl 60 ml Carob Extract™*	40 g Haferflocken 30 g Pekannüsse, fein gehackt 1 EL Honig 1 EL Mandel- oder helles Olivenöl 60 ml Carob Extract™*	40 g Haferflocken 30 g Pekannüsse, fein gehackt ½ TL gemahlener Zimt 1 EL Honig 1 EL Mandel- oder helles Olivenöl 60 ml Carob Extract™*

* Informationen zum Thema Carob Extract™ finden Sie im Anhang.

1.

Backofen auf 180 Grad vorheizen. Papierförmchen in ein Muffinblech mit zwölf Vertiefungen setzen.

2.

0 In einer großen Schüssel Mehl, Backpulver, Salz, Zimt, Ingwer und Muskat gut mischen.

A In einer großen Schüssel Mehl, Backpulver, Natron, Salz, Zimt, Gewürznelken, Ingwer und Piment gut mischen.

B In einer großen Schüssel Mehl, Backpulver, Natron, Salz, Gewürznelken, Ingwer und Piment gut mischen.

AB In einer großen Schüssel Mehl, Backpulver, Natron, Salz, Zimt, Gewürznelken und Ingwer gut mischen.

3.

0 In einer zweiten Schüssel Kürbis, Eier, Sirup und Ghee verquirlen. Die Kürbismasse zum Mehl geben und verrühren. Den Teig in die vorbereiteten Muffinförmchen füllen, gleichmäßig mit Carob Extract™ beträufeln.

A und AB In einer zweiten Schüssel Kürbis, Honig, Eier und Milch verquirlen. Die Kürbismasse zum Mehl geben und verrühren. Den Teig in die vorbereiteten Muffinförmchen füllen.
B In einer zweiten Schüssel Süßkartoffeln, Honig, Eier und Milch verquirlen. Die Süßkartoffelmasse zum Mehl geben und verrühren. Den Teig in die vorbereiteten Muffinförmchen füllen.

4.
A, B und AB Die Zutaten für den Belag mit einer Gabel mischen. Gleichmäßig über alle Muffins streuen, mit Carob Extract™ beträufeln.

5.
20 bis 25 Minuten backen, Garprobe machen.

FÜR 12 PERSONEN

KENNEN SIE …?

Hafermehl

Hafer schmeckt köstlich cremig und macht Backwaren wunderbar weich. Sie können Hafermehl auch selbst herstellen, indem Sie feine Haferflocken in der Küchenmaschine mehlfein zerkleinern. Haferflocken enthalten von Natur aus viele Ballaststoffe und sättigen daher gut, Sie werden also nicht bald wieder hungrig sein. Hafermehl enthält kein Gluten und geht daher beim Backen nicht auf, man kombiniert es am besten mit Dinkel oder Weizen. Das ist auch der Grund, warum die meisten Rezepte in diesem Buch eine Mischung aus Hafer- und Dinkelmehl vorsehen.

Birnen-Rosmarin-Brot

Blutgruppe 0	Blutgruppe A	Blutgruppe B	Blutgruppe AB
80 g Birne, würfelig geschnitten	80 g Birne, würfelig geschnitten	80 g Birne, würfelig geschnitten	80 g Birne, würfelig geschnitten
80 g Naturreismehl	90 g Dinkelmehl	90 g Dinkelmehl	90 g Dinkelmehl
30 g Amaranthmehl	50 g Hafermehl	50 g Hafermehl	50 g Hafermehl
30 g Quinoamehl	1 EL frisch gehackter Rosmarin	1 EL frisch gehackter Rosmarin	1 EL frisch gehackter Rosmarin
1 EL frisch gehackter Rosmarin	½ TL Meersalz	½ TL Meersalz	½ TL Meersalz
½ TL Meersalz	2 TL Backpulver	2 TL Backpulver	2 TL Backpulver
2 TL Backpulver	2 große Eier	2 große Eier	2 große Eier
3 große Eier, getrennt	60 ml Agavensirup	60 ml Agavensirup	60 ml Agavensirup
60 ml Agavensirup	60 ml extravergines Olivenöl	60 ml extravergines Olivenöl	60 ml extravergines Olivenöl
60 ml extravergines Olivenöl	40 g gehackte Walnüsse	40 g gehackte Walnüsse	40 g gehackte Walnüsse
40 g gehackte Walnüsse	Backspray (mit Olivenölgeschmack)	Backspray (mit Olivenölgeschmack)	Backspray (mit Olivenölgeschmack)
Backspray (mit Olivenölgeschmack)			

1.

Backofen auf 180 Grad vorheizen. Eine kleine Kastenform mit Olivenöl besprühen oder ausstreichen.

2.

Eine reife Birne schälen und in kleine Würfel schneiden, auf Küchenkrepp legen, um überschüssiges Wasser zu entfernen.

3.

Mehl mit Rosmarin, Salz und Backpulver mischen.

4.

In einer zweiten Schüssel Eier (für A, B, AB)/Eidotter (für 0), Agavensirup und Olivenöl verrühren. Die flüssigen Zutaten zu den trockenen geben und glatt rühren. Gehackte Walnüsse und Birnenwürfel unterziehen.

5.

0 Die Eiweiße in einer trockenen Glasschüssel steif schlagen. In drei Schritten unter den Teig ziehen.

6.

Den Teig vorsichtig in die vorbereitete Form geben. 30 bis 35 Minuten backen, Garprobe machen.

7.

Warm servieren oder erkalten lassen und in einem verschließbaren Glasbehälter an einem kühlen, trockenen Ort über Nacht beziehungsweise bis zu einem Monat im Gefrierschrank lagern.

FÜR 10 PERSONEN

KENNEN SIE …?

Dinkelmehl

Dinkel, ein Verwandter des Weizens, ist eine alte Getreidesorte mit etwas stärkerem Nussgeschmack und höherem Nährstoffgehalt. Er kann Weizenmehl in praktisch allen Rezepten direkt ersetzen. Dinkel ist zwar nicht glutenfrei, aber für viele Menschen besser verträglich als Weizen. Angeboten werden sowohl Vollkorndinkel als auch Produkte wie Mehl, Nudeln und Brot. Um den hohen Nährstoffgehalt zu bewahren, sollte Dinkel im Kühlschrank aufbewahrt werden.

Kirsch-Scones

Blutgruppe 0	Blutgruppe A	Blutgruppe B	Blutgruppe AB
80 g halbierte Trockenkirschen 160 g Naturreismehl, plus ein wenig zum Ausrollen 120 g weißes Reismehl oder Tapiokamehl 25 g Mandelmehl 1 EL Backpulver ¼ TL Natron ½ TL Meersalz 4 EL kalte Butter oder Ghee, würfelig geschnitten ¼ TL Muskat 60 ml kalter Mandeldrink (NS nehmen Reisdrink) 120 ml kalter Ahornsirup (NS nehmen Agavensirup) 1 großes Ei 1 EL Ahornsirup (NS nehmen Agavensirup) 1 EL Mandelmehl	80 g halbierte Trockenkirschen 120 g Dinkelmehl, plus ein wenig zum Ausrollen 50 g Hafermehl 25 g Mandelmehl 2 TL Backpulver ½ TL Meersalz 4 EL kalte Butter 1 TL abgeriebene Schale einer unbehandelten Zitrone 60 ml Mandeldrink 80 ml Agavensirup 1 großes Ei 2 EL Agavensirup 2 EL Mandelmehl	80 g halbierte Trockenkirschen 120 g Dinkelmehl, plus ein wenig zum Ausrollen 50 g Hafermehl 25 g Mandelmehl 2 TL Backpulver ½ TL Meersalz 4 EL kalte Butter 1 TL abgeriebene Schale einer unbehandelten Zitrone 60 ml Kuhmilch, fettarm 80 ml Agavensirup 1 großes Ei 2 EL Agavensirup 2 EL Mandelmehl	80 g halbierte Trockenkirschen 120 g Dinkelmehl, plus ein wenig zum Ausrollen 50 g Hafermehl 25 g Mandelmehl 2 TL Backpulver ½ TL Meersalz 4 EL kaltes Ghee 1 TL abgeriebene Schale einer unbehandelten Zitrone 60 ml Kuhmilch (fettarm) oder Ziegenmilch 80 ml Agavensirup 1 großes Ei 2 EL Agavensirup 2 EL Mandelmehl

1.
Backofen auf 180 Grad vorheizen. Ein Blech mit Backpapier auslegen.

2.
Die Kirschen mit heißem Wasser übergießen, 10 Minuten quellen lassen. Wasser abgießen, Kirschen trocken tupfen.

3.
Mehl in einer großen Schüssel mit Backpulver und Salz (sowie Muskat und Natron für Blutgruppe 0) mischen.

4.
Die kalte Butter in kleine Würfel schneiden und mit einem Teigmischer oder mit zwei Buttermessern in das Mehl einarbeiten, bis die Mischung aussieht wie grobes Maismehl. Kirschen zufügen und gleichmäßig untermischen.

5.
0 In einer zweiten Schüssel Ahornsirup, Milch und Ei verquirlen.
A, B und AB In einer zweiten Schüssel Milch, Ei, Zitronenschale und Agavensirup verquirlen.
Die Milchmischung zu den trockenen Zutaten gießen und gut verrühren. Es entsteht ein dicker, etwas klebriger Teig. Geben Sie eventuell noch Mehl zu und formen Sie den Teig zu einer Kugel.

6.
Den Teig auf einer bemehlten Arbeitsfläche mit den Händen flach drücken, so dass ein Rechteck von etwa 2,5 cm Dicke entsteht. Mit einem scharfen Messer den Teig horizontal halbieren und vertikal in 3 Teile schneiden – es ergeben sich 6 Rechtecke.

7.

Jedes Rechteck diagonal durchschneiden, nun sind es 12 Dreiecke. Die Scones vorsichtig auf ein vorbereitetes Backblech legen. Die Oberfläche gleichmäßig mit Sirup bestreichen und mit Mandelmehl bestreuen.

8.

20 bis 22 Minuten backen, bis die Scones fest und unten leicht gebräunt sind. Warm servieren oder vollständig erkalten lassen und über Nacht an einem kühlen, trockenen Ort lagern. (Man kann die Scones auch einfrieren, für bis zu einen Monat, und dann wieder aufbacken – 10 Minuten bei 100 Grad.)

FÜR 12 PERSONEN

Tipp: Wenn alle Zutaten – und auch die Schüsseln – schön kalt sind, erhalten Sie Scones mit einer schuppigen Struktur.

KENNEN SIE …?

Mandelmehl

Für Mandelmehl werden blanchierte Mandeln fein vermahlen. Mandelmehl eignet sich sehr gut für Backwaren wie Kekse, Muffins oder schwere Kuchenteige. Es bringt ein süßes Aroma, Eiweiß und gesunde Fette in das Gebäck. Mandelmehl verleiht dem Teig eine leicht körnige, vollkornähnliche Konsistenz und macht Kekse knuspriger. Am besten lässt es sich im Gefrierschrank lagern.

Blaubeer-Nuss-Muffins

Blutgruppe 0	Blutgruppe A	Blutgruppe B	Blutgruppe AB
160 g Naturreismehl	180 g Dinkelmehl	180 g Dinkelmehl	180 g Dinkelmehl
160 g weißes Reismehl	100 g Hafermehl	100 g Hafermehl	100 g Hafermehl
60 g Hirsemehl	½ TL Meersalz	½ TL Meersalz	½ TL Meersalz
½ TL Meersalz	2 TL Backpulver	2 TL Backpulver	2 TL Backpulver
2 TL Backpulver	1 TL Natron	1 TL Natron	1 TL Natron
1 TL Natron	½ TL Zimt	2 große Eier	½ TL Zimt
1 TL Zimt (NS ohne Zimt)	2 große Eier	120 ml Agavensirup	2 große Eier
3 große Eier	120 ml Agavensirup	120 ml Apfelmus	120 ml Agavensirup
80 ml Agavensirup	120 ml Apfelmus	½ TL abgeriebene Schale einer unbehandelten Zitrone	120 ml Apfelmus
80 ml Honig (NS nehmen Agavensirup oder Melasse)	½ TL abgeriebene Schale einer unbehandelten Zitrone	3 EL helles Olivenöl	½ TL abgeriebene Schale einer unbehandelten Zitrone
½ TL abgeriebene Schale einer unbehandelten Zitrone	3 EL helles Olivenöl	120 ml plus 2 EL fettarme Kuhmilch	3 EL helles Olivenöl
3 EL helles Olivenöl	120 ml plus 2 EL Soja- oder Mandeldrink	½ mittelgroße Banane, zerdrückt	120 ml plus 2 EL Kuhmilch (Magerstufe) oder Ziegenmilch
6 EL Mandeldrink (NS nehmen Reisdrink)	70 g Macadamianüsse, gehackt	70 g Macadamianüsse, gehackt	60 g gehackte Walnüsse
½ mittelgroße Banane, zerdrückt	150 g (frische oder tiefgekühlte) Bio-Blaubeeren	150 g (frische oder tiefgekühlte) Bio-Blaubeeren	150 g (frische oder tiefgekühlte) Bio-Blaubeeren
70 g Macadamianüsse, gehackt			
150 g (frische oder tiefgekühlte) Bio-Blaubeeren			

1.
Backofen auf 180 Grad vorheizen. Papierförmchen in ein Muffinblech mit zwölf Vertiefungen setzen.

2.
Die trockenen Zutaten in einer großen Schüssel mischen.

3.
In einer zweiten Schüssel die flüssigen Zutaten miteinander verquirlen.

4.
0 und B Die Banane zerdrücken und unter die Eimischung rühren.

5.
Die flüssigen Zutaten zu den trockenen geben und gut mischen.

6.
Macadamianüsse (0, A, B)/Walnüsse (AB) und Blaubeeren unterziehen.

7.
Den Teig gleichmäßig auf die vorbereiteten Muffinförmchen verteilen und 25 bis 28 Minuten backen; Garprobe machen.

8.
Warm servieren.

FÜR 12 PERSONEN

KENNEN SIE …?

Hirsemehl

Hirse ist eine feinkörnige, glutenfreie Getreidesorte. Dieser Angehörige der Familie der Gräser war in Afrika und Indien verbreitet, bevor er 1875 in den Vereinigten Staaten eingeführt wurde. Hirse ist nicht säurebildend und daher leicht verdaulich. Sie ist mild im Geschmack, von hellgelber Farbe und reich an Ballaststoffen, B-Vitaminen und Vitamin E sowie mehreren wichtigen Mineralstoffen.

MITTAGESSEN

Hummus-Sandwich · Brötchen mit Lamm-/Pilzbällchen · Käse-Steak-Sandwich · Fischfilet-Sandwich · Bohnen-und-Blatt-Salat · Salat-Pizza · Löwenzahnblätter mit Ofengemüse und Meerrettich-Dressing · Griechischer Salat mit Röstgemüse · Radicchio mit Lachsfüllung · Gebackene Falafel · Knackige Gemüse-Frühlingsrollen mit Kirsch-Dip · Feta-Spinat-Pie · Ratatouille

Die Rezepte für das Mittagessen wurden so gestaltet, dass sie Gemüse und verschiedene Eiweißlieferanten in einem ausgewogenen Verhältnis, jedoch nicht so viele komplexe Kohlenhydrate enthalten. Dominiert in einem Gericht Gemüse oder Protein, dann gibt es Vorschläge für schmackhafte Ergänzungen.

Hummus-Sandwich

Blutgruppe 0	Blutgruppe A	Blutgruppe B	Blutgruppe AB
2 Scheiben Naturreisbrot	2 Scheiben Naturreisbrot	2 Scheiben Naturreisbrot	2 Scheiben Naturreisbrot oder Essener Brot
½ TL Olivenöl	½ TL Olivenöl	½ TL Olivenöl	½ TL Olivenöl
Grobkörniges Meersalz nach Geschmack	Grobkörniges Meersalz nach Geschmack	Grobkörniges Meersalz nach Geschmack	Grobkörniges Meersalz nach Geschmack
2 EL Hummus aus Adzukibohnen*	2 EL Hummus aus Adzukibohnen*	2 EL Bohnen-Hummus*	2 EL Bohnen-Hummus*
3 feine Ringe von einer grünen Paprikaschote	1 Scheibe (½ cm dick) Fetakäse	1 Scheibe (½ cm dick) Fetakäse	1 Scheibe (3 cm dick) Fetakäse
2 Blätter vom Buttersalat	2 fein geschnittene Artischockenherzen	3 feine Ringe von einer grünen Paprikaschote	Einige Rucolablätter
	2 Blätter vom Buttersalat	2 Blätter vom Buttersalat	

* Rezept für Bohnen-Hummus siehe Seite 283.

1.
Das Brot honigfarben rösten, jeweils eine Seite mit Olivenöl beträufeln und mit ganz wenig Meersalz würzen.

2.
0 Die Olivenölseite einer Brotscheibe mit Hummus bestreichen, mit Paprikaringen und Salatblättern belegen.
A Die Olivenölseite einer Brotscheibe mit Hummus bestreichen, mit Feta, Artischocken und Salatblättern belegen.
B Die Olivenölseite einer Brotscheibe mit Hummus bestreichen, mit Paprikaringen und Salatblättern belegen.
AB Die Olivenölseite einer Brotscheibe mit Hummus bestreichen, mit Fetakäse und Rucola belegen.

3.
Die zweite Brotscheibe mit der Ölseite darauflegen, in zwei Hälften schneiden.

4.
Sofort servieren.

FÜR 2 PERSONEN

Brötchen mit Lamm-/Pilzbällchen

	Blutgruppe 0	Blutgruppe A	Blutgruppe B	Blutgruppe AB
	450 g mageres gehacktes Lammfleisch 40 g Zwiebeln, geraspelt 20 g fein gehackte frische Minze ¼ TL Meersalz 1 TL Currypulver 1 großes Ei 5 EL Semmelmehl*	200 g Champignons, grob gehackt 2 TL Olivenöl 40 g Zwiebeln, geraspelt 1 EL Oregano, gehackt 2 EL Basilikum, gehackt Meersalz, nach Geschmack 1 TL fein gehackter Knoblauch 1 großes Ei 50 g Semmelmehl*	450 g mageres gehacktes Lammfleisch 40 g Zwiebeln, geraspelt 4 EL fein gehackte frische Minze ¼ TL Meersalz 1 TL Currypulver 1 großes Ei 5 EL Semmelmehl*	450 g mageres gehacktes Lammfleisch 40 g Zwiebeln, geraspelt 4 EL fein gehackte frische Minze ¼ TL Meersalz 1 TL Currypulver 1 großes Ei 5 EL Semmelmehl*
SAUCE	2 TL Olivenöl 80 g Zwiebeln, gehackt 2 Knoblauchzehen, fein gehackt 300 g rote Paprikaschote, würfelig geschnitten 5 Rispentomaten, gehackt 2 EL frisch gehacktes Basilikum zum Garnieren 4 Naturreis-/Hirsebrötchen	2 TL Olivenöl 80 g Zwiebeln, gehackt 1 Knoblauchzehe, fein gehackt 1 Glas (à 120 g) milde Kirschpaprika, abgetropft und gehackt 120 ml Gemüsebrühe* 1 TL Agavensirup 4 EL frisch gehacktes Basilikum 60 g Mozzarella-Käse 4 Naturreis-/Hirsebrötchen	2 TL Olivenöl 80 g Zwiebeln, gehackt 1 Knoblauchzehe, fein gehackt 1 Glas (à 120 g) milde Kirschpaprika, abgetropft und gehackt 120 ml Gemüsebrühe* 1 TL Agavensirup 4 EL frisch gehacktes Basilikum 60 g Mozzarella-Käse 4 Naturreis-/Hirsebrötchen	2 TL Olivenöl 160 g weiße Zwiebeln, würfelig geschnitten 2 Knoblauchzehen, fein gehackt 5 Rispentomaten, gehackt 4 Naturreis-/Hirse- oder Dinkelbrötchen

* Siehe Grundrezept für (glutenfreies) Semmelmehl auf Seite 352 sowie Rezept für Gemüsebrühe auf Seite 350 f.

1.
Backofen auf 200 Grad vorheizen. Ein Backblech mit Pergamentpapier auslegen.

2.
0, B und AB Lammfleisch, Zwiebeln, Minze, Meersalz, Curry, Ei und Semmelmehl in eine große Schüssel geben und mit den Händen gut mischen. Dabei das Fleisch nicht zu sehr kneten, sonst wird es zäh.
A In einer großen Pfanne Pilze und Zwiebeln 8 bis 10 Minuten in Olivenöl braten, bis die Pilze ihre Flüssigkeit abgegeben haben und weich zu werden beginnen. Vom Herd nehmen, auf Raumtemperatur abkühlen lassen, überschüssige Flüssigkeit abgießen.

3.
A Pilze und Zwiebeln mit Semmelmehl, Ei, Basilikum, Oregano und einer Prise Meersalz in der Küchenmaschine zu grober Konsistenz verarbeiten. Die Zutaten sollen gut vermischt, aber nicht püriert sein.

4.
0, B und AB Aus dem Fleischteig Kugeln in der Größe eines Golfballes formen, diese mit etwa 5 cm Abstand auf ein vorbereitetes Backblech legen. 20 Minuten im Backofen braten, bis sie goldbraun und durchgegart sind.
A Mit einem Esslöffel oder einem kleinen Eiscreme-Portionierer Kugeln aus der Pilzmischung ausstechen. Auf das vorbereitete Backblech legen und etwa 40 Minuten backen, bis sie gar sind.

5.
0 und AB Inzwischen die Tomatensauce vorbereiten: Olivenöl in einer tiefen Pfanne auf mittlerer Stufe erhitzen. Pa-

prika (für 0), Zwiebeln und Knoblauch darin 4 bis 6 Minuten dünsten. Tomaten zufügen und zum Kochen bringen. Herd zurückschalten und 10 bis 15 Minuten schwach kochen lassen. Salz nach Geschmack zugeben, bis zum Servieren warm halten.

A und B Inzwischen die Kirschpaprika-Sauce vorbereiten: Das Olivenöl in einer tiefen Pfanne auf mittlerer Stufe erhitzen. Zwiebeln und Knoblauch darin 4 bis 6 Minuten dünsten. Die gehackten Kirschpaprika zufügen und noch einige Minuten dünsten. Brühe und Agavensirup zugießen und zum Kochen bringen. Herd zurückschalten und schwach köcheln lassen, bis die Pilzkugeln fertig sind. Salz nach Geschmack zugeben.

6.

Die Fleisch-/Pilzbällchen in die Sauce geben und damit bedecken. Die Bällchen auf den getoasteten Brötchen anrichten, mit Basilikum garnieren (für 0), mit Mozzarella-Käse belegen (für A), mit Käse und Basilikum garnieren (für B), die Brötchen zuklappen und warm servieren.

FÜR 4 PERSONEN

Käse-Steak-Sandwich

Blutgruppe 0
350–450 g mageres Rindfleisch, in dünne Scheiben geschnitten
¼ TL Meersalz
¼ TL Chilipulver
⅛ TL gemahlener Kreuzkümmel
¼ TL Knoblauchpulver
2 TL Olivenöl
4 Naturreis-/Hirsebrötchen
150 g grüne Paprikaschote, fein geschnitten
120 g Zwiebeln, in Ringe geschnitten
150 g rote Paprikaschote, fein geschnitten
100 g geriebener Mozzarella aus teilentrahmter Milch (NS nehmen Manchego-Käse oder gar keinen Käse)

1.
Backofen (Grill) vorheizen.

2.
Die Rindfleischscheiben gleichmäßig mit Kreuzkümmel, Chili, Knoblauch und Meersalz bestreuen, Gewürze mit der Hand einmassieren.

3.
Olivenöl in einer großen Pfanne auf mittlerer Stufe erhitzen. Wenn die Pfanne heiß ist, das gewürzte Steak einlegen und 2 bis 3 Minuten braten. Steaks aus der Pfanne nehmen.

4.
Zwiebeln und Paprika in die Pfanne geben. 8 bis 10 Minuten braten, bis sie leicht gebräunt und weich sind. Rindfleisch wieder in die Pfanne geben und mit dem Gemüse mischen.

5.
Brötchen toasten, Fleisch und Gemüse gleichmäßig auf den unteren Hälften verteilen. Mit Käse bestreuen. Auf dem Bratrost 30 bis 60 Sekunden überbacken, damit der Käse schmilzt. Die Brötchen zuklappen und warm servieren.

FÜR 4 PERSONEN

Fischfilet-Sandwich

Blutgruppe A	Blutgruppe B	Blutgruppe AB
450 g Kabeljau	450 g Schellfisch	450 g Kabeljau
¼ TL Meersalz	¼ TL Meersalz	¼ TL Meersalz
1 großes Ei, leicht verquirlt	1 großes Ei, leicht verquirlt	1 großes Ei, leicht verquirlt
60 g Dinkelmehl	60 g Dinkelmehl	60 g Dinkelmehl
1 TL Knoblauchpulver	1 TL Knoblauchpulver	1 TL Knoblauchpulver
1 EL Olivenöl	1 EL Olivenöl	1 EL Olivenöl
4 Essener oder Dinkelbrötchen	4 Dinkel- oder Naturreisbrötchen	4 Dinkel- oder Naturreisbrötchen
50 g Romanasalat, zerkleinert	50 g Romanasalat, zerkleinert	50 g Romanasalat, zerkleinert

SAUCE

Blutgruppe A	Blutgruppe B	Blutgruppe AB
1 Becher (150 g) dicker Griechischer Joghurt	1 Becher (150 g) dicker fettarmer Griechischer Joghurt	1 Becher (150 g) dicker Griechischer Joghurt
1 EL fein gehackte Zwiebeln	1 EL fein gehackte Zwiebeln	1 EL fein gehackte Zwiebeln
Meersalz, nach Geschmack	Meersalz, nach Geschmack	Meersalz, nach Geschmack
1 EL frisch gehackter Dill	1 EL frisch gehackter Dill	1 EL frisch gehackter Dill
2 TL abgeriebene Schale einer unbehandelten Zitrone	2 TL abgeriebene Schale einer unbehandelten Zitrone	2 TL abgeriebene Schale einer unbehandelten Zitrone

1.

Fisch mit Meersalz würzen und in 4 Filets teilen. Das Ei in eine Schüssel mit flachem Boden geben, Mehl und Knoblauchpulver in eine zweite. Jedes Filet zunächst in Ei, dann in Mehl wenden. Das überschüssige Mehl abschütteln, Filet auf einen sauberen Teller legen.

2.

Olivenöl in einer großen, tiefen Pfanne auf mittlerer Stufe erhitzen. Die Fischfilets mit 5 cm Abstand ins heiße Fett legen. Von jeder Seite etwa 4 Minuten braten, bis sie in der Mitte weiß, nicht mehr glasig, sind.

3.

Die Brötchen toasten.

4.

Die Zutaten für die Sauce verrühren. Auf jede Brötchenhälfte Joghurtsauce, Salat und ein Fischfilet geben.

FÜR 4 PERSONEN

Bohnen-und-Blatt-Salat

Blutgruppe 0	Blutgruppe A	Blutgruppe B	Blutgruppe AB	
1 Bataviasalat	1 Bataviasalat	1 Bataviasalat	1 Bataviasalat	
120 g Adzukibohnen, gegart oder aus der Dose, abgetropft und abgespült	90 g Wachtelbohnen, gegart oder aus der Dose, abgetropft und abgespült	130 g weiße Bohnen, gegart oder aus der Dose, abgetropft und abgespült	90 g Wachtelbohnen, gegart oder aus der Dose, abgetropft und abgespült	
130 g Zuckererbsen	130 g Zuckererbsen	130 g Zuckererbsen	130 g Zuckererbsen	
400 g grüne Bohnen	400 g grüne Bohnen	400 g grüne Bohnen	400 g grüne Bohnen	
1 EL frisch gehacke Minze	1 EL frisch gehacke Minze	1 EL frisch gehacke Minze	1 EL frisch gehacke Minze	
1 EL frischer Limonensaft	1 EL frischer Limonensaft	1 EL frischer Limonensaft	1 EL frischer Limonensaft	DRESSING
⅛ TL gemahlener Kreuzkümmel	⅛ TL gemahlener Kreuzkümmel	⅛ TL gemahlener Kreuzkümmel	⅛ TL gemahlener Kreuzkümmel	
1 Knoblauchzehe, fein gehackt	1 Knoblauchzehe, fein gehackt	1 Knoblauchzehe, fein gehackt	1 Knoblauchzehe, fein gehackt	
½ TL Honig (NS nehmen Agavensirup)	½ TL Honig	½ TL Honig	½ TL Honig (NS nehmen Agavensirup)	
60 ml Olivenöl	60 ml Olivenöl	60 ml Olivenöl	60 ml Olivenöl	
Meersalz, nach Geschmack	Meersalz, nach Geschmack	Meersalz, nach Geschmack	Meersalz, nach Geschmack	

1.
Bataviasalat waschen und trocken tupfen. In mundgerechte Stücke reißen und in eine große Salatschüssel geben, darauf die Bohnen.

2.
Einen großen Topf Wasser zum Kochen bringen. Zuckererbsen und grüne Bohnen darin 3 Minuten garen, Wasser abgießen, Gemüse in einer großen Schüssel mit Eiswasser abschrecken, damit der Garvorgang zum Stillstand kommt. Dann zum Trocknen auf ein Küchentuch legen und zum Salat geben.

3.
Alle Zutaten für das Dressing in einer kleinen Schüssel verrühren. Über den Salat träufeln und servieren.

FÜR 4 PERSONEN

Salat-Pizza

Blutgruppe 0	Blutgruppe A	Blutgruppe B	Blutgruppe AB	
50 g Quinoamehl 40 g Amaranthmehl 100 g Naturreismehl 2 TL Backpulver ½ TL Salz 2 Eier 3 EL Olivenöl 50 g gehobelter, harter Ziegenkäse (NS ohne Käse	Fertiger Pizzateig aus Dinkel oder glutenfreiem Mehl mit Naturreis (und geeigneten Getreidesorten) 50 g gehobelter, harter Ziegenkäse	Fertiger Pizzateig aus Dinkel (und geeigneten Getreidesorten) 50 g gehobelter, harter Ziegenkäse	Fertiger Pizzateig aus Dinkel (und geeigneten Getreidesorten) 50 g gehobelter, harter Ziegenkäse	
170 g tiefgekühlte Artischockenherzen, aufgetaut 1 ganzer Brokkoli 1 TL Olivenöl Meersalz, nach Geschmack 70 g Brunnenkresse 1 EL blanchierte Mandelsplitter	30 g Möhren, gehobelt 340 g tiefgekühlte Artischockenherzen, aufgetaut 1 ganzer Brokkoli 1 TL Olivenöl Meersalz, nach Geschmack 70 g Brunnenkresse 1 EL blanchierte Mandelsplitter	140 g Rote Bete, würfelig geschnitten und geröstet 1 ganzer Brokkoli 1 TL Olivenöl Meersalz, nach Geschmack 70 g Brunnenkresse 1 EL blanchierte Mandelsplitter	100 g Gurke, in Scheiben 1 ganzer Brokkoli 1 TL Olivenöl Meersalz, nach Geschmack 70 g Brunnenkresse 1 EL blanchierte Mandelsplitter	BELAG
1 EL frischer Zitronensaft 1 TL Zwiebeln, fein gehackt 1 EL Olivenöl 2 TL frisch gehackter Oregano	1 EL frischer Zitronensaft 1 TL Zwiebeln, fein gehackt 1 EL Olivenöl 2 TL frisch gehackter Oregano	1 EL frischer Zitronensaft 1 TL Zwiebeln, fein gehackt 1 EL Olivenöl 2 TL frisch gehackter Oregano	1 EL frischer Zitronensaft 1 TL Zwiebeln, fein gehackt 1 EL Olivenöl 2 TL frisch gehackter Oregano	DRESSING

1.

Backofen auf 190 Grad vorheizen.

2.

0 Mehl mit Backpulver und Salz mischen. Eier und Olivenöl in einer kleinen Schüssel verquirlen, zum Mehl geben und verrühren. Den Teig mit den Händen zu einer Kugel formen, auf einer bemehlten Arbeitsfläche etwa ½ cm dick ausrollen. Vorsichtig auf ein Backblech legen und 20 Minuten backen. Aus dem Backofen nehmen, mit Ziegenkäse belegen und abkühlen lassen. Temperatur auf 200 Grad erhöhen.

A, B und AB Pizzateig nach Anleitung des Herstellers backen. Etwa 5 Minuten vor Ende der angegebenen Backzeit mit gehobeltem Ziegenkäse belegen und backen, bis der Käse zu schmelzen beginnt. Aus dem Backofen nehmen und abkühlen lassen.

3.

Artischockenherzen vierteln und trocken tupfen (nur 0 und A), Brokkoli in mundgerechte Röschen teilen und mit den Artischockenvierteln (nur 0 und A) auf ein Backblech legen. Mit Olivenöl beträufeln, mit Meersalz bestreuen und 20 Minuten rösten. Das Gemüse ist an den Rändern leicht gebräunt, aber noch kräftig gefärbt, wenn es gar ist. Aus dem Backofen nehmen und abkühlen lassen.

4.

Inzwischen die Zutaten für das Dressing verrühren.

0 Das Dressing mit Brunnenkresse, Artischocken, Brokkoli und Mandeln mischen.

A Das Dressing mit Brunnenkresse, Möhren, Artischocken, Brokkoli und Mandeln mischen.

B Das Dressing mit Brunnenkresse, Roter Bete, Brokkoli und Mandeln mischen.

AB Das Dressing mit Brunnenkresse, Gurke, Brokkoli und Mandeln mischen.

Den Teig mit der Salatmischung belegen, kalt servieren.

FÜR 4 PERSONEN

KENNEN SIE …?

Amaranthmehl

Amaranth ist eine glutenfreie Getreidesorte aus Südamerika. Es hat einen hohen Anteil an Protein, Ballaststoffen und der Aminosäure Lysin, was bei Getreide selten ist. Amaranth hat einen kräftigen, leicht nussigen Geschmack und bringt willkommene Abwechslung in die Ernährung.

Löwenzahnblätter mit Ofengemüse und Meerrettich-Dressing NS NS NS NS

	Blutgruppe 0	Blutgruppe A	Blutgruppe B	Blutgruppe AB
	1 rohe Rote Bete	1 rohe Rote Bete	1 rohe Rote Bete	1 rohe Rote Bete
	3 kleine Möhren	3 kleine Möhren	1 Blumenkohl	3 kleine Möhren
	2 mittelgroße Pastinaken	2 mittelgroße Pastinaken	2 mittelgroße Pastinaken	2 mittelgroße Pastinaken
	2 TL Olivenöl	2 TL Olivenöl	2 TL Olivenöl	2 TL Olivenöl
	2 Bund Löwenzahnblätter	2 Bund Löwenzahnblätter	2 Bund Löwenzahnblätter	2 Bund Löwenzahnblätter
	Meersalz, nach Geschmack	Meersalz, nach Geschmack	Meersalz, nach Geschmack	Meersalz, nach Geschmack
DRESSING	60 ml Olivenöl	60 ml Olivenöl	60 ml Olivenöl	60 ml Olivenöl
	3 EL frisch geriebener Meerrettich	3 EL frisch geriebener Meerrettich	3 EL frisch geriebener Meerrettich	3 EL frisch geriebener Meerrettich
	1 EL frisch gehacktes Basilikum	1 EL frisch gehacktes Basilikum	1 EL frisch gehacktes Basilikum	1 EL frisch gehacktes Basilikum
	2 EL frischer Zitronensaft	2 EL frischer Zitronensaft	2 EL frischer Zitronensaft	2 EL frischer Zitronensaft
	Meersalz, nach Geschmack	Meersalz, nach Geschmack	Meersalz, nach Geschmack	Meersalz, nach Geschmack

1.

Backofen auf 190 Grad vorheizen.

2.

0, A und AB Rote Bete, Möhren und Pastinaken schälen, in 1 cm große Würfel schneiden.

B Rote Bete und Pastinaken schälen, in 1 cm große Würfel schneiden. Den Blumenkohl in mundgerechte Röschen teilen.

3.

Das Gemüse mit Olivenöl und Meersalz mischen. In einer Lage auf einem Backblech verteilen und 55 bis 60 Minuten rösten, nach der Hälfte der Zeit wenden. Man sollte mit der Gabel leicht in das an den Rändern und unten zart gebräunte Gemüse einstechen können.

4.

Für das Dressing den Meerrettich reiben und mit den übrigen Dressingzutaten verrühren.

5.

Löwenzahnblätter in einer großen Schüssel mit dem Meerrettich-Dressing mischen, das Ofengemüse darauf anrichten und servieren.

FÜR 4 PERSONEN

Griechischer Salat mit Röstgemüse

Blutgruppe 0	Blutgruppe A	Blutgruppe B	Blutgruppe AB
340 g Kirschtomaten	170 g Artischockenherzen, geviertelt	160 g Aubergine, würfelig geschnitten	340 g Kirschtomaten
1 TL Olivenöl	1 TL Olivenöl	2 TL Olivenöl	1 TL Olivenöl
Meersalz, nach Geschmack	Meersalz, nach Geschmack	Meersalz, nach Geschmack	Meersalz, nach Geschmack
280 g Romanasalat, in Stücke gerissen	280 g Romanasalat, in Stücke gerissen	280 g Romanasalat, in Stücke gerissen	280 g Romanasalat, in Stücke gerissen
60 g grüne spanische Oliven (NS ohne Oliven)	80 g Feta, zerkrümelt	60 g Peperoni, fein geschnitten	60 g grüne spanische Oliven
80 g Feta, zerkrümelt (NS geben anstelle von Käse 2 gehackte milde grüne Chilis zu den Tomaten)		80 g Feta, zerkrümelt	80 g Feta, zerkrümelt

DRESSING

Blutgruppe 0	Blutgruppe A	Blutgruppe B	Blutgruppe AB
3 EL Olivenöl	3 EL Olivenöl	3 EL Olivenöl	3 EL Olivenöl
1 EL frischer Oregano	1 EL frischer Oregano	1 EL frischer Oregano	1 EL frischer Oregano
2 EL frisch gepresster Zitronensaft	2 EL frisch gepresster Zitronensaft	2 EL frisch gepresster Zitronensaft	2 EL frisch gepresster Zitronensaft
Meersalz, nach Geschmack	Meersalz, nach Geschmack	Meersalz, nach Geschmack	Meersalz, nach Geschmack

1.
Backofen auf 190 Grad vorheizen.

2.
0 und AB Ein Backblech mit Backspray besprühen. Die Tomaten darauf verteilen. Mit Olivenöl beträufeln, mit Meersalz bestreuen und 35 Minuten auf der obersten Stufe im Backofen rösten, bis die Tomaten zusammenfallen und stellenweise dunkelbraun sind. Aus dem Backofen nehmen und abkühlen lassen.

A Ein Backblech mit Backspray besprühen. Die Artischocken darauf verteilen. Mit Olivenöl beträufeln, mit Meersalz bestreuen und 25 Minuten auf der obersten Stufe im Backofen rösten. Aus dem Backofen nehmen und abkühlen lassen.
B Ein Backblech mit Backspray besprühen. Die Auberginenwürfel darauf verteilen. Mit Olivenöl beträufeln, mit Meersalz bestreuen und 35 Minuten auf der obersten Schiene im Backofen rösten, bis die Auberginenwürfel weich und an der Unterseite leicht gebräunt sind. Aus dem Backofen nehmen und abkühlen lassen.

3.
Die Zutaten für das Dressing verrühren.

4.
Blattsalat waschen und trocken tupfen, in mundgerechte Stücke reißen und in eine Salatschüssel geben. Das geröstete Gemüse, Peperoni (für B), Oliven (für 0 und AB) und den Feta-Käse zufügen, Dressing darüberträufeln und mischen.

FÜR 4 PERSONEN

Radicchio mit Lachsfüllung

Blutgruppe 0	Blutgruppe A	Blutgruppe B	Blutgruppe AB
1 Radicchio	1 Radicchio	1 Radicchio	1 Radicchio
250 g gegarter Lachs	250 g gegarter Lachs	250 g gegarter Lachs	250 g gegarter Lachs
3 EL fein gehackter Schnittlauch	3 EL fein gehackter Schnittlauch	3 EL fein gehackter Schnittlauch	3 EL fein gehackter Schnittlauch
½ TL Meersalz	½ TL Meersalz	½ TL Meersalz	½ TL Meersalz
70 g Erbsen, gegart	70 g Erbsen, gegart	70 g Erbsen, gegart	70 g Erbsen, gegart
½ kleiner Apfel, feinwürfelig geschnitten (NS ½ Kaiserbirne)	½ kleiner Apfel, feinwürfelig geschnitten	½ kleiner Apfel, feinwürfelig geschnitten	½ kleiner Apfel, feinwürfelig geschnitten
1 TL Honig (NS nehmen Agavensirup)	1 TL Honig	1 TL Honig	1 TL Honig
1 TL frisch gehackter Oregano	1 EL frisch gehackter Oregano	1 TL frisch gehackter Oregano	1 TL frisch gehackter Oregano
Saft einer Zitrone	Saft einer Zitrone	Saft einer Zitrone	Saft einer Zitrone
Schale einer unbehandelten Limone	Schale einer unbehandelten Limone	Schale einer unbehandelten Limone	Schale einer unbehandelten Limone
60 ml Olivenöl	60 ml Olivenöl	60 ml Olivenöl	60 ml Olivenöl

1.
Vom Radicchio die äußeren Blätter entfernen. Vorsichtig die übrigen Blätter abziehen, am Strunk abbrechen, damit sie ganz bleiben. Mit kaltem Wasser waschen und auf einem Küchentuch trocknen.

2.
Den Lachs in Stücke teilen und mit Schnittlauch, Salz, Erbsen und Äpfeln in eine Schüssel geben.

3.
Honig, Oregano, Zitronensaft, Limonenschale und Olivenöl in einer kleinen Schüssel verrühren. Die Lachsmischung damit beträufeln und löffelweise in die Radicchioblätter geben.

FÜR 2 PERSONEN

Gebackene Falafel

Blutgruppe 0	Blutgruppe A	Blutgruppe B	Blutgruppe AB
300 g Adzukibohnen, (Trockenkochbohnen, nicht vorgegart oder als Konserve)	300 g Adzukibohnen (Trockenkochbohnen, nicht vorgegart oder als Konserve)	310 g weiße Bohnen (Trockenkochbohnen, nicht vorgegart oder als Konserve)	290 g Wachtelbohnen (Trockenkochbohnen, nicht vorgegart oder als Konserve)
1 EL Olivenöl, geteilt	1 EL Olivenöl, geteilt	1 EL Olivenöl, geteilt	1 EL Olivenöl, geteilt
30 g gehackte Petersilie	30 g gehackte Petersilie	30 g gehackte Petersilie	30 g gehackte Petersilie
2 EL Naturreismehl	2 EL Hafermehl	2 EL Dinkelmehl	2 EL Dinkelmehl
150 g gehackte Zwiebeln	150 g gehackte Zwiebeln	150 g gehackte Zwiebeln	150 g gehackte Zwiebeln
2 Knoblauchzehen, fein gehackt	2 Knoblauchzehen, fein gehackt	2 Knoblauchzehen, fein gehackt	2 Knoblauchzehen, fein gehackt
¼ TL gemahlener Koriander	¼ TL gemahlener Koriander	¼ TL gemahlener Koriander	¼ TL gemahlener Koriander
¼ TL gemahlener Kreuzkümmel	¼ TL gemahlener Kreuzkümmel	¼ TL gemahlener Kreuzkümmel	¼ TL gemahlener Kreuzkümmel
½ TL Meersalz	½ TL Meersalz	½ TL Meersalz	½ TL Meersalz

1.
Bohnen über Nacht in kaltem Wasser einweichen. Wasser abgießen, Bohnen abbrausen.

2.
Die Bohnen in einen Topf geben, 3 cm hoch mit Wasser bedecken, zum Kochen bringen und 30 Minuten kochen lassen, abseihen und abspülen. Die Bohnen sind noch nicht ganz weich; das verbessert die Konsistenz der Falafel. Die Bohnen zum Trocknen in einer Lage auf Küchenkrepp geben.

3.
Backofen auf 180 Grad vorheizen. Ein Backblech mit 1 bis 2 TL Olivenöl ausstreichen.

4.
Bohnen, Petersilie, Mehl, Zwiebeln, Knoblauch, Koriander, Kreuzkümmel und Salz in der Küchenmaschine zu einer dicken Paste verarbeiten. Jeweils einen Esslöffel der Masse zu einer Kugel formen und auf das Backblech legen. Die Falafel mit dem übrigen Olivenöl bestreichen und im Backofen 25 Minuten garen.

5.
Temperatur auf 200 Grad erhöhen und weitere 15 Minuten backen. Dann sind die Falafel fertig gebacken, noch ein wenig saftig und unten gebräunt.

6.
Auf Griechischem Salat (Seite 121 f.) anrichten und servieren.

FÜR 4 PERSONEN

Knackige Gemüse-Frühlingsrollen mit Kirsch-Dip

Blutgruppe 0	Blutgruppe A	Blutgruppe B	Blutgruppe AB	
1 Kohlrabi, Knolle und Blätter	1 Kohlrabi, Knolle und Blätter	130 g Grünkohl, fein geschnitten	170 g gegarte Rote Bete, in Scheiben geschnitten	
3 kleine Möhren	3 kleine Möhren	3 kleine Möhren	200 g grüne Bohnen	
20 g Enoki-Pilze, würfelig geschnitten	40 g fein gehackte Zwiebeln	1 orangefarbene Paprikaschote, fein geschnitten	2 EL Mandelsplitter	
40 g fein gehackte weiße Zwiebeln	2 EL frisches Basilikum, in Streifen geschnitten	40 g rote Zwiebeln, fein geschnitten	40 g fein gehackte Zwiebeln	
2 EL frisches Basilikum, in Streifen geschnitten	2 TL Olivenöl	2 EL frisches Basilikum, in Streifen geschnitten	2 EL frisches Basilikum, in Streifen geschnitten	
2 TL Olivenöl	4 Blatt Reispapier (groß)	2 TL Olivenöl	2 TL Olivenöl	
130 g gegarte Garnelen (nach Wunsch), halbiert		4 Blatt Reispapier (groß)	4 Blatt Reispapier (groß)	
4 Blatt Reispapier (groß)				
70 g Kirschkonfitüre (ohne Zuckerzusatz)	70 g Kirschkonfitüre (ohne Zuckerzusatz)	70 g Kirschkonfitüre (ohne Zuckerzusatz)	70 g Kirschkonfitüre (ohne Zuckerzusatz)	KIRSCH-DIP
1 EL frisch geriebener Ingwer	1 EL frisch geriebener Ingwer	1 EL frisch geriebener Ingwer	1 EL frisch geriebener Ingwer	
1 EL feinwürfelig geschnittene Zwiebeln	1 EL feinwürfelig geschnittene Zwiebeln	1 EL feinwürfelig geschnittene Zwiebeln	1 EL feinwürfelig geschnittene Zwiebeln	
1 TL Agavensirup	1 TL Agavensirup	1 TL Agavensirup	1 TL Agavensirup	
Saft einer halben Zitrone	Saft einer halben Zitrone	Saft einer halben Zitrone	Saft einer halben Zitrone	
Meersalz, nach Geschmack	Meersalz, nach Geschmack	Meersalz, nach Geschmack	Meersalz, nach Geschmack	

1.

0 und A Die Kohlrabiblätter von den Stielen abziehen, waschen und auf einem Küchentuch trocknen. Vom Kohlrabi das harte obere und untere Ende abschneiden, schälen. In feine Streifen schneiden.

2.

0, A und B Möhren schälen und in feine Streifen schneiden.

3.

0 und A Olivenöl in einer Pfanne auf mittlerer Stufe erhitzen, Zwiebeln darin 5 bis 6 Minuten dünsten. Kohlrabigrün zufügen und 2 Minuten dünsten, mit Meersalz nach Geschmack würzen. Vom Herd nehmen und abkühlen lassen.

B Grünkohl, Paprikaschote, Möhren, Zwiebeln und Basilikum in einer Schüssel mit Olivenöl und Meersalz nach Geschmack mischen.

AB Olivenöl auf mittlerer Stufe erhitzen. Grüne Bohnen und Zwiebeln darin 3 bis 4 Minuten dünsten. Vom Herd nehmen und mit Roter Bete, Basilikum, Mandeln und Meersalz nach Geschmack mischen.

4.

0 Möhren- und Kohlrabistreifen, Basilikum und Enoki-Pilze mit den gedünsteten Zwiebeln mischen.

A Möhren, Kohlrabi und Basilikum mit den gedünsteten Zwiebeln mischen.

5.

Eine große flache Schüssel zur Hälfte mit heißem Wasser füllen. Das Reispapier darin Blatt für Blatt etwa 30 Sekunden einweichen, bis es geschmeidig wird. Vorsicht, Reispapier reißt leicht! Ein Blatt Reispapier auf ein Schneidbrett legen,

1 bis 2 EL Gemüsemischung und einige Garnelen (für zusätzliches Protein; nur für **O**) in die Mitte des Blattes geben. Zunächst die Seiten über das Gemüse rollen, dann das obere Ende darüberklappen und weiter einrollen. Die Rolle halbieren, mit dem übrigen Reispapier und der Füllung ebenso verfahren.

6.
Alle Zutaten für den Dip in einen kleinen Topf geben und auf niedriger Stufe erhitzen. 1 bis 2 Minuten rühren, bis alles erwärmt ist und sich miteinander verbindet.

7.
Die Rollen mit dem Kirsch-Dip servieren.

FÜR 2 PERSONEN

KENNEN SIE …?

Reispapier

Reispapier gibt es überall dort, wo man asiatische Lebensmittel kaufen kann, und aufgrund seiner steigenden Beliebtheit mittlerweile auch in vielen Natur- und Feinkostläden. Man verwendet es zum Beispiel für Frühlingsrollen. Hergestellt wird es aus Reis und Wasser. Getrocknet gleicht es steifem Pergament und wirkt eher ungenießbar. Legt man es in warmes Wasser, wird Reispapier geschmeidig und weich und kann als zarte Umhüllung für frische Köstlichkeiten eingesetzt werden. Reispapier ist eine ausgesprochen preiswerte kulinarische Bereicherung, die auch noch kaum Kalorien enthält.

Feta-Spinat-Pie

Blutgruppe 0	Blutgruppe A	Blutgruppe B	Blutgruppe AB
2 EL Quinoamehl	120 g Dinkelmehl, plus ein wenig zum Ausrollen	2 EL Quinoamehl	120 g Dinkelmehl, plus ein wenig zum Ausrollen
40 g Hirsemehl	¼ TL Meersalz	40 g Hirsemehl	¼ TL Meersalz
100 g Naturreismehl	4 EL eiskaltes Ghee	100 g Naturreismehl	4 EL eiskaltes Ghee
1 TL Backpulver	4–5 EL Eiswasser	1 TL Backpulver	4–5 EL Eiswasser
½ TL Salz	2 TL Olivenöl	½ TL Meersalz	2 TL Olivenöl
4 EL kalte Butter oder Ghee	120 g junger Spinat	4 EL kalte Butter oder Ghee	120 g junger Spinat
5 EL Eiswasser	200 g Brokkoli, gehackt	5 EL Eiswasser	130 g Sibirischer Kohl
2 TL Olivenöl	80 g weiße Zwiebeln, würfelig geschnitten	2 TL Olivenöl	1 Tomate, würfelig geschnitten
120 g junger Spinat	150 g Feta, zerkrümelt	120 g junger Spinat	70 g Brokkoli-Röschen
130 g Sibirischer Kohl	2 große Eier	130 g Sibirischer Kohl, gehackt	2 Schalotten, würfelig geschnitten
1 Tomate, würfelig geschnitten	80 ml Gemüsebrühe*	150 g gelbe Paprikaschote, würfelig geschnitten	150 g Feta, zerkrümelt
90 g Spargel, in Scheiben geschnitten	2 EL frischer Thymian	80 g weiße Zwiebeln, würfelig geschnitten	2 große Eier
2 Schalotten, würfelig geschnitten	Meersalz, nach Geschmack	150 g Feta, zerkrümelt	80 ml Gemüsebrühe*
150 g Feta, zerkrümelt (NS ohne Käse)		2 große Eier	2 EL frischer Thymian
2 große Eier		80 ml Gemüsebrühe*	Meersalz, nach Geschmack
80 ml Gemüsebrühe*		2 EL frischer Thymian	
2 EL frischer Thymian		Meersalz, nach Geschmack	
Meersalz, nach Geschmack			

* Siehe Rezept für Gemüsebrühe auf Seite 350 f.

1.
Backofen auf 190 Grad vorheizen.

2.
Mehl in einer großen Schüssel mit Backpulver (nur O und B) und Salz mischen. Die kalte Butter in kleine Stücke schneiden und mit einem Teigmischer oder zwei Buttermessern in das Mehl einarbeiten, bis die Mischung aussieht wie grobes Maismehl. Esslöffelweise kaltes Wasser zugeben, bis der Teig zusammenhält, ohne klebrig zu sein. Mit den Händen durchkneten, bis der Teig weich und geschmeidig ist, aber nicht zu lange kneten. Man sollte noch kleine Stücke Butter sehen. In Frischhaltefolie wickeln und für 1 Stunde in den Kühlschrank geben.

3.
Den Teig auf einer bemehlten Arbeitsfläche zu 30 cm Durchmesser ausrollen. Vorsichtig in eine Pie-Form von 23 cm Durchmesser legen, an den Seiten andrücken, am Rand durch Fingerdruck ein Wellenmuster erzeugen.

KENNEN SIE …?

Quinoa / Quinoamehl

Quinoa ist eine alte Getreidesorte der Inka, die sich in letzter Zeit wieder steigender Beliebtheit erfreut. Sie ergibt alleine bereits eine vollständige Mahlzeit, denn sie enthält reichlich Ballaststoffe sowie alle neun essentiellen Aminosäuren, liefert also vollständiges Eiweiß. Gegarte Quinoa schmeckt leicht nussig und hat eine lockere, weiche Konsistenz, aber auch ein wenig Biss durch die äußere Hülle des Korns. Sie kann in den meisten Rezepten als Ersatz für Reis verwendet werden, schmeckt mit Trockenfrüchten und Nüssen auch als warmes Frühstück. Außerdem hat Quinoa eine Garzeit von nur 12 Minuten. Quinoamehl kann für Brot, Pfannkuchen, Kekse und andere Backwaren verwendet werden. Quinoamehl hat einen herzhaften, leicht bitteren Geschmack, der in Kombination mit Naturreis- oder Hirsemehl besonders gut zur Geltung kommt. Wegen seines einzigartigen Geschmacks eignet sich Quinoamehl auch gut für pikantes Gebäck, etwa Kräuter-Käse-Kekse oder Baguette.

4.

Teig 15 Minuten vorbacken. (»Vorbacken« bedeutet, dass der Teig teilweise gebacken wird, bevor man ihn belegt.)

5.

Während der Teig gebacken wird, den Belag vorbereiten. Olivenöl in einer großen Pfanne auf mittlerer Stufe erhitzen.

0 Spinat, Kohl, Tomate, Spargel und Schalotten darin etwa 4 Minuten dünsten, bis sie weich werden.

A Spinat, Zwiebeln und Brokkoli darin etwa 4 Minuten dünsten, bis sie weich werden.

B Spinat, Grünkohl, Paprika und Zwiebeln darin etwa 4 Minuten dünsten, bis sie weich werden.
AB Spinat, Kohl, Tomate, Brokkoli und Schalotten darin etwa 4 Minuten dünsten, bis sie weich werden.

6.
Vom Herd nehmen, in einer großen Schüssel mit Feta mischen und abkühlen lassen.

7.
Eier, Brühe, Thymian und Salz in einer zweiten Schüssel verrühren. Über das abgekühlte Gemüse gießen und mischen.

8.
Den Belag auf dem vorgebackenen Teig verteilen und etwa 30 Minuten backen, bis der Belag fest ist.

9.
Warm oder kalt servieren (in zweiten Fall abkühlen lassen und bis zum Verzehr in den Kühlschrank geben).

FÜR 6 PERSONEN

Ratatouille (NS)

Blutgruppe 0
1 mittelgroße Aubergine (NS nehmen tiefgekühlte Artischockenviertel, aufgetaut und abgetropft)
2 mittelgroße Zucchini
Meersalz, nach Geschmack
1 Fenchelknolle
350 g Minitomaten
1 große weiße Zwiebel
2 EL Olivenöl, geteilt
30 g gehackte Petersilie
2 Knoblauchzehen
60 g geriebener Mozzarella (NS nehmen Manchego-Käse oder gar keinen Käse)

1.
Backofen auf 190 Grad vorheizen.

2.
Aubergine und Zucchini in ½ cm dicke Scheiben schneiden, auf ein Küchentuch legen und mit Salz bestreuen, damit sie Wasser ziehen.

3.
Fenchel, Tomaten und Zwiebel ebenso schneiden.

4.
2 TL Olivenöl in einer großen Pfanne auf mittlerer Stufe erhitzen. Fenchel und Zwiebel vorsichtig in einer Lage in der Pfanne bräunen, von jeder Seite etwa 2 bis 3 Minuten. (NS dünsten die Artischocken ohne Bräunen einfach mit Tomaten, Petersilie und Knoblauch und verfahren anschließend wie im Rezept beschrieben.) Das gebräunte Gemüse aus der Pfanne nehmen.

5.

Auberginen- und Zucchinischeiben trocken tupfen und in derselben Pfanne bräunen, 2 bis 3 Minuten pro Seite, bei Bedarf noch Öl zugeben. Aus der Pfanne nehmen.

6.

Herd eine Stufe höher schalten, Tomaten, Petersilie und Knoblauch 3 bis 4 Minuten dünsten, wobei die Tomaten ein wenig einkochen dürfen.

7.

Zucchini und Auberginen in eine Auflaufform von 20 × 20 cm schichten, mit der Tomatenmischung übergießen, mit der Hälfte des Käses bedecken. Darauf kommen Zwiebel und Fenchel sowie der restliche Käse.

8.

Ohne Deckel 20 Minuten im Backofen garen. Der Käse nimmt dabei eine karamellbraune Farbe an, das Gemüse wird schön weich. Warm oder gekühlt servieren.

9.

Für zusätzliches Eiweiß frische Mozzarellascheiben dazu reichen. (NS nehmen Manchego-Käse oder gar keinen Käse.)

FÜR 4 PERSONEN

ABENDESSEN

Käsemakkaroni mit Ofengemüse · Pasta Carbonara mit gebratenem Kohl · Pasta mit Frühlings-Pesto · Gnocchi mit Basilikum-Cranberry-Sauce · Gemüse-Lasagne · Gebratener Radicchio mit Walnuss-Spinat-Pesto · Nudeln mit pochiertem Lachs und sämiger Basilikumsauce · Zitronen-Ingwer-Lachs · Gebratene Goldmakrele mit knackigem Fenchelsalat · Schnapper im Pergamentpapier · Heilbutt mit Feigen und Basilikum · Kurzgebratener Thunfisch mit Feigen-Basilikum-Chutney · Würziger Fischeintopf · Fisch-Tacos mit Salat · Paella mit Meeresfrüchten · Sommergemüse mit leckerer Fleischfüllung · Herzhafter Puteneintopf aus dem Schongarer · Putenunterkeulen mit würziger Schokosauce · Geflügel in Grüntee pochiert · Knusprige Geflügelpastete · Hähnchenbrust/Tofu mit Spargelbrokkoli gefüllt · Filetspitzen/Würziges Lamm mit Wildpilzen · Würzige Kebabs mit Ananas · »Shepherd's Pie« – einmal anders · Marokkanische Lamm-/Tofu-Tagine · Pilzgericht mit roter Quinoa und Spiegeleiern · Eintopf aus gekeimten Linsen/weißen Bohnen · Spaghetti-Kürbis mit Ziegenkäse und Walnüssen · Burger-Allerlei · Ingwer-Tofu-Pfanne · Reis-Bohnen-Auflauf

In diesem Abschnitt des Buches wird eine große Vielfalt an Rezepten geboten, von Nudelgerichten über Meeresfrüchte bis zu Eintöpfen. Die meisten Rezepte sind einfach und in Windeseile fertig, andere erfordern etwas mehr Vorbereitungszeit und eignen sich eher für einen gemütlichen Sonntag. Hoffentlich inspirieren Sie diese Gerichte dazu, sich für köstliche und gesunde Mahlzeiten ein wenig Zeit zu nehmen.

Käsemakkaroni mit Ofengemüse

Blutgruppe 0	Blutgruppe A	Blutgruppe B	Blutgruppe AB
1 großer Brokkoli	1 großer Brokkoli	1 großer Brokkoli	1 großer Brokkoli
4 Eiertomaten	1 Bund Lauch	2 große rote Paprikaschoten	4 Eiertomaten
1 EL frischer Thymian	5 Zweige Thymian	5 Zweige Thymian	5 Zweige Thymian
1 EL Olivenöl	1 EL Olivenöl	1 EL Olivenöl	1 EL Olivenöl
Meersalz, nach Geschmack	Meersalz, nach Geschmack	Meersalz, nach Geschmack	Meersalz, nach Geschmack
1 EL plus 2 TL Ghee, getrennt	1 EL plus 2 TL Ghee, getrennt	1 EL plus 2 TL Ghee, getrennt	1 EL plus 2 TL Ghee, getrennt
70 g Semmelmehl*	70 g Semmelmehl*	50 g Semmelmehl*	80 g Semmelmehl*
2 EL weißes Reismehl	2 EL Dinkelmehl	2 EL Reis- oder Naturreismehl	2 EL Naturreis- oder Dinkelmehl
500 ml Gemüsebrühe*	500 ml Gemüsebrühe*	500 ml Gemüsebrühe*	500 ml Gemüsebrühe*
250 ml Mandeldrink (NS nehmen Reisdrink)	250 ml Mandeldrink	250 ml Kuhmilch, fettarm	250 ml Kuhmilch (fettarm) oder Ziegenmilch
1 EL frisch gehackter Salbei	2 Zweige frischer Salbei	2 Zweige frisch gehackter Salbei	2 Zweige frisch gehackter Salbei
450 g Hörnchennudeln aus Naturreis oder Quinoa	450 g Dinkel- oder Naturreisnudeln	450 g Hörnchennudeln aus Naturreis oder Quinoa	450 g Hörnchennudeln aus Naturreis oder Quinoa
120 g geriebener Mozzarella-Käse	120 g geriebener Mozzarella-Käse	120 g geriebener Mozzarella-Käse	120 g geriebener Mozzarella-Käse
60 g frischer Mozzarella-Käse, würfelig geschnitten	60 g frischer Mozzarella-Käse, würfelig geschnitten	60 g frischer Mozzarella-Käse, würfelig geschnitten	60 g frischer Mozzarella-Käse, würfelig geschnitten

* Siehe Grundrezept für (glutenfreies) Semmelmehl auf Seite 352 sowie Rezept für Gemüsebrühe auf Seite 350 f.

1.
Backofen auf 190 Grad vorheizen.

2.
0 und AB Brokkoli und Tomaten in mundgerechte Stücke schneiden.
A Die Lauchstangen längs einschneiden und gründlich unter fließendem Wasser waschen, um auch die Verunreinigungen zwischen den Schichten zu entfernen. Auf einem Küchentuch trocknen lassen. Den Lauch in 2,5 cm breite Scheiben schneiden. Brokkoli in mundgerechte Stücke schneiden.
B Brokkoli und Paprika in mundgerechte Stücke schneiden.

3.
Gemüse auf ein Backblech legen, mit Olivenöl beträufeln, mit Thymian und Salz bestreuen. 30 Minuten rösten, bis das Gemüse weich und an den Rändern leicht gebräunt ist. Aus dem Backofen nehmen.

4.
2 TL Ghee schmelzen, mit Semmelmehl und einer Prise Salz verrühren.

5.
Auf mäßig niedriger Stufe aus 1 EL Ghee und Mehl eine Mehlschwitze herstellen. 2 bis 3 Minuten köcheln lassen, damit der Mehlgeschmack verschwindet. Nach und nach Brühe und Milch zugießen, dabei ständig rühren, damit keine Klümpchen entstehen. Salbei zufügen, Herd auf mittlere Stufe schalten und die Sauce unter ständigem Rühren zum Kochen bringen. Hitze wieder reduzieren und die Sauce etwa 10 Minuten eindicken lassen. Mit Salz nach Geschmack würzen.

6.

Einen großen Topf Wasser zum Kochen bringen, die Nudeln nach Packungsangaben garen (Naturreisnudeln 3 bis 5 Minuten kürzer garen als angegeben). Die Nudeln abseihen und in die Auflaufform geben. Mit dem Ofengemüse mischen. Die Sauce darüber gießen, den geriebenen Mozzarella in die Sauce mischen. Mit der Semmelmehlmischung und den Mozzarella-Würfeln bestreuen.

7.

20 bis 25 Minuten überbacken, bis der Auflauf schön goldbraun ist. Warm servieren.

FÜR 6 PERSONEN

Pasta Carbonara mit gebratenem Kohl

Blutgruppe 0	Blutgruppe A	Blutgruppe B	Blutgruppe AB
450 g Naturreisnudeln	450 g Dinkel- oder Naturreisnudeln	450 g Dinkel- oder Naturreisnudeln	450 g Dinkel- oder Naturreisnudeln
2 TL Olivenöl	2 TL Olivenöl	2 TL Olivenöl	2 TL Olivenöl
80 g Zwiebeln, würfelig geschnitten	80 g Zwiebeln, würfelig geschnitten	80 g Zwiebeln, würfelig geschnitten	80 g Zwiebeln, würfelig geschnitten
4 Scheiben Truthahnspeck	4 Scheiben Truthahnspeck	4 Scheiben Truthahnspeck	4 Scheiben Truthahnspeck
100 g Mangold, gehackt	100 g Mangold, gehackt	250 g Spargel, schräg in Scheiben geschnitten	250 g Spargel, schräg in Scheiben geschnitten
200 g Sibirischer Kohl, geschnitten	200 g Sibirischer Kohl, geschnitten	200 g Sibirischer Kohl, geschnitten	200 g Sibirischer Kohl, geschnitten
2 große Eier	2 große Eier	2 große Eier	2 große Eier
2 große Eidotter	2 große Eidotter	2 große Eidotter	2 große Eidotter
60 ml Mandeldrink (NS nehmen Reisdrink)	60 ml Soja- oder Mandeldrink	60 ml Kuhmilch, fettarm	60 ml Kuhmilch (fettarm) oder Ziegenmilch
30 g geriebener Mozzarella (NS ohne Käse)	120 g Ricotta-Käse	60 g Ricotta-Käse	120 g Ricotta-Käse
Meersalz und schwarzer Pfeffer nach Geschmack	Meersalz, nach Geschmack	Meersalz, nach Geschmack	Meersalz, nach Geschmack

1.

Nudeln nach Packungsanleitung garen (Naturreisnudeln 3 bis 5 Minuten kürzer garen als angegeben).

2.

Olivenöl in einer großen, tiefen Pfanne auf mittlerer Stufe erhitzen, Zwiebeln darin in 4 bis 5 Minuten glasig dünsten. Truthahnspeck zugeben und in etwa 3 bis 4 Minuten bräunen. Truthahnspeck wieder herausnehmen und grob hacken.

3.

0 und A Mangold und Kohl zu den Zwiebeln geben.

B Die Spargelstangen vierteln und mit dem Grünkohl in die Pfanne geben.
AB Spargel und Kohl zu den Zwiebeln geben.
Etwa 3 bis 4 Minuten dünsten, bis das Gemüse weich ist. Speck wieder in die Pfanne geben, Herd auf niedrige Stufe schalten.

4.
Nudeln abseihen, dabei 120 ml Kochwasser zurückbehalten.

5.
Eier, Dotter, Milch, Salz und Pfeffer (für 0) miteinander verquirlen. Langsam das zurückbehaltene Kochwasser einrühren, um die Eimischung zu temperieren.

6.
Pfanne vom Herd nehmen, die frisch gekochten Nudeln hineingeben und sofort unter Rühren die Eimischung darübergießen. Die heißen Nudeln lassen das Ei behutsam garen, sodass eine Sauce entsteht.

7.
Den Käse einrühren und sofort servieren.

FÜR 6 PERSONEN

Pasta mit Frühlings-Pesto

Blutgruppe 0	Blutgruppe A	Blutgruppe B	Blutgruppe AB
1 Bund Spargel	1 Bund Spargel	1 Bund Spargel	1 Bund Spargel
1 Bund Stielmangold	2 große Bund Grünkohl, geteilt	1 Bund Stielmangold	2 große Bund Grünkohl, geteilt
2 große Bund Grünkohl, geteilt	120 ml plus 3 TL Olivenöl	2 große Bund Grünkohl, geteilt	120 ml plus 3 TL Olivenöl
120 ml plus 3 TL Olivenöl	Meersalz, nach Geschmack	120 ml plus 3 TL Olivenöl	Meersalz, nach Geschmack
Meersalz, nach Geschmack	450 g Dinkel- oder Naturreisnudeln	Meersalz, nach Geschmack	450 g Dinkel- oder Naturreisnudeln
450 g Naturreisnudeln	Saft einer Zitrone	450 g Naturreisnudeln	Saft einer Zitrone
Saft einer Zitrone	60 g Walnüsse	Saft einer Zitrone	60 g Walnüsse
60 g Walnüsse	2 Knoblauchzehen, fein gehackt	60 g Walnüsse	2 Knoblauchzehen, fein gehackt
2 Knoblauchzehen, fein gehackt	280 g Erbsen, gegart	2 Knoblauchzehen, fein gehackt	280 g Erbsen, gegart
½ TL zerstoßener roter Pfeffer	3 Scheiben Truthahnspeck	½ TL zerstoßener roter Pfeffer, plus extra zum Servieren	120 g Goudakäse, gerieben
280 g Erbsen, gegart	abgeriebene Schale einer unbehandelten Zitrone	280 g Erbsen, gegart	3 Scheiben Truthahnspeck
50 g Ziegenkäse (NS ohne Ziegenkäse)		120 g Goudakäse, gerieben	abgeriebene Schale einer unbehandelten Zitrone
3 Scheiben Truthahnspeck		3 Scheiben Truthahnspeck	
abgeriebene Schale einer unbehandelten Zitrone		abgeriebene Schale einer unbehandelten Zitrone	

1.

Backofen auf 190 Grad vorheizen.

2.

0 und B Stielmangold in mundgerechte Stücke reißen und in eine große Schüssel geben. Vom Spargel die holzigen Enden entfernen. Die Spargelstangen in mundgerechte Stücke schneiden und mit dem Stielmangold mischen. 1½ Bund

Grünkohl in große, mundgerechte Stücke reißen und in die Schüssel geben. Mit 2 TL Olivenöl und einer Prise Salz mischen.

A und AB Vom Spargel die holzigen Enden entfernen. Die Spargelstangen in mundgerechte Stücke schneiden, 1½ Bund Grünkohl in große, mundgerechte Stücke reißen, beides zusammen in eine große Schüssel geben. Mit 2 TL Olivenöl und einer Prise Salz mischen.

3.

Gemüse auf ein Backblech geben und 12 Minuten rösten, bis es weich und der Grünkohl an den Rändern knusprig wird. Aus dem Backofen nehmen. Temperatur auf 100 Grad reduzieren.

4.

Einen großen Topf Wasser zum Kochen bringen. Die Nudeln nach Packungsanleitung garen (Naturreisnudeln 3 bis 5 Minuten kürzer garen als angegeben).

5.

Inzwischen Pesto vorbereiten:
Den restlichen Grünkohl, 120 ml Olivenöl, Zitronensaft, Zitronenschale, Walnüsse, Knoblauch, Pfeffer (für 0 und B) und Salz nach Geschmack in der Küchenmaschine zu einer glatten Masse verarbeiten. In eine Schüssel geben.

6.

1 TL Olivenöl in einer Pfanne auf mittlerer Stufe erhitzen. Den Truthahnspeck darin knusprig braten, etwa 2 Minuten von jeder Seite. In Küchenkrepp wickeln und im Backofen bei 100 Grad bis zum Servieren warm halten, so bleibt der Speck besonders knusprig.

7.

Nudeln abseihen und in eine große Pastaschüssel geben.
0 Sofort mit Pesto, Erbsen und Ofengemüse mischen. Mit gestoßenem roten Pfeffer und Ziegenkäse bestreuen.
A Sofort mit Pesto, Erbsen und Ofengemüse mischen.
B Sofort mit Pesto, Käse, Erbsen und Ofengemüse mischen. Mit gestoßenem roten Pfeffer bestreuen.
AB Sofort mit Pesto, Käse, Erbsen und Ofengemüse mischen.
Den Speck zerkrümeln, über die Nudeln streuen und warm servieren.

FÜR 6 PERSONEN

Gnocchi mit Basilikum-Cranberry-Sauce (NS) (NS) (NS) (NS)

Blutgruppe 0	Blutgruppe A	Blutgruppe B	Blutgruppe AB
650 g Süßkartoffeln, gekocht	500 g Bio-Kürbis (Konserve)	650 g Süßkartoffeln, gekocht	650 g Süßkartoffeln, gekocht
120 g Naturreismehl	120 g Naturreismehl	120 g Naturreismehl	120 g Naturreis- oder Dinkelmehl
30 g Hirsemehl	30 g Hirsemehl	30 g Hirsemehl	30 g Hirsemehl
1 TL Meersalz	1 TL Meersalz	1 TL Meersalz	1 TL Meersalz
1 großes Ei, verquirlt	1 großes Ei, verquirlt	1 großes Ei, verquirlt	1 großes Ei, verquirlt
¼ TL frisch gemahlener Muskat	¼ TL frisch gemahlener Muskat	¼ TL frisch gemahlener Muskat	¼ TL frisch gemahlener Muskat
1 EL Olivenöl	1 EL Olivenöl	1 EL Olivenöl	1 EL Olivenöl
1 TL Ghee	1 TL Ghee	1 TL Ghee	1 TL Ghee
1 mittelgroße Schalotte, fein gehackt	1 mittelgroße Schalotte, fein gehackt	1 mittelgroße Schalotte, fein gehackt	1 mittelgroße Schalotte, fein gehackt
120 ml Gemüsebrühe*	120 ml Gemüsebrühe*	120 ml Gemüsebrühe*	120 ml Gemüsebrühe*
1 EL Zitronensaft	1 EL Zitronensaft	1 EL Zitronensaft	1 EL Zitronensaft
30 g getrocknete Cranberrys	30 g getrocknete Cranberrys	30 g getrocknete Cranberrys	30 g getrocknete Cranberrys
4 EL frisches Basilikum, Blätter in Stücke gerissen	4 EL frisches Basilikum, Blätter in Stücke gerissen	4 EL frisches Basilikum, Blätter in Stücke gerissen	4 EL frisches Basilikum, Blätter in Stücke gerissen

1.

0, B und AB Gekochte Süßkartoffeln mit Gabel oder Kartoffelstampfer zerdrücken, bis sie glatt und cremig sind.

2.

Süßkartoffeln (für 0, B und AB)/Kürbis (für A) in einer großen Schüssel mit den restlichen Zutaten für die Gnocchi mischen. Mit den Händen eine lockere Kugel daraus formen. Wenn die Masse zu klebrig ist, etwas mehr Naturreismehl darüberstreuen. Aus jeweils einer Handvoll Teig auf einer bemehlten Arbeitsfläche eine 2 cm dicke Rolle formen.

* Siehe Rezept für Gemüsebrühe auf Seite 350 f.

3.
Die Rollen mit einem scharfen Messer in Stücke von 2,5 cm Länge schneiden. Die Stücke vorsichtig über die Rückseite einer Gabel rollen, sodass Einkerbungen entstehen.

4.
Einen großen Topf Salzwasser zum Kochen bringen. Die Gnocchi in kleinen Portionen in das schwach kochende Wasser geben, nicht zu viele auf einmal. Die Gnocchi schwimmen an der Oberfläche, wenn sie gegart sind, nach etwa 2 bis 3 Minuten. Mit einem Schaumlöffel herausheben und auf ein Backblech legen, bis alle Gnocchi gekocht sind.

5.
Inzwischen Olivenöl und Ghee in einer Pfanne auf mittlerer Stufe erhitzen. Schalotten darin 2 bis 3 Minuten dünsten, dann Brühe, Zitronensaft und Cranberrys zufügen.

6.
Die Gnocchi vorsichtig mit der Sauce mischen, mit Basilikum garnieren und warm servieren.

FÜR 4 PERSONEN

Gemüse-Lasagne

Blutgruppe 0	Blutgruppe A	Blutgruppe B	Blutgruppe AB
1 Butternusskürbis	5 mittelgroße Zucchini	5 mittelgroße Zucchini	5 mittelgroße Zucchini
2 große oder 3 mittelgroße Pastinaken	6 braune Champignons	6 braune Champignons	6 braune Champignons
2 mittelgroße bis große Gemüsezwiebeln	2 EL plus 2 TL Olivenöl, geteilt	2 EL plus 2 TL Olivenöl, geteilt	2 EL plus 2 TL Olivenöl, geteilt
5 TL Olivenöl, geteilt	1½ TL Meersalz, geteilt	1½ TL Meersalz, geteilt	1½ TL Meersalz, geteilt
Meersalz, nach Geschmack	120 g Zwiebeln, fein gehackt	120 g Zwiebeln, fein gehackt	120 g Zwiebeln, fein gehackt
3 EL Butter	120 g junger Spinat	120 g junger Spinat	120 g junger Spinat
3 EL Naturreismehl oder Pfeilwurzelstärke	500 g Ricotta aus teilentrahmter Milch	500 g Ricotta aus teilentrahmter Milch	500 g Ricotta aus teilentrahmter Milch
700 ml Mandeldrink (NS nehmen Reisdrink)	60 g fein gehackte Walnüsse	60 g fein gehackte Walnüsse	60 g fein gehackte Walnüsse
3 EL fein gehackter Salbei	1 großes Ei	1 großes Ei	1 großes Ei
1 Prise gemahlene Gewürznelken	1 Prise gemahlene Gewürznelken	1 Prise gemahlene Gewürznelken	1 Prise gemahlene Gewürznelken
¼ TL Zimt (NS ohne Zimt)	120 g geriebener Mozzarella-Käse	120 g geriebener Mozzarella-Käse	120 g geriebener Mozzarella-Käse
2 Knoblauchzehen, fein gehackt, geteilt	**PESTO**		
1 Packung glutenfreie Lasagneblätter aus Naturreis	60 g junger Spinat	60 g junger Spinat	60 g junger Spinat
450 g junger Spinat	50 g Basilikum	50 g Basilikum	50 g Basilikum
120 g geriebener Mozzarella (NS nehmen geriebenen Manchego-Käse)	½ TL Meersalz	½ TL Meersalz	½ TL Meersalz
	2 Knoblauchzehen	2 Knoblauchzehen	2 Knoblauchzehen
	60 ml Zitronensaft	60 ml Zitronensaft	60 ml Zitronensaft
	60 ml Olivenöl	60 ml Olivenöl	60 ml Olivenöl
	30 g Walnüsse	30 g Walnüsse	30 g Walnüsse
	2 EL Wasser	2 EL Wasser	2 EL Wasser

1.
Backofen auf 200 Grad vorheizen.

2.
A, B und AB Von den Zucchini die Enden abschneiden, die Früchte der Länge nach in ½ cm dicke Scheiben schneiden.
0 Die Enden des Butternusskürbisses gerade abschneiden, den Kürbis schälen. Vom Ende zum Stiel hin halbieren, die Kerne mit einem Löffel entfernen. Kürbis mit der Schnittfläche nach unten auf ein Schneidbrett legen und in ½ cm dicke Scheiben schneiden. Pastinaken und Zwiebeln schälen und in ½ cm dicke Scheiben schneiden.

3.
A, B und AB Zucchinischeiben und Champignons nebeneinander auf Backbleche legen. Gleichmäßig mit 2 EL Olivenöl beträufeln und mit 1 TL Meersalz bestreuen. Im Backofen auf der obersten Schiene 20 Minuten rösten.

O Das Gemüse in jeweils einer Lage auf drei Backbleche verteilen, jedes Blech mit 2 TL Olivenöl beträufeln und mit Meersalz bestreuen. 25 bis 30 Minuten rösten, nach der Hälfte der Zeit wenden. Aus dem Backofen nehmen. Temperatur auf 180 Grad reduzieren.

4.

A, B und AB Inzwischen 2 TL Olivenöl in einer großen Pfanne auf mittlerer Stufe erhitzen. Zwiebeln darin in 8 bis 10 Minuten glasig dünsten. Spinat dazugeben und 1 Minute dünsten, bis er zusammenfällt. Vom Herd nehmen.

O Die Butter in einem großen Topf auf mittlerer Stufe erhitzen, Mehl einrühren, sodass eine Paste entsteht. Langsam und unter ständigem Rühren die Milch zugießen, damit keine Klümpchen entstehen. Salbei, Gewürznelken und Zimt sowie 1 fein gehackte Knoblauchzehe zugeben. Rühren, bis die Masse ungefähr die Konsistenz von dünnem Joghurt hat, etwa 5 bis 8 Minuten. Vom Herd nehmen.

6.

A, B und AB Ricotta, Walnüsse, Ei, Gewürznelken und die Spinatmischung in einer großen Schüssel verrühren.

O Einen großen Topf Wasser zum Kochen bringen. Die Pasta darin 5 bis 6 Minuten garen, dann abseihen.

7.

A, B und AB Gemüse aus dem Backofen nehmen und abkühlen lassen. Temperatur auf 180 Grad reduzieren. Alle Pesto-Zutaten im Mixer glatt pürieren.

O 3 TL Olivenöl in einer großen Pfanne auf mittlerer Stufe erhitzen. Den Spinat und den restlichen fein gehackten Knoblauch darin dünsten, bis der Spinat zusammenfällt. Vom Herd nehmen.

8.

A, B und AB Nun in einer Auflaufform von 23 × 28 cm wie eine Lasagne zusammenstellen, beginnend mit einer Schicht Pesto. Darüber kommt eine Schicht geröstete Zucchini, darauf Ricottamischung, 60 g Mozzarella, Pesto, Champignons, Ricotta, Pesto, die übrigen Zucchini, der restliche Ricotta, Pesto und der verbliebene Mozzarella-Käse.

0 Den Boden einer Auflaufform von 23 × 28 cm dünn mit Sauce bedecken. Darauf 3 Lasagneblätter legen, diese mit einem Drittel der Sauce und der gerösteten Pastinaken sowie der Hälfte der gerösteten Zwiebeln und des Spinats bedecken. Darüber kommt die Hälfte des Mozzarella-Käses. Mit den restlichen Lasagneblättern belegen, dann folgen ein Drittel von Sauce und Kürbis sowie der restliche Spinat und die verbliebenen Zwiebeln. Die restliche Sauce über die Lasagne gießen, mit dem übrigen Mozzarella-Käse abschließen.

9.

Die Lasagne 20 bis 25 Minuten garen, bis der Käse geschmolzen ist und Blasen wirft.

10.

Warm servieren.

FÜR 6 PERSONEN

Gebratener Radicchio mit Walnuss-Spinat-Pesto

	Blutgruppe 0	Blutgruppe A	Blutgruppe B	Blutgruppe AB
AROMATISIERTES ÖL	abgeriebene Schale einer halben unbehandelten Zitrone	abgeriebene Schale einer halben unbehandelten Zitrone	abgeriebene Schale einer halben unbehandelten Zitrone	abgeriebene Schale einer halben unbehandelten Zitrone
	80 ml Olivenöl	80 ml Olivenöl	80 ml Olivenöl	80 ml Olivenöl
	1/8 TL Senfpulver	1/8 TL Senfpulver	1/8 TL Senfpulver	1/8 TL Senfpulver
	½ TL Kreuzkümmel, ganz	½ TL Kreuzkümmel, ganz	½ TL Kreuzkümmel, ganz	½ TL Kreuzkümmel, ganz
	2 Knoblauchzehen, zerdrückt	2 Knoblauchzehen, zerdrückt	2 Knoblauchzehen, zerdrückt	2 Knoblauchzehen, zerdrückt
PESTO	30 g plus 2 EL geröstete Mandeln, geteilt	30 g plus 2 EL geröstete Mandeln, geteilt	30 g plus 2 EL geröstete Mandeln, geteilt	30 g plus 2 EL geröstete Mandeln, geteilt
	2 EL Olivenöl	2 EL Olivenöl	2 EL Olivenöl	2 EL Olivenöl
	2 EL fein gehackter Salbei	2 EL fein gehackter Salbei	3 EL fein gehackter Salbei	2 EL fein gehackter Salbei
	30 g Spinat, gehackt	30 g Spinat, gehackt	30 g Spinat, gehackt	30 g Spinat, gehackt
	2 EL Zitronensaft	2 EL Zitronensaft	2 EL Zitronensaft	2 EL Zitronensaft
	1 TL abgeriebene Schale einer unbehandelten Zitrone	1 TL abgeriebene Schale einer unbehandelten Zitrone	1 TL abgeriebene Schale einer unbehandelten Zitrone	1 TL abgeriebene Schale einer unbehandelten Zitrone
	½ TL Meersalz	½ TL Meersalz	50 g harter Ziegenkäse, gerieben	½ TL Meersalz
	1 EL Wasser	1 EL Wasser	½ TL Meersalz	1 EL Wasser
	350 g Spinat-Naturreisnudeln	350 g Dinkel-Spinat-Nudeln	1 EL Wasser	350 g Dinkel-Spinat-Nudeln
	2 Radicchio	2 Radicchio	350 g Spinat-, Dinkel- oder Naturreisnudeln	2 Radicchio
			2 Radicchio	70 g Kefirkäse, in 2 cm große Würfel geschnitten
			70 g Kefirkäse, in 2 cm große Würfel geschnitten	

1.
Alle Zutaten für das aromatisierte Öl auf niedriger Stufe erhitzen und etwa 15 Minuten ziehen lassen. Vom Herd nehmen.

2.
Alle Pesto-Zutaten in der Küchenmaschine oder im Mini-Zerkleinerer pürieren, es entsteht eine dicke Sauce.

3.
Einen großen Topf Wasser zum Kochen bringen, Nudeln nach Anleitung garen. Naturreisnudeln 3 bis 5 Minuten kürzer garen, als auf der Packung angegeben.

4.
Inzwischen eine Grillpfanne auf mittlerer Stufe erhitzen und mit dem aromatisierten Öl ausstreichen. Die äußeren Blätter des Radicchio entfernen, Radicchio vierteln. Jedes Viertel mit aromatisiertem Öl bestreichen und von jeder Seite etwa 1 Minute braten, bis der Radicchio weich ist.

5.
Die Nudeln abseihen und in einer großen Servierschüssel mit dem Pesto mischen. Darauf den gebratenen Radicchio anrichten, mit gerösteten Mandeln bestreuen.

6.
Sofort servieren.

FÜR 4 PERSONEN

Tipp: Bewahren Sie das restliche aromatisierte Öl in einem Ölspender kühl und trocken bis zu zwei Wochen auf. Es schmeckt köstlich in Salaten oder als Marinade.

Nudeln mit pochiertem Lachs und sämiger Basilikumsauce

Blutgruppe 0	Blutgruppe A	Blutgruppe B	Blutgruppe AB
500 ml Gemüsebrühe*	500 ml Gemüsebrühe*	500 ml Gemüsebrühe*	500 ml Gemüsebrühe*
500 ml Wasser	500 ml Wasser	500 ml Wasser	500 ml Wasser
1 Zitrone, in Scheiben	1 Zitrone, in Scheiben	1 Zitrone, in Scheiben	1 Zitrone, in Scheiben
700 g Lachs	700 g Lachs	700 g Lachs	700 g Lachs
350 g Naturreisnudeln	450 g Dinkelnudeln	450 g Dinkelnudeln	450 g Dinkelnudeln
1 TL Senfkörner	Würziger Senf, zum Servieren (nach Wunsch)	Würziger Senf, zum Servieren (nach Wunsch)	Würziger Senf, zum Servieren (nach Wunsch)

SAUCE

Blutgruppe 0	Blutgruppe A	Blutgruppe B	Blutgruppe AB
60 g Spinat	60 g Spinat	60 g Spinat	60 g Spinat
25 g (9 EL) Basilikum	25 g (9 EL) Basilikum	25 g (9 EL) Basilikum	25 g (9 EL) Basilikum
1 Knoblauchzehe, fein gehackt	1 Knoblauchzehe, fein gehackt	1 Knoblauchzehe, fein gehackt	1 Knoblauchzehe, fein gehackt
200 g gegarte weiße Bohnen, abgespült und abgetropft	200 g gegarte weiße Bohnen, abgespült und abgetropft	200 g gegarte weiße Bohnen, abgespült und abgetropft	200 g gegarte weiße Bohnen, abgespült und abgetropft
2 TL abgeriebene Schale einer unbehandelten Zitrone	2 TL abgeriebene Schale einer unbehandelten Zitrone	2 TL abgeriebene Schale einer unbehandelten Zitrone	2 TL abgeriebene Schale einer unbehandelten Zitrone
120 ml Gemüsebrühe*	120 ml Gemüsebrühe*	120 ml Gemüsebrühe*	120 ml Gemüsebrühe*

* Siehe Rezept für Gemüsebrühe auf Seite 350 f.

1.
Brühe, Wasser und Zitronenscheiben in einen flachen Topf geben. Den Lachs in die schwach kochende Flüssigkeit einlegen. Deckel auflegen, den Lachs 12 bis 15 Minuten garen.

2.
Inzwischen einen großen Topf Salzwasser zum Kochen bringen und Nudeln nach Anleitung garen (Naturreisnudeln 4 Minuten kürzer garen, als auf der Packung angegeben).

3.
Alle Zutaten für die Sauce in der Küchenmaschine oder im Mixer pürieren.

4.
Nudeln abseihen und mit dem Großteil der Sauce mischen, 3 EL davon zurückbehalten. Den Lachs auf den Nudeln anrichten und mit der restlichen Sauce beträufeln.

5.
Sofort servieren.

FÜR 4 PERSONEN

Zitronen-Ingwer-Lachs

Blutgruppe 0	Blutgruppe A	Blutgruppe B	Blutgruppe AB
450 g Wildlachsfilet	450 g Wildlachsfilet	450 g Wildlachsfilet	450 g Wildlachsfilet
2 TL Olivenöl, geteilt	2 TL Olivenöl, geteilt	2 TL Olivenöl, geteilt	2 TL Olivenöl, geteilt
½ TL Meersalz	½ TL Meersalz	½ TL Meersalz	½ TL Meersalz
abgeriebene Schale einer unbehandelten Zitrone	abgeriebene Schale einer unbehandelten Zitrone	abgeriebene Schale einer unbehandelten Zitrone	abgeriebene Schale einer unbehandelten Zitrone
1 EL Zitronensaft	1 EL Zitronensaft	1 EL Zitronensaft	1 EL Zitronensaft
2 EL frisch geriebener Ingwer	2 EL frisch geriebener Ingwer	2 EL frisch geriebener Ingwer	2 EL frisch geriebener Ingwer
1 TL Honig (NS nehmen Agavensirup)	1 TL Honig	1 TL Honig	1 TL Honig (NS nehmen Agavensirup)

1.
Backofen auf 200 Grad vorheizen.

2.
Lachs mit Meersalz einreiben und mit 1 TL Olivenöl bestreichen.

3.
Zitronenschale, Zitronensaft, 1 TL Olivenöl, Ingwer und Honig verrühren. Die Oberfläche der Filets damit gleichmäßig bestreichen.

4.
10 bis 12 Minuten im Backofen garen.

FÜR 2 PERSONEN

Gebratene Goldmakrele mit knackigem Fenchelsalat

	Blutgruppe 0	Blutgruppe A	Blutgruppe B	Blutgruppe AB
	450 g Goldmakrele	450 g Goldmakrele	450 g Goldmakrele	450 g Goldmakrele
	1/8 TL gemahlener Koriander	1/8 TL gemahlener Koriander	1/8 TL gemahlener Koriander	1/8 TL gemahlener Koriander
	1 TL abgeriebene Schale einer unbehandelten Zitrone	1 TL abgeriebene Schale einer unbehandelten Zitrone	1 TL abgeriebene Schale einer unbehandelten Zitrone	1 TL abgeriebene Schale einer unbehandelten Zitrone
	¼ TL Meersalz	¼ TL Meersalz	¼ TL Meersalz	¼ TL Meersalz
SALAT	2 TL frisch gehackte Petersilie	2 TL frisch gehackte Petersilie	2 TL frisch gehackte Petersilie	2 TL frisch gehackte Petersilie
	2 TL Olivenöl	2 TL Olivenöl	2 TL Olivenöl	2 TL Olivenöl
	Meersalz, nach Geschmack	Meersalz, nach Geschmack	Meersalz, nach Geschmack	Meersalz, nach Geschmack
	1 TL abgeriebene Schale einer unbehandelten Zitrone	1 TL abgeriebene Schale einer unbehandelten Zitrone	1 TL abgeriebene Schale einer unbehandelten Zitrone	1 TL abgeriebene Schale einer unbehandelten Zitrone
	2 TL frischer Zitronensaft	2 TL frischer Zitronensaft	2 TL frischer Zitronensaft	2 TL frischer Zitronensaft
	175 g Fenchel, fein geschnitten	175 g Fenchel, fein geschnitten	175 g Fenchel, fein geschnitten	175 g Fenchel, fein geschnitten
	½ Granny-Smith-Apfel, dünn geschnitten (NS nehmen 160 g Pflaumen)	½ Granny-Smith-Apfel, dünn geschnitten	½ Granny-Smith-Apfel, dünn geschnitten	½ Granny-Smith-Apfel, dünn geschnitten (NS nehmen 160 g Pflaumen)

1.
Backofen auf 180 Grad vorheizen.

2.
Goldmakrele mit Koriander, Zitronenschale und ¼ TL Meersalz würzen. Etwa 12 bis 15 Minuten garen, bis der Fisch weiß ist und sich leicht zerteilen lässt.

3.
Inzwischen Petersilie, Olivenöl, Meersalz nach Geschmack, Zitronenschale und -saft verrühren. Mit Fenchel und Apfel mischen.

4.
Fisch auf einer Platte anrichten, mit Fenchelsalat bedecken und sofort servieren.

FÜR 2 PERSONEN

Tipp: Bewahren Sie beim Hantieren mit einem scharfen Messer stets die Ruhe, egal wie sehr Sie in Eile sind! Denken Sie dran, die Fingerspitzen der linken Hand einzurollen, sodass das Messer an den Fingerknöcheln entlanggleitet.

Schnapper im Pergamentpapier

Blutgruppe 0	Blutgruppe A	Blutgruppe B	Blutgruppe AB
450 g Schnapper (4 Filets)	450 g Schnapper (4 Filets)	450 g Schnapper (4 Filets)	450 g Schnapper (4 Filets)
½ TL Meersalz	½ TL Meersalz	½ TL Meersalz	½ TL Meersalz
½ TL Chilipulver	2 Knoblauchzehen, fein gehackt	½ TL Chilipulver	½ TL edelsüßes Paprikapulver
2 Knoblauchzehen, fein gehackt	60 g grüne Oliven (NS ohne Oliven)	2 Knoblauchzehen, fein gehackt	2 Knoblauchzehen, fein gehackt
150 g Pfirsich, fein geschnitten	90 g Fenchel, fein geschnitten	150 g Pfirsich, fein geschnitten	150 g Pfirsich, fein geschnitten
3 Eiertomaten, fein geschnitten	150 g rote Zwiebeln, fein geschnitten	150 g rote Zwiebeln, fein geschnitten	3 Eiertomaten, fein geschnitten
150 g rote Zwiebeln, fein geschnitten	2 TL frisch gehackter Oregano	70 g orangefarbene Paprikaschote, fein geschnitten	150 g rote Zwiebeln, fein geschnitten
70 g orangefarbene Paprikaschote, fein geschnitten	4 TL Olivenöl	4 TL Olivenöl	1 EL frisch gehackter Oregano
4 TL Olivenöl			4 TL Olivenöl

1.
Backofen auf 180 Grad vorheizen.

2.
4 Stück Pergamentpapier auf eine Größe von 30×38 cm zuschneiden. Jeweils in die Mitte ein Stück Schnapper legen,
0 mit Salz, Chilipulver und Knoblauch würzen.
A mit Salz, Oregano und Knoblauch würzen.
B mit Salz, Chilipulver und Knoblauch würzen.
AB mit Salz, Paprika, Oregano und Knoblauch würzen.

3.
Jedes Filet mit
0 Pfirsichen, Tomaten, roten Zwiebeln und Paprika
A Oliven, geschnittenem Fenchel und roten Zwiebeln
B Pfirsich, roten Zwiebeln und Paprika
AB Pfirsichen, Tomaten und roten Zwiebeln belegen und mit 1 TL Olivenöl beträufeln.

4.
Die Ränder des Pergamentpapiers übereinanderfalten und den Fisch einpacken. Dabei oben beginnen und die Ränder fest verschließen. Auf ein Backblech legen und 12 bis 15 Minuten im Backofen garen, bis der Schnapper sich leicht zerteilen lässt und nicht mehr glasig ist.

5.
Warm servieren.

FÜR 4 PERSONEN

Heilbutt mit Feigen und Basilikum (NS) (NS)

Blutgruppe 0	Blutgruppe B
450 g Steak vom wilden Heilbutt	450 g Steak vom wilden Heilbutt
1 TL Olivenöl	1 TL Olivenöl
½ TL Meersalz	½ TL Meersalz
4 EL Feigenkonfitüre	4 EL Feigenkonfitüre
2 EL frisch gehacktes Basilikum	2 EL frisch gehacktes Basilikum
2 TL abgeriebene Schale einer unbehandelten Zitrone	2 TL abgeriebene Schale einer unbehandelten Zitrone
1 TL Zitronensaft	1 TL Zitronensaft

1.

Backofen auf 200 Grad vorheizen.

2.

Den Heilbutt in zwei Filets teilen.

3.

Mit Olivenöl beträufeln und mit Meersalz bestreuen.

4.
Alle übrigen Zutaten in einer kleinen Schüssel verrühren. Die Oberseite der Filets damit gleichmäßig bestreichen, in eine Auflaufform legen.

5.
Etwa 30 Minuten garen, bis der Fisch in der Mitte weiß, nicht mehr glasig ist.

FÜR 2 PERSONEN

Kurzgebratener Thunfisch mit Feigen-Basilikum-Chutney NS NS

Blutgruppe A	Blutgruppe AB
450 g Steaks vom wilden Thunfisch	450 g Steaks vom wilden Thunfisch
3 TL Olivenöl	3 TL Olivenöl
½ TL Meersalz	½ TL Meersalz
4 EL Feigenkonfitüre	4 EL Feigenkonfitüre
2 EL frisch gehacktes Basilikum	2 EL frisch gehacktes Basilikum
2 TL abgeriebene Schale einer unbehandelten Zitrone	2 TL abgeriebene Schale einer unbehandelten Zitrone
2 EL Zitronensaft	2 EL Zitronensaft

1.

Die beiden Thunfischsteaks mit je 1 TL Olivenöl beträufeln und auf beiden Seiten mit Meersalz bestreuen.

2.

Eine Pfanne auf mittlerer Stufe erhitzen, mit Olivenöl besprühen. Den Thunfisch darin von jeder Seite 1½ Minuten braten. Der Thunfisch ist dann noch »rare«, wer mag, kann ihn auch von jeder Seite 2 bis 3 Minuten oder länger braten.

3.

Inzwischen in einem kleinen Topf Feigenkonfitüre, Basilikum, Zitronenschale und -saft sowie 1 TL Olivenöl verrühren und auf niedriger Stufe erwärmen.

4.

Die Thunfischsteaks mit Feigen-Basilikum-Chutney garniert servieren.

FÜR 2 PERSONEN

Würziger Fischeintopf

Blutgruppe 0

- 1–2 getrocknete Chile-Ancho-Schoten (Poblano)
- 4 EL Wakame
- 2 TL Olivenöl
- 150 g Zwiebeln, würfelig geschnitten
- 1 Fenchelknolle, würfelig geschnitten
- 1 rote Paprikaschote, würfelig geschnitten
- 1 Jalapeño, fein geschnitten
- ½ TL Kurkuma
- ½ TL Fenchelsamen
- 4 EL Tomatenmark
- Meersalz, nach Geschmack
- 2 Gläser (à 185 g) milde Kirschpaprika
- 2 Lorbeerblätter
- 500 ml Gemüsebrühe*
- 500 ml Wasser
- 350 g Kabeljau
- 250 g Wildlachs

Blutgruppe A

- 4 EL Wakame
- 2 TL Olivenöl
- 100 g Lauch, fein geschnitten
- 1 Fenchelknolle, würfelig geschnitten
- 200 g Okra, würfelig geschnitten
- ½ TL Kurkuma
- ½ TL Fenchelsamen
- Meersalz, nach Geschmack
- 2 Gläser (à 185 g) milde Kirschpaprika
- 2 Lorbeerblätter
- 250 ml Gemüsebrühe*
- 250 ml Wasser
- 350 g Kabeljau
- 250 g Wildlachs

Blutgruppe B

- 1–2 getrocknete Chile-Ancho-Schoten (Poblano)
- 4 EL Wakame (nach Wunsch)
- 2 TL Olivenöl
- 150 g Zwiebeln, würfelig geschnitten
- 1 Fenchelknolle, würfelig geschnitten
- 1 rote Paprikaschote, würfelig geschnitten
- 1 Jalapeño, fein geschnitten
- ½ TL Kurkuma
- ½ TL Fenchelsamen
- Meersalz, nach Geschmack
- 2 Gläser (à 185 g) milde Kirschpaprika
- 2 Lorbeerblätter
- 500 ml Gemüsebrühe*
- 500 ml Wasser
- 350 g Kabeljau
- 250 g Wildlachs

Blutgruppe AB

- 4 EL Wakame (nach Wunsch)
- 2 TL Olivenöl
- 150 g Zwiebeln, würfelig geschnitten
- 1 Fenchelknolle, würfelig geschnitten
- 50 g Stangensellerie, würfelig geschnitten
- 120 g Möhren, würfelig geschnitten
- ½ TL Kurkuma
- ½ TL Fenchelsamen
- 2 EL Tomatenmark
- Meersalz, nach Geschmack
- 2 Gläser (à 185 g) milde Kirschpaprika
- 2 Lorbeerblätter
- 250 ml Gemüsebrühe*
- 250 ml Wasser
- 350 g Kabeljau
- 250 g Wildlachs

* Siehe Rezept für Gemüsebrühe auf Seite 350 f.

1.
0 und B Die getrockneten Chile-Ancho-Schoten 10 bis 12 Minuten in heißes Wasser legen (wer es nicht so würzig mag, nimmt weniger).

2.
Wakame für 10 Minuten in kaltes Wasser legen.

3.
Olivenöl in einem Topf auf mittlerer Stufe erhitzen, Zwiebeln (für 0, B, AB)/Lauch (für A) und Fenchel darin 4 bis 5 Minuten dünsten.

KENNEN SIE …?

Wakame

Wenn Sie schon Misosuppe gegessen haben, dann haben Sie wahrscheinlich auch bereits Wakame gegessen. Wakame ist eine nährstoffreiche Alge, die vor Japans Küste kultiviert wird – sie verleiht Suppen, Eintöpfen und auch Salaten eine charakteristische, salzige Note. Oft wird sie für den Vertrieb getrocknet, wenn man sie ins Wasser legt, erhält sie aber wieder ihre dunkelgrüne Farbe und samtige Konsistenz. Der milde Geschmack von Wakame ist perfekt geeignet, um Algen kennen und schätzen zu lernen.

0 Paprikaschote und Jalapeño zufügen, weitere 3 bis 4 Minuten dünsten. Mit Kurkuma, Fenchelsamen, Tomatenmark und Salz nach Geschmack würzen.
A Mit Kurkuma, Fenchelsamen, Lorbeerblättern und Salz nach Geschmack würzen.
B Paprikaschote und Jalapeño zufügen, weitere 3 bis 4 Minuten dünsten. Mit Kurkuma, Fenchelsamen und Salz nach Geschmack würzen.
AB Fenchel, Möhren und Stangensellerie zufügen und weitere 3 bis 4 Minuten dünsten. Mit Kurkuma, Fenchelsamen, Tomatenmark und Salz würzen.

4.
Wakame abseihen, abspülen und sofort in den Topf geben.

5.
Die Kirschpaprika abtropfen lassen und trocken tupfen.
0 und B Chile-Ancho-Schoten abseihen, Stiele und Samen entfernen.

Kirschpaprika und Chile-Ancho-Schoten (für 0 und B; wer es weniger würzig mag, verwendet nicht so viele Chile-Ancho-Schoten) in der Küchenmaschine sehr glatt pürieren.

5.
Das Püree und 2 Lorbeerblätter mit Brühe und Wasser zum gedünsteten Gemüse in den Topf geben, 30 Minuten schwach kochen lassen.

6.
Inzwischen Kabeljau und Lachs in mundgerechte Würfel schneiden. Nach den 30 Minuten Fisch und Okra (für A) in den Topf geben und weitere 10 Minuten köcheln lassen, bis der Fisch gar ist.

7.
Warm servieren.

FÜR 4 PERSONEN

Fisch-Tacos mit Salat

Blutgruppe 0	Blutgruppe A	Blutgruppe B	Blutgruppe AB	
¼ TL Chilipulver ⅛ TL Kreuzkümmel ½ TL Salz ¼ TL Paprika 1 EL plus 1 TL Olivenöl, geteilt 450 g Schwertfisch oder anderer weißer Fisch	½ TL Knoblauchpulver ⅛ TL Kreuzkümmel ½ TL Salz ¼ TL Paprika 1 EL plus 1 TL Olivenöl, geteilt 450 g Kabeljau	¼ TL Chilipulver ⅛ TL Kreuzkümmel ½ TL Salz ¼ TL Paprika 1 EL plus 1 TL Olivenöl, geteilt 450 g Goldmakrele	¼ TL Chilipulver ⅛ TL Kreuzkümmel ½ TL Salz ¼ TL Paprika 1 EL plus 1 TL Olivenöl, geteilt 450 g Schwertfisch oder anderer weißer Fisch	
1 Fenchelknolle, fein geschnitten 1 EL frisch gehackte Minze ½ TL Schale einer unbehandelten Limone 1 Limone 2 TL Olivenöl 80 g Mango, würfelig geschnitten 170 g gegarte schwarze Bohnen, abgetropft und abgespült ¼ TL Meersalz	1 Fenchelknolle, fein geschnitten 1 EL frisch gehackte Minze ½ TL Schale einer unbehandelten Limone 1 Limone 2 TL Olivenöl 80 g Ananas, feinwürfelig geschnitten ¼ TL Salz 8 weiche Taco Shells aus reinem Mais (NS nehmen kleine Dinkel-Wraps)	1 Fenchelknolle, fein geschnitten 1 EL frisch gehackte Minze ½ TL Schale einer unbehandelten Limone 1 Limone 2 TL Olivenöl 80 g Mango, würfelig geschnitten 90 g gegarte weiße Bohnen, abgetropft und abgespült ¼ TL Meersalz	1 Fenchelknolle, fein geschnitten 1 EL frisch gehackte Minze 1 Limone 2 TL Olivenöl 80 g Ananas, feinwürfelig geschnitten 80 g Wachtelbohnen, gegart, abgetropft und abgespült ¼ TL Meersalz	SALAT
½ TL Meersalz 100 g Naturreismehl 2 EL Pfeilwurzelstärke 80 g Hirsemehl 1 EL Olivenöl 350 ml Mandeldrink (NS nehmen Reisdrink) 2 Eier		½ TL Meersalz 100 g Naturreismehl 40 g Dinkelmehl 1 EL Olivenöl 350 ml Kuhmilch, fettarm 2 Eier	½ TL Meersalz 100 g Naturreismehl 2 EL Pfeilwurzelstärke 40 g Dinkelmehl 1 EL Olivenöl 350 ml Kuhmilch, fettarm 2 Eier	TACO-CRÊPES

1.

Chilipulver (für 0, B, AB) /Knoblauchpulver (für A), Kreuzkümmel, Salz, Paprika und 1 EL Olivenöl in einer kleinen Schüssel verrühren. Fisch in 2,5 cm große Würfel schneiden, mit der Gewürzmischung beträufeln und vorsichtig mischen. Mindestens 20 Minuten im Kühlschrank durchziehen lassen.

2.

Von der Limone die Schale (½ TL abgeriebene Schale aufbewahren) und die weiße Haut abziehen und mit einem Gemüsemesser (kleines scharfes Messer) das Fruchtfleisch zwischen den Häuten ausschneiden, sodass die Segmente nicht von Haut umhüllt sind. (Halten Sie die Limone dafür über die Schüssel, damit der Saft nicht verloren geht.)

3.

Limonensegmente und alle übrigen Salatzutaten in einer großen Schüssel mischen. Bis zum Essen in den Kühlschrank geben. Wenn der Salat durchziehen kann, wird er etwas weicher, die Aromen verbinden sich gut.

4.

0, B, und AB Alle Crêpes-Zutaten in einer großen Schüssel verrühren. Eine große Pfanne auf mittlerer Stufe (oder etwas höher) erhitzen. (Wenn die Pfanne nicht antihaftbeschichtet ist, Backspray verwenden.) Jeweils 60 ml Teig in die Pfanne geben und diese rasch schwenken, damit der Teig sich gleichmäßig verteilt.

5.

0, B, und AB Etwa 1 Minute backen, bis sich die Crêpes am Rand von der Pfanne lösen und winzige Blasen in der Mitte erscheinen. Mit einem großen, flachen Pfannenheber umdrehen oder vorsichtig mit den Fingern am Rand fassen und wenden, eine weitere Minute backen. Die Crêpes auf einem Teller stapeln und bis zum Servieren warm halten.

A Die Taco Shells in einer großen Pfanne ohne Fett von jeder Seite etwa eine Minute erwärmen. (NS packen die kleinen Dinkel-Wraps in leicht feuchten Küchenkrepp und legen sie für 5 Minuten bei 50 Grad in den Minibackofen. Halten Sie den Küchenkrepp fern von Grillschlangen und dergleichen und achten Sie darauf, dass er nicht austrocknet.) Packen Sie die erwärmten Tacos sofort in ein Küchentuch, damit sie nicht auskühlen.

6.
Fisch aus dem Kühlschrank nehmen. Eine Grillpfanne auf mäßig hoher Stufe erhitzen und mit 1 TL Olivenöl ausstreichen. Den Fisch darin von jeder Seite 2 bis 3 Minuten braten, bis er weiß, nicht mehr glasig ist.

7.
Nun die Taco-Crêpes nacheinander auf einen Teller legen und jeweils mit Fisch und Salat belegen.

8.
Sofort servieren.

FÜR 4 PERSONEN

Paella mit Meeresfrüchten

Blutgruppe 0	Blutgruppe A	Blutgruppe B	Blutgruppe AB
3 TL Olivenöl, geteilt	3 TL Olivenöl, geteilt	3 TL Olivenöl, geteilt	3 TL Olivenöl, geteilt
300 g fein gehackte Küchenzwiebeln	300 g fein gehackte Küchenzwiebeln	300 g fein gehackte Küchenzwiebeln	300 g fein gehackte Küchenzwiebeln
140 g Steckrüben, würfelig geschnitten	140 g Steckrüben, würfelig geschnitten	120 g Möhren, würfelig geschnitten	130 g Süßkartoffeln, geschält und in 2 cm große Würfel geschnitten
2 Rispentomaten, gehackt	2 Gläser (à 185 g) milde Kirschpaprika	300 g rote Paprikaschote, würfelig geschnitten	2 Rispentomaten, gehackt
4 EL gehackte Petersilie	4 EL gehackte Petersilie	4 EL gehackte Petersilie	4 EL gehackte Petersilie
2 TL fein gehackter Knoblauch	2 TL fein gehackter Knoblauch	1 TL fein gehackter Knoblauch	2 TL fein gehackter Knoblauch
300 g Langkorn-Naturreis	300 g Langkorn-Naturreis	300 g Langkorn-Naturreis	300 g Langkorn-Naturreis
15 Safranfäden	15 Safranfäden	15 Safranfäden	15 Safranfäden
1 Jalapeño, fein geschnitten	1 TL Meersalz	1 Jalapeño, fein geschnitten	1 TL Meersalz
1 TL Meersalz	1 TL Paprika	1 TL Meersalz	½ TL Paprika
1 TL Paprika	500 ml Gemüsebrühe*	1 TL Paprika	500 ml Gemüsebrühe*
500 ml Gemüsebrühe*	250 ml Wasser	500 ml Gemüsebrühe*	250 ml Wasser
250 ml Wasser	1 Lorbeerblatt	250 ml Wasser	1 Lorbeerblatt
1 Lorbeerblatt	2 TL frisch gehackter Oregano	1 Lorbeerblatt	2 TL frisch gehackter Oregano
2 TL frisch gehackter Oregano	350 g Kabeljaufilet	2 TL frisch gehackter Oregano	350 g Thunfischfilet
350 g Heilbuttfilet	350 g Nördlicher Schnapper	⅛ TL Cayennepfeffer	350 g Nördlicher Schnapper
350 g Kabeljaufilet	1 TL getrockneter Oregano	350 g Heilbuttfilet	1 TL getrockneter Oregano
250 g große Garnelen		350 g Goldmakrelenfilets	
1 TL getrockneter Oregano		1 TL getrockneter Oregano	

* Siehe Rezept für Gemüsebrühe auf Seite 350 f.

1.
Backofen auf 180 Grad vorheizen.

2.
0 1 TL Olivenöl in einer großen Schmorpfanne auf mittlerer Stufe erhitzen, Zwiebeln und Steckrübe darin 6 bis 7 Minuten dünsten. Gemüse aus der Pfanne nehmen. Noch einen TL Olivenöl in die Pfanne geben, Tomaten, Petersilie, Jalapeño und Knoblauch darin 4 bis 5 Minuten dünsten. Aus der Pfanne nehmen.
A 2 TL Olivenöl in einer großen Schmorpfanne auf mittlerer Stufe erhitzen. Zwiebeln und Steckrübe darin 6 bis 7 Minuten dünsten. Kirschpaprika, Petersilie und Knoblauch zufügen und weitere 4 bis 5 Minuten dünsten. Aus der Pfanne nehmen.
B 1 TL Olivenöl in einer großen Schmorpfanne auf mittlerer Stufe erhitzen. Zwiebeln, Möhren, Paprikaschoten, Jalapeño, Petersilie und Knoblauch darin unter häufigem Rühren 6 bis 7 Minuten dünsten. Das Gemüse sollte weich werden, aber nicht bräunen. Aus der Pfanne nehmen.
AB 1 TL Olivenöl in einer großen Schmorpfanne auf mittlerer Stufe erhitzen. Zwiebeln und Süßkartoffeln darin 6 bis 7 Minuten dünsten, bis die Süßkartoffeln weich zu werden beginnen. Noch 1 TL Olivenöl in die Pfanne geben, Tomaten, Petersilie und Knoblauch zu den Süßkartoffeln geben. 4 bis 5 Minuten dünsten, dann aus der Pfanne nehmen.

3.
Im restlichen Olivenöl in derselben Pfanne den Reis 2 Minuten unter ständigem Rühren braten. Er nimmt dabei etwas Farbe an und beginnt zu duften. Safran, Meersalz, Paprika und Cayennepfeffer (für B) zufügen.

4.
Das gesamte Gemüse zum Reis in die Schmorpfanne geben und gut durchmischen. Brühe, Wasser, Lorbeerblatt und frischen Oregano zufügen. Schwach aufkochen lassen und Deckel auflegen. In den vorgeheizten Backofen geben und 40 bis 45 Minuten garen.

5.
A, B und AB In der Zwischenzeit den Fisch in 2 bis 3 cm große Würfel schneiden und mit getrocknetem Oregano und Meersalz nach Geschmack mischen.
0 Heilbutt und Kabeljau in 2 bis 3 cm große Würfel schneiden. Fisch und Garnelen in zwei Schüsseln jeweils mit getrocknetem Oregano und Meersalz nach Geschmack mischen.

6.
A, B und AB Nach 40 Minuten Paella aus dem Backofen nehmen, Fisch dazugeben. Deckel wieder auflegen und weitere 12 Minuten garen, bis der Reis die gesamte Flüssigkeit aufgenommen hat.
0 Paella aus dem Backofen nehmen, Fisch dazugeben. Deckel auflegen und für weitere 7 Minuten in den Backofen stellen. Garnelen zufügen und weitere 5 Minuten garen.
Meeresfrüchte sind weiß, nicht mehr glasig, wenn sie gar sind. Der Reis wird locker und weich.

7.
Warm servieren.

FÜR 6 PERSONEN

Sommergemüse mit leckerer Fleischfüllung

Blutgruppe 0	Blutgruppe A	Blutgruppe B	Blutgruppe AB
4 Paprikaschoten	4 große Zucchini	2 mittelgroße Auberginen	4 große Zucchini
2 EL plus 2 TL Olivenöl, geteilt	4 EL Olivenöl, geteilt	1 EL plus 1 TL Olivenöl, geteilt	4 EL Olivenöl, geteilt
1 TL Fenchelsamen	1 TL Fenchelsamen	1 Jalapeño, Samen entfernt, fein geschnitten	1 TL Fenchelsamen
2 Knoblauchzehen	2 Knoblauchzehen	2 Knoblauchzehen, fein gehackt	2 Knoblauchzehen
¼ TL Senfpulver	¼ TL Senfpulver	½ TL Kreuzkümmel	¼ TL Senfpulver
150 g Zwiebeln, würfelig geschnitten	150 g Zwiebeln, würfelig geschnitten	150 g Zwiebeln, würfelig geschnitten	150 g Zwiebeln, würfelig geschnitten
1 Fenchelknolle, würfelig geschnitten	1 Fenchelknolle, würfelig geschnitten	35 g helle Rosinen	1 Fenchelknolle, würfelig geschnitten
450 g mageres Putenhackfleisch	450 g mageres Putenhackfleisch	450 g mageres gehacktes Lammfleisch	450 g mageres Putenhackfleisch
1 EL frischer Thymian	1 EL frischer Thymian	½ TL gemahlener Ingwer	1 EL frischer Thymian
2 EL Naturreismehl	2 EL Hafermehl	60 g Ricotta-Käse	2 EL Hafermehl
120 ml Gemüsebrühe*	300 ml Hühnerbrühe	Meersalz, nach Geschmack	300 ml Hühnerbrühe
350 g Tomaten, gehackt	1 Glas (à 185 g) milde Kirschpaprika	100 g Semmelmehl*	1 Glas (à 185 g) milde Kirschpaprika, abgetropft
100 g Semmelmehl*	100 g Semmelmehl*		100 g Semmelmehl*

1.

Backofen auf 200 Grad vorheizen.

2.

A und AB Die Zucchini längs halbieren. Die Samen mit einem Löffel herausschaben, ohne zu tief ins Fleisch zu ste-

* Siehe Rezept für Gemüsebrühe auf Seite 350 f. sowie Grundrezept für (glutenfreies) Semmelmehl auf Seite 352.

chen. Die Zucchini mit der Schnittfläche oben auf ein Backblech legen, mit 2 TL Olivenöl beträufeln und 20 Minuten braten. Aus dem Backofen nehmen.

0 Den Stielansatz der Paprika abschneiden (»Deckel«). Rippen und Kerne ausschneiden, trocken tupfen. Paprikaschoten und Deckel auf ein Backblech legen und 20 Minuten garen, bis sie zwar weich sind und Bläschen auf der Haut erscheinen, aber die Form noch erhalten bleibt. Aus dem Backofen nehmen.

B Die Auberginen längs halbieren, mit einem Löffel etwas Fruchtfleisch und die Samen herausheben, sodass kleine Boote entstehen. Das Fruchtfleisch hacken und aufbewahren. Die Auberginenhälften mit der Öffnung oben auf ein Backblech legen, mit 1 EL Olivenöl beträufeln und mit 1 Prise Meersalz bestreuen. 30 Minuten garen, dann aus dem Backofen nehmen.

3.

0, A und AB 1 TL Olivenöl in einer großen Pfanne auf mittlerer Stufe erhitzen. Fenchelsamen, Knoblauch und Senfpulver darin ½ bis 1 Minute braten, bis es duftet. Dabei ständig rühren. Zwiebeln und Fenchel zugeben und 4 Minuten dünsten.

B 1 TL Olivenöl in einer Pfanne auf mittlerer Stufe erhitzen. Zwiebeln und Rosinen darin etwa 4 Minuten dünsten, bis die Rosinen dick und saftig, die Zwiebeln glasig sind. Das Fruchtfleisch dazugeben und in etwa 5 Minuten weich dünsten. Aus der Pfanne nehmen.

4.

A und AB Putenhackfleisch zufügen, große Brocken mit einem flachen Holzlöffel teilen, in etwa 6 bis 8 Minuten bräunen. Sobald das Putenhack feinkrümelig ist, Thymian und Mehl darüberstreuen und unterrühren. Langsam die Hühnerbrühe angießen, dabei ständig rühren, sodass eine Sauce entsteht. Sauce schwach aufkochen lassen, dann Herd zurückschalten.

O Putenhackfleisch zufügen und bräunen, große Brocken dabei mit einem flachen Holzlöffel teilen. Tomaten, Brühe und Thymian dazugeben, weitere 5 bis 6 Minuten garen, bis das Hackfleisch durch ist. Naturreismehl einstreuen und gleichmäßig verrühren. Zum Kochen bringen, Herd zurückschalten und in 2 bis 3 Minuten eindicken lassen.
B Das Lammhackfleisch mit Knoblauch, Kreuzkümmel, Ingwer und Jalapeño mischen und in die Pfanne geben. In etwa 5 Minuten bräunen, große Stücke dabei mit einem Holzlöffel teilen. Die Zwiebelmischung dazugeben, gut mischen. Pfanne vom Herd nehmen, Ricotta einrühren.

5.
A und AB Kirschpaprika im Mini-Zerkleinerer pürieren und in die Pfanne geben. 5 bis 6 Minuten garen, bis das Putenhack ganz durch ist.

6.
A und AB Zucchini aus dem Backofen nehmen. Die Hackfleischmischung gleichmäßig auf den gebratenen Zucchinihälften verteilen, mit Semmelmehl bestreuen und mit jeweils 1 TL Olivenöl beträufeln. Die Zucchini wieder in den Backofen schieben und 12 Minuten braten, bis das Semmelmehl schön goldbraun ist.
O Die gerösteten Paprikaschoten mit der Hackfleischmischung füllen, mit Semmelmehl bestreuen und mit jeweils 1 TL Olivenöl beträufeln. 12 Minuten überbacken, bis die Füllung heiß ist und das Semmelmehl eine goldbraune Färbung annimmt.
B Die Auberginen-Boote mit dem Lammfleisch füllen, mit Semmelmehl bestreuen und weitere 20 Minuten braten. Die Auberginen sind dann weich und unten leicht gebräunt, die Kruste aus Semmelmehl ist schön goldbraun. Warm servieren.

FÜR 4 PERSONEN

Herzhafter Puteneintopf aus dem Schongarer (NS) (NS) (NS) (NS)

Blutgruppe 0	Blutgruppe A	Blutgruppe B	Blutgruppe AB
2 TL Olivenöl	2 TL Olivenöl	2 TL Olivenöl	2 TL Olivenöl
450 g Putenbrust, in 2 cm große Würfel geschnitten	450 g Putenbrust, in 2 cm große Würfel geschnitten	450 g Putenbrust, in 2 cm große Würfel geschnitten	450 g Putenbrust, in 2 cm große Würfel geschnitten
300 g Zwiebeln, würfelig geschnitten	300 g Zwiebeln, würfelig geschnitten	300 g Zwiebeln, würfelig geschnitten	300 g Zwiebeln, würfelig geschnitten
270 g Pastinaken, würfelig geschnitten	270 g Pastinaken, würfelig geschnitten	270 g Pastinaken, würfelig geschnitten	270 g Pastinaken, würfelig geschnitten
2 große Zweige frischer Rosmarin	2 große Zweige frischer Rosmarin	2 große Zweige frischer Rosmarin	2 große Zweige frischer Rosmarin
4 große Zweige frischer Thymian	4 große Zweige frischer Thymian	4 große Zweige frischer Thymian	4 große Zweige frischer Thymian
250 ml Wasser	250 ml Wasser	250 ml Wasser	250 ml Wasser
250 ml Gemüsebrühe*	250 ml Gemüsebrühe*	250 ml Gemüsebrühe*	250 ml Gemüsebrühe*
250 g Sibirischer Kohl, in Stücke gerissen	250 g Sibirischer Kohl, in Stücke gerissen	250 g Sibirischer Kohl, in Stücke gerissen	250 g Sibirischer Kohl, in Stücke gerissen

* Siehe Rezept für Gemüsebrühe auf Seite 350f.

1.
Schongarer auf mittlerer Stufe vorheizen.

2.
Olivenöl in einer großen Pfanne auf mittlerer Stufe erhitzen, Putenfleisch darin von allen Seiten bräunen. Aus der Pfanne nehmen.

3.
Nun die Zwiebeln und Pastinaken 3 bis 4 Minuten in der Pfanne dünsten. Gemüse zuunterst in den Schongarer geben. Darauf kommt das Putenfleisch, dann Rosmarin und Thymian.

4.
Den Bratrückstand in der Pfanne mit Wasser und Brühe lösen, dafür 8 bis 10 Minuten auf mittlerer Stufe erhitzen und Rückstände loskochen. Die Flüssigkeit über das Fleisch gießen, Deckel auflegen.

5.
1 Stunde garen, dann den Kohl zufügen und 1 weitere Stunde garen.

6.
Warm servieren.

FÜR 4 PERSONEN

Putenunterkeulen mit würziger Schokosauce

Blutgruppe 0

- 1 TL Ghee
- 2 Knoblauchzehen, fein gehackt
- 40 g Zwiebeln, würfelig geschnitten
- 1 TL gemahlener Kreuzkümmel
- 1 TL Meersalz
- 2 TL Ancho-Chilipulver
- ½ TL gemahlener Zimt (NS ohne Zimt)
- 200 g Rispentomaten, würfelig geschnitten
- 60 ml Gemüsebrühe*
- 2 TL Mandelmus
- 30 g dunkle Schokolade mit 100 % Kakaoanteil, gehobelt
- 3 Putenunterkeulen

Blutgruppe A

- 1 TL Ghee
- 2 Knoblauchzehen, fein gehackt
- 40 g Zwiebeln, würfelig geschnitten
- 1 TL gemahlener Kreuzkümmel
- 1 TL Meersalz
- 1 TL Paprika
- ½ TL gemahlener Zimt
- 250 ml Gemüsebrühe*
- 2 TL Erdnusscreme
- 30 g dunkle Schokolade mit 100 % Kakaoanteil, gehobelt
- 3 Putenunterkeulen

Blutgruppe B

- 1 TL Ghee
- 2 Knoblauchzehen, fein gehackt
- 40 g Zwiebeln, würfelig geschnitten
- 1 TL gemahlener Kreuzkümmel
- 1 TL Meersalz
- 2 TL Ancho-Chilipulver
- 60 ml pürierte milde Kirschpaprika
- 60 ml Gemüsebrühe*
- 2 TL Mandelmus
- 30 g dunkle Schokolade mit 100 % Kakaoanteil, gehobelt
- 3 Putenunterkeulen

Blutgruppe AB

- 1 TL Ghee
- 2 Knoblauchzehen, fein gehackt
- 40 g Zwiebeln, würfelig geschnitten
- 1 TL gemahlener Kreuzkümmel
- 1 TL Meersalz
- 2 TL Ancho-Chilipulver
- ½ TL gemahlener Zimt
- 200 g Rispentomaten, würfelig geschnitten
- 60 ml Gemüsebrühe*
- 2 TL Erdnusscreme
- 30 g dunkle Schokolade mit 100 % Kakaoanteil, gehobelt
- 3 Putenunterkeulen

* Siehe Rezept für Gemüsebrühe auf Seite 350 f.

1.
Backofen auf 160 Grad vorheizen.

2.
Ghee in einem kleinen Topf auf mittlerer Stufe erhitzen. Zwiebeln und Knoblauch darin in 4 bis 5 Minuten weich dünsten und etwas bräunen. Gewürze zufügen, verrühren und weitere 2 Minuten dünsten.

3.
0 Tomaten, Brühe und Mandelmus einrühren und 3 bis 4 Minuten dünsten.
A Brühe und Erdnusscreme einrühren und 3 bis 4 Minuten dünsten.
B Pürierte Kirschpaprika, Brühe und Mandelmus einrühren und 3 bis 4 Minuten dünsten.
AB Tomaten, Brühe und Erdnusscreme einrühren und 3 bis 4 Minuten dünsten.

4.
Vom Herd nehmen und die Schokolade einrühren. Die Mischung in der Küchenmaschine glatt pürieren. Wer möchte, kann die Sauce durch ein Sieb streichen, damit sie ganz glatt wird.

Tipp: Angehörige der Blutgruppen 0, A und B können Hähnchenunterkeulen anstelle der Putenkeulen verwenden, dann wird der Backofen allerdings auf 200 Grad vorgeheizt, die Garzeit beträgt etwa 50 bis 55 Minuten, bis der Saft klar ist und die Kerntemperatur 75 Grad erreicht.

5.

Ein Drittel der Sauce zurückbehalten. Von den Putenunterkeulen die Haut abziehen und das Fleisch mit zwei Dritteln der Sauce bedecken. In einen Bräter legen, abdecken und 1 bis 1½ Stunden garen, bis die Kerntemperatur 75 Grad erreicht.

6.

Die zurückbehaltene Sauce in einem kleinen Topf auf mittlerer Stufe erwärmen. Die fertigen Keulen aus dem Backofen nehmen, mit der restlichen Schokosauce übergießen und warm servieren.

FÜR 2 PERSONEN

Geflügel in Grüntee pochiert NS NS NS NS

Blutgruppe 0	Blutgruppe A	Blutgruppe B	Blutgruppe AB
1 Liter plus 1 EL Wasser	1 Liter plus 1 EL Wasser	1 Liter plus 1 EL Wasser	1 Liter plus 1 EL Wasser
8 Beutel Grüntee	8 Beutel Grüntee	8 Beutel Grüntee	8 Beutel Grüntee
450 g Hühnerbrust (4 Filets)	450 g Hühnerbrust (4 Filets)	450 g Putenbrust, in 4 Stücke geteilt	450 g Putenbrust, in 4 Stücke geteilt
½ Zitrone, in Scheiben	½ Zitrone, in Scheiben	½ Zitrone, in Scheiben	½ Zitrone, in Scheiben
½ TL Meersalz	½ TL Meersalz	½ TL Meersalz	½ TL Meersalz
60 g frische Petersilie	60 g frische Petersilie	60 g frische Petersilie	60 g frische Petersilie
Saft einer halben Zitrone	Saft einer halben Zitrone	Saft einer halben Zitrone	Saft einer halben Zitrone
3 EL Olivenöl	3 EL Olivenöl	3 EL Olivenöl	3 EL Olivenöl
1 Knoblauchzehe, fein gehackt	1 Knoblauchzehe, fein gehackt	1 Knoblauchzehe, fein gehackt	1 Knoblauchzehe, fein gehackt

1.
In einem flachen Topf 1 Liter Wasser zum Kochen bringen, Tee darin 3 Minuten ziehen lassen. Herd auf mittlere Stufe zurückschalten, Fleisch einlegen.

2.
Eine Hälfte der Zitrone in Scheiben schneiden und mit Meersalz zum Sud geben. Deckel auflegen, etwa 18 bis 20 Minuten garen, bis die Kerntemperatur der Filets 75 Grad erreicht.

2.
Petersilie, Olivenöl, Knoblauch, Saft der halben Zitrone und 1 EL Wasser in der Küchenmaschine sehr glatt pürieren.

3.
Geflügelfilet mit Petersiliensauce übergießen und warm servieren.

FÜR 4 PERSONEN

Knusprige Geflügelpastete

	Blutgruppe 0	Blutgruppe A	Blutgruppe B	Blutgruppe AB
FÜLLUNG	2 TL Olivenöl	2 TL Olivenöl	2 TL Olivenöl	2 TL Olivenöl
	200 g Perlzwiebeln	200 g Perlzwiebeln	200 g Perlzwiebeln	200 g Perlzwiebeln
	125 g Baby-Karotten, würfelig geschnitten	125 g Baby-Karotten, würfelig geschnitten	125 g Baby-Karotten, würfelig geschnitten	125 g Möhren, würfelig geschnitten
	150 g grüne Erbsen	150 g grüne Erbsen	150 g grüne Erbsen	150 g grüne Erbsen
	100 g Okra, gehackt	100 g Okra, gehackt	130 g Pastinaken, würfelig geschnitten	100 g Okra, gehackt
	2 EL Naturreismehl	2 EL Hafermehl	2 EL Dinkel- oder Hafermehl	2 EL Hafermehl
	750 ml Hühnerbrühe*	750 ml Hühnerbrühe*	750 ml Putenbrühe* oder Gemüsebrühe*	750 ml Putenbrühe* oder Gemüsebrühe*
	650 g gebratene Hühnerbrust, fein zerkleinert	650 g gebratene Hühnerbrust, fein zerkleinert	650 g gebratene Putenbrust, fein zerkleinert	650 g gebratene Putenbrust, fein zerkleinert
	¼ TL Safranfäden	½ TL Safranfäden	¼ TL Safranfäden	¼ TL Safranfäden
	½ TL Senfpulver	½ TL Senfpulver	½ TL Senfpulver	½ TL Senfpulver
KRUSTE	1 TL Olivenöl	1 TL Olivenöl	1 TL Olivenöl	1 TL Olivenöl
	300 g Topinambur, geschält und würfelig geschnitten	300 g Topinambur, geschält und würfelig geschnitten	200 g Semmelmehl*	50 g Semmelmehl*
	50 g Semmelmehl*	50 g Semmelmehl*	Meersalz, nach Geschmack	2 EL Sesamsamen
	2 EL Sesamsamen	2 EL Sesamsamen	2 TL Ghee, geschmolzen	2 TL Ghee, geschmolzen
	2 TL Ghee, geschmolzen	2 TL Ghee, geschmolzen		

* Siehe Grundrezept für (glutenfreies) Semmelmehl auf Seite 352 sowie Rezept für Hühner- oder Putenbrühe auf Seite 346 bzw. Gemüsebrühe auf Seite 350 f.

Fertiger Pasteteig (nicht süßer Mürbeteig) aus Dinkel oder Vollkornweizen (bzw. geeigneten Getreidesorten)	Fertiger Pasteteig (nicht süßer Mürbeteig) aus Dinkel oder Vollkornweizen (bzw. geeigneten Getreidesorten)	Fertiger Pasteteig (nicht süßer Mürbeteig) aus Dinkel oder Vollkornweizen (bzw. geeigneten Getreidesorten)	TEIG

1.

Backofen auf 190 Grad vorheizen.

A, B und AB Eine Pie-Form mit dem Pastetenteig auslegen und nach Anleitung vorbacken.

2.

2 TL Olivenöl in einem Schmortopf auf mittlerer Stufe erhitzen. Zwiebeln, Möhren, Erbsen und Okra (für 0, A, AB)/ Pastinaken (für B) darin etwa 5 Minuten dünsten, bis sie weich zu werden beginnen.

3.

Mehl über das Gemüse streuen, Brühe unter Rühren angießen, sodass keine Klümpchen entstehen. Geflügelbrust, Safran und Senfpulver einrühren. Deckel auflegen, 15 Minuten garen, dabei gelegentlich umrühren.

4.

0 und A 1 TL Olivenöl in einer großen Pfanne auf mittlerer Stufe erhitzen. Topinambur darin 3 bis 4 Minuten dünsten. Wieder herausnehmen und in Semmelmehl und Sesamsamen wälzen. Mit geschmolzenem Ghee beträufeln.

B Das Semmelmehl in 1 TL Olivenöl und Ghee 3 bis 4 Minuten braten. Vom Herd nehmen und mit Meersalz nach Geschmack verrühren.

AB Das Semmelmehl in 1 TL Olivenöl und Ghee 3 bis 4 Minuten braten, mit Sesamsamen mischen.

5.

B und AB Den Belag auf dem vorgebackenen Teig verteilen, mit dem Semmelmehl bestreuen. 25 bis 30 Minuten backen, bis die Kruste schön gebräunt ist.

0 Deckel vom Schmortopf nehmen, Fleischfüllung mit der Topinambur-Mischung bestreuen. Für 20 Minuten in den Backofen geben, bis die Kruste schön gebräunt und knusprig ist.

A Den Belag auf dem vorgebackenen Teig verteilen, mit der Topinambur-Mischung bestreuen. 25 bis 30 Minuten backen, bis die Kruste schön gebräunt ist.

6.

Warm servieren.

FÜR 8 PERSONEN

KENNEN SIE …?

Topinambur

Topinambur ist ein knackiges Wurzelgemüse, das schöne gelbe Blüten hervorbringt, ähnlich der Sonnenblume. Es schmeckt leicht süß und nussig, verwendet wird es etwa wie Kartoffeln, man kann es auch in dünne Scheiben schneiden und frittieren. Für die meisten Angehörigen der Blutgruppen 0 und A ist Topinambur *neutral* und einfach ein schmackhaftes neues Gemüse zum Ausprobieren.

Hähnchenbrust/Tofu mit Spargelbrokkoli gefüllt

Blutgruppe 0	Blutgruppe A
2 TL Ghee	2 TL Ghee
1 Bund Spargelbrokkoli, grob gehackt	1 Bund Spargelbrokkoli, grob gehackt
½ rote Zwiebel, würfelig geschnitten	½ rote Zwiebel, würfelig geschnitten
Meersalz, nach Geschmack	Meersalz, nach Geschmack
30 g Walnüsse	30 g Walnüsse
50 g Feta, zerkrümelt (NS ohne Käse)	50 g Feta, zerkrümelt
250 ml Gemüsebrühe*, geteilt	250 ml Gemüsebrühe*, geteilt
450 g Hühnerbrust, ohne Haut	340 g extrafester Tofu
1 EL Olivenöl	1 EL Olivenöl
1 EL Naturreismehl	1 EL frischer Oregano
1 EL frischer Oregano	1 EL Zitronensaft
1 EL Zitronensaft	

1.

A Tofu waagrecht in große, 1 cm dicke Scheiben schneiden. Oregano, Zitronensaft, Olivenöl und Meersalz verrühren. Tofu in ein luftdicht abzuschließendes Glasgefäß geben, Marinade darübergießen und 30 Minuten ziehen lassen, nach der halben Zeit Behälter wenden.

2.

Backofen auf 180 Grad vorheizen.

3.

Ghee in einer großen Pfanne auf mittlerer Stufe erhitzen. Spargelbrokkoli und Zwiebeln darin etwa 2 bis 3 Minuten dünsten, bis sie ein wenig weich werden. Mit Salz würzen.

4.

Spargelbrokkoli und Zwiebeln mit Walnüssen, Käse und 60 ml Brühe in der Küchenmaschine zu einer dicken Paste

* Siehe Rezept für Gemüsebrühe auf Seite 350 f.

verarbeiten. Die Masse sollte dick, aber nicht übermäßig trocken, sondern etwa wie Keksteig sein. Eventuell esslöffelweise Brühe zugeben, bis die gewünschte Konsistenz erreicht ist. Die Masse in der Pfanne auf niedriger Stufe warm halten (für A).

5.

0 Eine Tasche in die Hühnerbrust schneiden: Das Filet liegt dabei mit der Spitze zu Ihnen, mit dem dicksten Teil bei der schneidenden Hand. Setzen Sie das Messer an der Oberseite der dicksten Stelle an und schneiden Sie vorsichtig fast bis zur Spitze, sodass eine Öffnung zum Füllen entsteht.

6.

0 Die Spargelbrokkoli-Füllung gleichmäßig auf die Filets verteilen, die gefüllten Taschen mit Zahnstochern oder Küchenzwirn verschließen. Die Hühnerbrust außen mit Meersalz würzen.

7.

0 Olivenöl in einer feuerfesten Pfanne auf mittlerer Stufe erhitzen. Filets von jeder Seite etwa 2 Minuten anbraten. Deckel auflegen, im Backofen etwa 20 bis 25 Minuten garen, bis das Hühnerfleisch durchgegart, der Saft klar ist.

A Tofu aus der Marinade nehmen und in einer Pfanne auf mittlerer Stufe rasch bräunen, in etwa 1 bis 2 Minuten. Wenden und die andere Seite ebenfalls bräunen.

8.

A Dann jede Lage Tofu jeweils mit Spargelbrokkoli-Masse bedecken, übereinanderschichten und sofort servieren.

0 Hühnerfilets aus dem Backofen nehmen, auf einer Servierplatte ruhen lassen. Die Pfanne auf den Herd stellen, auf mittlerer Stufe das Mehl einstreuen. Nach und nach die restliche Brühe zugießen, Oregano und Zitronensaft zufügen, zum Kochen bringen und eindicken lassen. Mit Meersalz nach Geschmack würzen und vor dem Servieren über die Hühnerbrust gießen.

FÜR 4 PERSONEN

KENNEN SIE …?

Spargelbrokkoli

Spargelbrokkoli sieht aus wie eine verlängerte, zarte Version von Brokkoli. Der Geschmack ist etwas milder, er eignet sich auch besser zum Dünsten, Rösten oder Kurzbraten. Für ein ganz einfaches Gericht kombiniert man Spargelbrokkoli am besten mit Olivenöl und Knoblauch. Spargelbrokkoli wird häufig mit Stängelkohl verwechselt, der jedoch viel bitterer ist und bei den meisten Menschen weniger Anklang findet.

Filetspitzen/Würziges Lamm mit Wildpilzen

Blutgruppe 0

- 1 TL Paprika
- ½ TL Meersalz
- ½ TL Chilipulver
- 1 TL getrockneter Thymian
- 700 g Filetspitzen
- 3 TL Olivenöl, geteilt
- 1 TL Ghee
- 150 g Zwiebeln, würfelig geschnitten
- 225 g weiße Champignons, würfelig geschnitten
- 150 g Maitake-Pilze, würfelig geschnitten
- 1 EL frischer Thymian

Blutgruppe B

- 1 TL Paprika
- ½ TL Meersalz
- ½ TL Chilipulver
- 1 TL getrockneter Thymian
- 450 g Lammsteak
- 3 TL Olivenöl, geteilt
- 1 TL Ghee
- 150 g Zwiebeln, würfelig geschnitten
- 225 g weiße Champignons, würfelig geschnitten
- 150 g Maitake-Pilze, würfelig geschnitten
- 1 EL frischer Thymian

Blutgruppe AB

- 1 TL Paprika
- ½ TL Meersalz
- 1 TL getrockneter Thymian
- 450 g Lammsteak
- 3 TL Olivenöl, geteilt
- 1 TL Ghee
- 150 g Zwiebeln, würfelig geschnitten
- 225 g weiße Champignons, würfelig geschnitten
- 150 g Maitake-Pilze, würfelig geschnitten
- 1 EL frischer Thymian

1.

Paprika, Meersalz, Chilipulver (für O und B) und getrockneten Thymian mischen.

2.

B und AB Das Lammsteak in 5 cm große Würfel schneiden, mit der Gewürzmischung bestreuen und diese mit den Händen einarbeiten.

O Die Filetspitzen mit der Gewürzmischung bestreuen und diese mit den Händen einarbeiten.

3.

2 TL Olivenöl in einer großen Pfanne auf mittlerer Stufe erhitzen, Fleisch darin von jeder Seite etwa 2 bis 3 Minuten braten, sodass es außen knusprig braun und innen rosa ist. Aus der Pfanne nehmen.

4.

Ghee und restliches Olivenöl in die Pfanne geben, Zwiebeln darin 3 bis 4 Minuten dünsten. Pilze und frischen Thymian zugeben, weitere 8 bis 10 Minuten dünsten, bis die Pilze weich sind und duften. Fleisch zurück in die Pfanne geben, mit den Pilzen mischen.

5.

Sofort servieren.

FÜR 4 PERSONEN

Würzige Kebabs mit Ananas

	Blutgruppe 0	Blutgruppe A	Blutgruppe B	Blutgruppe AB
	Bambusspieße, zum Grillen	Bambusspieße, zum Grillen	Bambusspieße, zum Grillen	Bambusspieße, zum Grillen
MARINADE	2 EL frischer Zitronensaft	2 EL frischer Zitronensaft	2 EL frischer Zitronensaft	2 EL frischer Zitronensaft
	1 EL Agavensirup	1 EL Agavensirup	1 EL Agavensirup	1 EL Agavensirup
	3 EL Olivenöl	3 EL Olivenöl	3 EL Olivenöl	3 EL Olivenöl
	1 EL frischer Ingwer, fein gehackt	1 EL frischer Ingwer, fein gehackt	1 EL frischer Ingwer, fein gehackt	1 EL frischer Ingwer, fein gehackt
	½ TL edelsüßes Paprikapulver	½ TL edelsüßes Paprikapulver	½ TL edelsüßes Paprikapulver	½ TL edelsüßes Paprikapulver
	1 TL fein gehackter Knoblauch	1 TL fein gehackter Knoblauch	1 TL fein gehackter Knoblauch	1 TL fein gehackter Knoblauch
KEBABS	450 g Filetspitzen	1 Packung (à 225 g) Tempeh	450 g Filetspitzen	1 Packung (à 225 g) Tempeh
	650 g Ananasstücke	650 g Ananasstücke	650 g Ananasstücke	650 g Ananasstücke
	1 rote Zwiebel, in 1 cm große Würfel geschnitten	1 rote Zwiebel, in 1 cm große Würfel geschnitten	1 rote Zwiebel, in 1 cm große Würfel geschnitten	1 rote Zwiebel, in 1 cm große Würfel geschnitten

1.
Die Bambusspieße vor der Verwendung eine Stunde in Wasser legen, damit sie nicht verbrennen.

2.
Alle Zutaten für die Marinade verrühren.

3.
0 und B Sichtbares Fett vom Fleisch entfernen. Das Fleisch in ein fest verschließbares Glasgefäß geben, mit zwei Dritteln der Marinade übergießen und gut mischen. Verschließen und für 3 Stunden im Kühlschrank ziehen lassen.
A und AB Tempeh in 3 bis 4 cm große Würfel schneiden, in ein fest verschließbares Glasgefäß geben, mit zwei Dritteln der Marinade übergießen und gut mischen. Verschließen und für 3 Stunden im Kühlschrank ziehen lassen.

KENNEN SIE …?

Tempeh

Tempeh sind gekochte, geschälte Sojabohnen, aus denen durch Fermentation ein fester Kuchen mit leicht nussigem Geschmack entsteht. Tempeh ist in Indonesien sehr beliebt, zunehmend aber auch bei Vegetariern in westlichen Ländern. Wie Tofu nimmt Tempeh bereitwillig jeden Geschmack an und ist daher äußerst vielseitig einsetzbar. Darüber hinaus enthält es viel Eiweiß und wenig Kalorien, was es zu einem idealen Ersatz für Rindfleisch und andere tierische Proteine macht.

4.
Backrost oder Grillpfanne auf mäßig hoher Stufe vorheizen.

5.
Abwechselnd 2 Stück Fleisch/Tempeh, 2 Stück Ananas und 2 Zwiebelwürfel auf jeden Spieß stecken. Ananas und Zwiebeln mit Marinade bestreichen. 10 bis 12 Minuten grillen, nach der halben Garzeit wenden und mit der restlichen Marinade bestreichen.

6.
Warm servieren.

FÜR 4 PERSONEN

»Shepherd's Pie« – einmal anders

Blutgruppe 0	Blutgruppe A	Blutgruppe B	Blutgruppe AB
2½ TL Olivenöl, geteilt	2½ TL Olivenöl, geteilt	2½ TL Olivenöl, geteilt	2½ TL Olivenöl, geteilt
3 Knoblauchzehen, geteilt	3 Knoblauchzehen, geteilt	3 Knoblauchzehen, geteilt	3 Knoblauchzehen, geteilt
Meersalz, nach Geschmack	Meersalz, nach Geschmack	Meersalz, nach Geschmack	Meersalz, nach Geschmack
2 mittelgroße Süßkartoffeln	1 Blumenkohl	2 mittelgroße Süßkartoffeln	2 mittelgroße Süßkartoffeln
1 EL frisch gehackter Salbei	1 EL frisch gehackter Salbei	1 EL frisch gehackter Salbei	1 EL frisch gehackter Salbei
1 EL Ghee oder Butter, geteilt	1 EL Ghee, geteilt	1 EL Ghee oder Butter, geteilt	1 EL Ghee, geteilt
6 EL Mandeldrink (NS nehmen Reisdrink)	6 EL Sojadrink oder Ziegenmilch	6 EL fettarme Kuhmilch	6 EL fettarme Kuhmilch oder Ziegenmilch
450 g Rinderhack	450 g Putenhackfleisch	450 g gehacktes Lammfleisch	450 g Rinderhack
2 TL Paprika	2 TL Paprika	2 TL Paprika	2 TL Paprika
2 EL Naturreismehl	2 EL Dinkel- oder Hafermehl	2 EL Mehl (Naturreis-, Dinkel- oder Hafermehl)	2 EL Naturreismehl
350 ml Rinderbrühe	350 ml Gemüsebrühe*	350 ml Rinderbrühe*	350 ml Rinderbrühe*
400 g Perlzwiebeln	400 g Perlzwiebeln	400 g Perlzwiebeln	400 g Perlzwiebeln
150 g Erbsen	150 g Erbsen	150 g Erbsen	150 g Erbsen
250 g Möhren, feinwürfelig geschnitten	250 g Möhren, feinwürfelig geschnitten	250 g Möhren, feinwürfelig geschnitten	250 g Möhren, feinwürfelig geschnitten
120 g trockener Mozzarella-Käse, gerieben (NS ohne Käse)	120 g trockener Mozzarella-Käse, gerieben	120 g trockener Mozzarella-Käse, gerieben	120 g trockener Mozzarella-Käse, gerieben

1.
Backofen auf 190 Grad vorheizen.

2.
2 Knoblauchzehen mit ½ TL Olivenöl beträufeln und mit Meersalz bestreuen. Knoblauch in Pergamentpapier und Alufolie wickeln und 25 Minuten im Backofen rösten. Aus dem Backofen nehmen. Temperatur auf 180 Grad reduzieren.

3.
0, B und AB Inzwischen die Süßkartoffeln in 5 cm große Stücke schneiden, in einen Topf geben, mit Wasser bedecken. Zum Kochen bringen und etwa 12 bis 15 Minuten garen, bis man leicht mit der Gabel einstechen kann.
A Blumenkohl in mundgerechte Stücke schneiden. Einen großen Topf Wasser zum Kochen bringen. Blumenkohl darin 12 bis 15 Minuten garen, bis er weich zu werden beginnt.
Abseihen und zurück in den Topf oder in eine saubere Schüssel geben. Den gerösteten Knoblauch, Salbei, Ghee und Milch dazugeben und mit dem Handmixer pürieren. Mit Meersalz nach Geschmack würzen.

4.
Das restliche Olivenöl in einer großen Pfanne auf mittlerer Stufe erhitzen. Das Hackfleisch darin bräunen, etwa 5 bis 6 Minuten, dabei größere Brocken mit einem flach zulaufenden Spatel teilen. Paprika und Mehl unterrühren. Die dritte Knoblauchzehe fein hacken und mit der Brühe zum Fleisch geben. Zum Kochen bringen, Herd auf niedrige Stufe schalten und etwa 5 Minuten kochen lassen, bis die Mischung eindickt.

5.
Zwiebeln, Erbsen und Möhren unterrühren. Das Fleisch in eine Auflaufform von 23 × 28 cm geben, mit dem Gemüsebrei

bedecken, diesen mit einer Winkelpalette gleichmäßig verteilen. Mit Käse bestreuen und für 30 bis 35 Minuten in den Backofen geben, bis der Käse schmilzt und leicht gebräunt ist.

6.
Warm servieren.

FÜR 6 PERSONEN

Tipp: Wer Zeit sparen möchte, kann für dieses Rezept tiefgekühlte Perlzwiebeln verwenden.

Marokkanische Lamm-/Tofu-Tagine

Blutgruppe 0	Blutgruppe A	Blutgruppe B	Blutgruppe AB
2 TL fein gehackter Knoblauch	2 TL fein gehackter Knoblauch	2 TL fein gehackter Knoblauch	2 TL fein gehackter Knoblauch
2 TL fein gehackter Ingwer	2 TL fein gehackter Ingwer	2 TL fein gehackter Ingwer	2 TL fein gehackter Ingwer
¼ TL Zimt (NS nehmen anstelle von Zimt ⅛ TL Piment)	¼ TL Zimt	¼ TL gemahlener Kreuzkümmel	¼ TL Zimt
¼ TL gemahlener Kreuzkümmel	¼ TL gemahlener Kreuzkümmel	½ TL Kurkuma	¼ TL gemahlener Kreuzkümmel
½ TL Kurkuma	½ TL Kurkuma	250 g Lammfilet	½ TL Kurkuma
250 g Lammfilet	1 Packg. (à 400 g) fester Tofu	2 TL Olivenöl, geteilt	250 g Lammfilet
2 TL Olivenöl, geteilt	1 EL + 2 TL Olivenöl, geteilt	10 Cipollini-Zwiebeln, geschält	2 TL Olivenöl, geteilt
10 Cipollini-Zwiebeln, geschält	10 Cipollini-Zwiebeln, geschält	150 g Möhren, gehackt	10 Cipollini-Zwiebeln, geschält
150 g Möhren, gehackt	150 g Möhren, gehackt	130 g Pastinaken, gehackt	150 g Möhren, gehackt
130 g Pastinaken, gehackt	130 g Pastinaken, gehackt	120 ml Gemüsebrühe*	130 g Pastinaken, gehackt
120 ml Gemüsebrühe*	120 ml Gemüsebrühe*	1 EL Zitronensaft	120 ml Gemüsebrühe*
1 EL Zitronensaft	1 EL Zitronensaft		1 EL Zitronensaft

1.

A Tofu aus der Packung nehmen und in 1 cm große Stücke schneiden. Auf mehrere Lagen Küchenkrepp legen und von allen Seiten trocken tupfen.

Knoblauch, Ingwer, Zimt (nicht für B), Kreuzkümmel, 1 EL Olivenöl (für A) und Kurkuma mischen.

2.

0, B, AB Lammfilets mit der Gewürzmischung einreiben.

A Den Tofu vorsichtig mit den Gewürzen mischen, ohne

* Siehe Rezept für Gemüsebrühe auf Seite 350 f.

dass er bricht. Mindestens 1 Stunde im Kühlschrank marinieren.
Tagine auf mäßig hoher Stufe erhitzen und mit 1 TL Olivenöl ausstreichen. Lammfleisch (für 0, B, AB)/Tofu (für A) in der heißen Tagine von allen Seiten scharf anbraten, etwa 2 Minuten. Aus der Tagine nehmen.

3.

1 TL Olivenöl mit Zwiebeln, Möhren und Pastinaken in die Tagine geben, 5 bis 6 Minuten braten.

4.

0, B, AB Herd auf niedrige Stufe schalten. Lammfilets auf das Gemüse legen, Brühe und Zitronensaft angießen. Deckel auflegen und 1½ Stunden garen (ohne den Deckel zu heben!).
A Herd auf niedrige Stufe schalten. Brühe und Zitronensaft angießen. Deckel auflegen und 30 Minuten garen (ohne den Deckel zu heben!).

Tipp: Eine Tagine ist ein marokkanischer Schmortopf mit einem schweren Boden aus Gusseisen oder Ton und einem gewölbten, pyramidenähnlichen Deckel. Speisen garen darin langsam und ohne Feuchtigkeitsverlust. Alternativ können Sie eine tiefe Gusseisenpfanne mit einem zeltförmigen »Deckel« aus Alufolie verwenden, doch achten Sie darauf, dass der Deckel wirklich dicht abschließt.

5.

0, B, AB Nach Ende der Garzeit Deckel abnehmen, das Gericht sollte den Großteil der Flüssigkeit aufgenommen haben, Lammfilets und Gemüse sind weich.

A Nach Ende der Garzeit sollte das Gericht den Großteil der Flüssigkeit aufgenommen haben. Den Tofu wieder in die Tagine geben, Deckel auflegen und noch 10 Minuten garen.

6.

Warm servieren.

FÜR 4 PERSONEN

Pilzgericht mit roter Quinoa und Spiegeleiern

NS NS NS NS

Blutgruppe 0	Blutgruppe A	Blutgruppe B	Blutgruppe AB
180 g rote Quinoa	180 g rote Quinoa	180 g rote Quinoa	180 g rote Quinoa
500 ml Wasser	500 ml Wasser	500 ml Wasser	500 ml Wasser
2 TL Ghee	2 TL Ghee	2 TL Ghee	3 TL Ghee, geteilt
70 g Maitake-Pilze, würfelig geschnitten	70 g Maitake-Pilze, würfelig geschnitten	70 g Maitake-Pilze, würfelig geschnitten	70 g Maitake-Pilze, würfelig geschnitten
150 g Okra, würfelig geschnitten	150 g Okra, würfelig geschnitten	150 g Okra, würfelig geschnitten	200 g Zucchini, würfelig geschnitten
2 mittelgroße Schalotten, fein gehackt	2 mittelgroße Schalotten, fein gehackt	2 mittelgroße Schalotten, fein gehackt	2 mittelgroße Schalotten, fein gehackt
½ TL Senfpulver	½ TL Senfpulver	½ TL Senfpulver	½ TL Senfpulver
½ TL getrockneter Ingwer	½ TL getrockneter Ingwer	½ TL getrockneter Ingwer	½ TL getrockneter Ingwer
2 Knoblauchzehen, fein gehackt	2 Knoblauchzehen, fein gehackt	2 Knoblauchzehen, fein gehackt	2 Knoblauchzehen, fein gehackt
2 EL frisch gehackter Oregano	2 EL frisch gehackter Oregano	2 EL frisch gehackter Oregano	2 EL frisch gehackter Oregano
120 g Ananas, feinwürfelig geschnitten	120 g Ananas, feinwürfelig geschnitten	120 g Ananas, feinwürfelig geschnitten	120 g Ananas, feinwürfelig geschnitten
30 g Enoki-Pilze, würfelig geschnitten	30 g Enoki-Pilze, würfelig geschnitten	30 g Shiitake-Pilze, würfelig geschnitten	250 ml Gemüsebrühe*
250 ml Gemüsebrühe*	250 ml Gemüsebrühe*	250 ml Gemüsebrühe*	5 große Eier, geteilt
5 Eier, geteilt	5 Eier, geteilt	5 Eier, geteilt	
1 TL Olivenöl	1 TL Olivenöl	1 TL Olivenöl	

* Siehe Rezept für Gemüsebrühe auf Seite 350 f.

1.

Backofen auf 180 Grad vorheizen. Eine Auflaufform von 23 × 28 cm mit Olivenöl besprühen.

2.

Quinoa mit Wasser zum Kochen bringen, Herd auf niedrige Stufe zurückschalten und 12 Minuten schwach kochen lassen. Vom Herd nehmen und mit der Gabel auflockern.

3.

0, A und B 2 TL Ghee in einer großen Pfanne auf mittlerer Stufe erhitzen. Maitake-Pilze, Okra und Schalotten darin 6 bis 7 Minuten dünsten, bis sie weich zu werden beginnen. Pfanne vom Herd nehmen.

AB 2 TL Ghee in einer großen Pfanne auf mittlerer Stufe erhitzen. Pilze, Zucchini und Schalotten darin 6 bis 7 Minuten dünsten, bis sie weich zu werden beginnen. Pfanne vom Herd nehmen.

KENNEN SIE …?

Rote Quinoa

Rote Quinoa unterscheidet sich im Nährwert kaum von weißer Quinoa, sie ist ein wertvoller Lieferant von Ballaststoffen und Eiweiß, denn sie enthält alle neun essentiellen Aminosäuren. Auch die Konsistenz gleicht der von weißer Quinoa – locker und weich mit ein wenig Biss. Nur der Geschmack ist ein wenig anders, rote Quinoa schmeckt nussiger und weniger bitter. Sie eignet sich für pikante Gerichte mit herzhaftem Gemüse, zulässigen Käsesorten oder Hülsenfrüchten.

4.
Senfpulver, Ingwer, Knoblauch, Oregano, Ananas, Enoki-Pilze (für 0 und A), Brühe und 1 Ei in einer kleinen Schüssel verrühren. Quinoa mit dem gedünsteten Gemüse mischen und in die Auflaufform geben. Die gewürzte Brühe gleichmäßig darüberverteilen, mit einer Gabel nachhelfen, damit sie alle Ecken erreicht.

5.
35 Minuten im Backofen garen, bis der Auflauf fest ist.

6.
Kurz vor Ende der Garzeit 1 TL Olivenöl (für 0, A, B)/Ghee (für AB) in einer großen Pfanne auf mittlerer Stufe erhitzen. Die restlichen Eier darin braten und auf dem Auflauf anrichten.

7.
Sofort servieren.

FÜR 4 PERSONEN

Eintopf aus gekeimten Linsen/weißen Bohnen

Blutgruppe 0	Blutgruppe A	Blutgruppe B	Blutgruppe AB
75 g gekeimte Linsen	75 g gekeimte Linsen	540 g gegarte weiße Bohnen, abgetropft	75 g gekeimte Linsen
1 EL Olivenöl	1 EL Olivenöl	1 EL Olivenöl	1 EL Olivenöl
150 g Zwiebeln, würfelig geschnitten	150 g Zwiebeln, würfelig geschnitten	150 g Zwiebeln, würfelig geschnitten	150 g Zwiebeln, würfelig geschnitten
100 g Möhren, würfelig geschnitten	100 g Möhren, würfelig geschnitten	100 g Möhren, würfelig geschnitten	100 g Möhren, würfelig geschnitten
1 EL fein geschnittene Serrano-Chilis	2 Zucchini, würfelig geschnitten	1 EL fein geschnittene Serrano-Chilis	2 Zucchini, würfelig geschnitten
2 Zucchini, würfelig geschnitten	½ TL gemahlener Kreuzkümmel	2 Zucchini, würfelig geschnitten	½ TL gemahlener Kreuzkümmel
½ TL gemahlener Kreuzkümmel	100 g Pastinaken, würfelig geschnitten	½ TL gemahlener Kreuzkümmel	100 g Pastinaken, würfelig geschnitten
1 Stück (10 cm) Kombu	1,2 l Gemüsebrühe*	1,2 l Gemüsebrühe*	1,2 l Gemüsebrühe*
1,2 l Gemüsebrühe*	Meersalz, nach Geschmack	½ TL Meersalz	Meersalz, nach Geschmack
½ TL Meersalz			

* Siehe Rezept für Gemüsebrühe auf Seite 350 f.

1.

0, A und AB Die gekeimten Linsen 25 Minuten in warmem Wasser einweichen.

2.

A und AB Olivenöl in einem großen Schmortopf auf mittlerer Stufe erhitzen. Zwiebeln, Möhren, Pastinaken, Zucchini und Kreuzkümmel darin 6 bis 7 Minuten dünsten. Linsen abseihen und mit dem übrigen Gemüse in den Schmortopf geben, 1 Minute andünsten.

0 Olivenöl in einem großen Schmortopf auf mittlerer Stufe erhitzen. Zwiebeln, Möhren, Chilis, Zucchini und Kreuzkümmel darin 6 bis 7 Minuten dünsten. Linsen abseihen und mit dem übrigen Gemüse in den Schmortopf geben, 1 Minute andünsten, dann Kombu zufügen.

B Olivenöl in einem Schmortopf auf mittlerer Stufe erhitzen. Zwiebeln, Möhren, Chilis, Zucchini und Kreuzkümmel darin 6 bis 7 Minuten dünsten. Die Bohnen in den Topf geben.

3.

Die Brühe in fünf Schritten zugießen, jeweils gut durchrühren. Mit Meersalz würzen. Insgesamt 30 bis 35 Minuten garen.

4.

0 Der Kombu quillt während des Kochens auf und zerfällt in kleine Stücke. (Wenn er das nicht tut, muss man ihn herausnehmen, hacken und wieder in den Topf geben.)

5.

Warm servieren.

FÜR 4 PERSONEN

KENNEN SIE …?

Gekeimte Linsen

Wann immer das Wort »gekeimt« vor Getreide, Hülsenfrüchten oder Samen steht, bedeutet das einfach, dass die Enzyme im Nahrungsmittel aktiviert wurden. Das erhöht den Nährstoffgehalt. Gekeimte Linsen gibt es in vielen Naturkostläden, ihre Garzeit ist wesentlich kürzer als die von nicht gekeimten Linsen. Als »Fast Food« sind sie eine große Bereicherung für Ihren Speisezettel!

Spaghetti-Kürbis mit Ziegenkäse und Walnüssen

Blutgruppe 0	Blutgruppe B	Blutgruppe AB
1 großer Spaghetti-Kürbis	1 großer Spaghetti-Kürbis	1 großer Spaghetti-Kürbis
1 EL Olivenöl, geteilt	1 EL Olivenöl, geteilt	1 EL Olivenöl, geteilt
½ TL grobes Meersalz	½ TL grobes Meersalz	½ TL grobes Meersalz
40 g Zwiebeln, sehr fein gehackt	40 g Zwiebeln, sehr fein gehackt	40 g Zwiebeln, sehr fein gehackt
90 g weicher Ziegenkäse (NS ohne Ziegenkäse)	90 g weicher Ziegenkäse	90 g weicher Ziegenkäse
120 g geröstete Walnüsse, fein gehackt	120 g geröstete Walnüsse, fein gehackt	120 g geröstete Walnüsse, fein gehackt
60 g Petersilie, fein gehackt	60 g Petersilie, fein gehackt	60 g Petersilie, fein gehackt

1.
Backofen auf 180 Grad vorheizen.

2.
Den Kürbis vorsichtig halbieren, dabei am Stiel beginnen, die Kerne mit einem Löffel entfernen. Das Kürbisfleisch mit 2 TL Olivenöl bestreichen und mit Salz bestreuen. Kürbis mit der Schnittfläche nach unten auf ein Backblech legen und für 35 bis 40 Minuten in den Backofen geben, bis er außen gebräunt ist und Sie mit der Gabel leicht ins Fleisch einstechen können. Aus dem Backofen nehmen und 5 Minuten abkühlen lassen.

3.
1 TL Olivenöl in einer kleinen Pfanne auf mittlerer Stufe erhitzen. Zwiebeln darin in 4 bis 5 Minuten weich dünsten. Vom Herd nehmen, Ziegenkäse, Walnüsse und Petersilie zufügen.

4.
Das Innere des Kürbis mit einer Gabel, vom Stiel beginnend, herauslösen. Sie erhalten lange, spaghettiähnliche Fäden. Die Kürbisfäden in einer großen Schüssel mit der Ziegenkäsemischung verrühren. (NS mischen die Kürbisfäden mit 1 EL Olivenöl, 1 EL fein gehacktem Basilikum und den restlichen Zutaten.)

5.
Warm servieren.

FÜR 4 PERSONEN

Burger mit sonnengetrockneten Tomaten auf Hirsebrötchen (NS)

Blutgruppe 0
2 EL fein geschnittene sonnengetrocknete Tomaten
450 g mageres Rinderhack
½ Zwiebel, geraspelt
1 EL frischer Thymian
½ TL Meersalz
4 Hirsebrötchen, getoastet

1.
Die sonnengetrockneten Tomaten mit sehr heißem Wasser übergießen und 10 Minuten quellen lassen. Abseihen und trocken tupfen.

2.
Rinderhack in einer großen Schüssel mit Zwiebeln, sonnengetrockneten Tomaten, Thymian und Salz mischen. Mit den Händen vorsichtig durcharbeiten, zu 6 Frikadellen formen.

3.
Eine Pfanne auf mittlerer Stufe erhitzen, mit Olivenöl besprühen. Frikadellen darin von jeder Seite 3 bis 4 Minuten braten.

4.
Auf den getoasteten Hirsebrötchen mit (geeignetem) Käse, Tomatenwürfeln, karamellisierten Zwiebeln oder mit Kristins Ketchup (Seite 338) anrichten.

FÜR 6 PERSONEN

Bohnen-/Linsen-Burger

Blutgruppe A	Blutgruppe B	Blutgruppe AB
350 g gegarte Wachtelbohnen, abgetropft und abgespült, geteilt	350 gegarte Kidneybohnen, abgetropft und abgespült, geteilt	400 g gegarte grüne Linsen, abgetropft und abgespült, geteilt
50 g junger Spinat, grob gehackt	50 g junger Spinat, grob gehackt	50 g junger Spinat, grob gehackt
60 g Möhren, geraspelt	30 g rote Paprikaschote, feinwürfelig geschnitten	60 g Möhren, geraspelt
1 EL plus 2 TL Olivenöl, geteilt	60 g Möhren, geraspelt	1 EL plus 2 TL Olivenöl, geteilt
1 EL frischer Thymian	1 EL plus 2 TL Olivenöl, geteilt	1 EL frischer Thymian
½ TL Meersalz	1 EL frischer Thymian	½ TL Meersalz
2 Knoblauchzehen, fein gehackt	½ TL Meersalz	2 Knoblauchzehen, fein gehackt
50 g Semmelmehl*	2 Knoblauchzehen, fein gehackt	50 g Semmelmehl*
1 großes Ei, verquirlt	50 g Semmelmehl*	1 großes Ei, verquirlt
	1 großes Ei, verquirlt	

* Siehe Grundrezept für Semmelmehl auf Seite 352.

1.

Die Hälfte der Bohnen (für A und B)/Linsen (für AB) in einer Schüssel mit der Gabel oder einem Kartoffelstampfer zerdrücken.

2.

Die restlichen Bohnen (für A und B)/Linsen (für AB), Gemüse, Gewürze, Semmelmehl, Ei und 1 EL Olivenöl dazugeben und vorsichtig mischen. Die Masse sollte feucht sein, aber gut zusammenhalten. Daraus 6 Frikadellen formen.

3.

Eine große Pfanne auf mittlerer Stufe erhitzen. Die Burger darin in 2 TL Olivenöl von jeder Seite 4 Minuten braten, bis sie gebräunt und knusprig sind.

4.

A Warm mit karamellisierten Zwiebeln, getoasteten Weizenkeimbrötchen und knackigem Blattsalat servieren.
B Warm mit karamellisierten Zwiebeln, getoasteten Naturreis-/Hirsebrötchen und knackigem Blattsalat servieren.
AB Warm mit karamellisierten Zwiebeln, Tomatenscheiben, getoasteten Weizenkeimbrötchen und knackigem Blattsalat servieren.

FÜR 6 PERSONEN

Ingwer-Tofu-Pfanne

Blutgruppe A	Blutgruppe AB
225 g extrafester Tofu	225 g extrafester Tofu
3 TL Olivenöl, geteilt	3 TL Olivenöl, geteilt
1 Stück (5 cm) Ingwer, geschält und in dünne Scheiben geschnitten	1 Stück (5 cm) Ingwer, geschält und in dünne Scheiben geschnitten
130 g Zuckererbsen	130 g Zuckererbsen
70 g Pak Choi, fein geschnitten	70 g Pak Choi, fein geschnitten
40 g Bambussprossen	40 g Bambussprossen
5 EL Pflaumenkonfitüre	5 EL Pflaumenkonfitüre
1 EL Zitronensaft	1 EL Zitronensaft
1 EL abgeriebene Schale einer unbehandelten Zitrone	1 EL abgeriebene Schale einer unbehandelten Zitrone

1.

Tofu aus der Verpackung nehmen und mit Küchenkrepp trocken tupfen. Tofu in 6 dicke Stücke schneiden, diese wiederum auf Küchenkrepp legen und rundum trocken tupfen.

2.

2 TL Olivenöl in einem großen Wok (oder einer Pfanne) auf mittlerer Stufe erhitzen. Ingwer zufügen und 1 Minute braten. Den Tofu darin unter Rühren braten und bräunen, etwa 3 bis 4 Minuten. Aus dem Wok nehmen.

Tipp: Bambussprossen sind meist als Konserven erhältlich, und zwar im Bereich für asiatische Küche im Supermarkt oder Naturkostladen. Die Bambussprossen müssen nur noch abgespült und trocken getupft werden, dann sind sie fertig für die Verwendung.

3.
1 TL Olivenöl, Zuckererbsen, Pak Choi und Bambussprossen hineingeben, 3 bis 4 Minuten unter Rühren braten. Tofu und die übrigen Zutaten in den Wok geben. Gut mischen und weitere 2 Minuten braten.

4.
Heiß servieren.

FÜR 4 PERSONEN

Reis-Bohnen-Auflauf NS NS

Blutgruppe A	Blutgruppe B
100 g Naturreis, roh	100 g Naturreis, roh
250 ml Wasser	250 ml Wasser
250 g Zucchini, geraspelt	250 g Zucchini, geraspelt
80 g Zwiebeln, würfelig geschnitten	80 g Zwiebeln, würfelig geschnitten
60 g Möhren, würfelig geschnitten	60 g Möhren, würfelig geschnitten
1 großes Ei, verquirlt	1 großes Ei, verquirlt
2 Knoblauchzehen, fein gehackt	2 Knoblauchzehen, fein gehackt
50 g Semmelmehl*	50 g Semmelmehl*
170 g Adzukibohnen aus der Dose, abgetropft und abgespült	130 g Kidneybohnen, gegart oder aus der Dose, abgetropft und abgespült
1 TL Paprika	1 TL Paprika
80 g weiße Kidneybohnen, püriert	90 g weiße Bohnen, püriert

1.
Backofen auf 180 Grad vorheizen. Eine Kastenform von 22 × 11 cm mit Backspray besprühen.

2.
Den Reis nach Packungsanleitung im Wasser garen. Abkühlen lassen.

3.
Die geraspelten Zucchini zwischen doppelte Lagen Küchenkrepp oder ein Seihtuch legen und die überschüssige Flüssigkeit ausdrücken. Die Zucchini mit Zwiebeln, Möhren, gegartem Reis, Ei, Knoblauch, Semmelmehl, Bohnen und Paprika in eine große Schüssel geben. Gut durchmischen. Zuletzt die pürierten Adzukibohnen (für A)/Kidneybohnen (für B) unterrühren.

* Siehe Grundrezept für Semmelmehl auf Seite 352.

4.
Die Masse in die vorbereitete Auflaufform geben, mit einer Winkelpalette gleichmäßig verteilen und 25 bis 30 Minuten backen, bis der Auflauf fest und an den Rändern leicht gebräunt, dabei aber noch saftig ist.

5.
Warm servieren.

FÜR 4 PERSONEN

SUPPEN UND BEILAGEN

Thai-Curry-Suppe · Möhren-Ingwer-Suppe · Suppe aus gerösteten Pastinaken · Brokkoli-Bohnen-Suppe · Herzhafte Suppe mit Rindfleisch/Tofu · Tomaten-Basilikum-Suppe · Körnige Pilzsuppe mit Pesto · Knackig-süßer Kohl(rabi)-Salat · Pikant-süßer Rosenkohl · Südindisches Curry-Gemüse · Gebackene Bohnen · Pikanter Blattkohl · Cremespinat mit Knoblauch · Röstkürbis/Süßkartoffeln mit gebratenem Salbei · Röstbrokkoli · Herbstliches Ofengemüse · Luftig-leichtes Süßkartoffel-/Kürbis-Soufflé · Cremige Reispolenta · Gemüse-Gratin mit Kräuter-Walnuss-Creme · Feines Gemüse-Ragout · Naturreissalat · Quinoa mit knackig-zartem Gemüse · Röstkastanien mit Reis · Salat aus geröstetem Wakame und Fenchel · Würziger Brauner Senf mit Feta · Taboulé mit Minze

Wenn wir uns etwas fürs Abendessen überlegen, denken wir oft an Protein, Gemüse und komplexe Kohlenhydrate. Natürlich ist es ideal, wenn sich alles in einem Gericht findet, wie etwa bei Chili oder Lasagne, aber das gelingt nicht immer. Daher ist eine Auswahl an schnellen, köstlichen Beilagen oder Suppen, die mit dem Eiweißlieferanten kombiniert werden, unerlässlich. Einige Suppen und Beilagen auf Basis von Gemüse oder komplexen Kohlenhydraten finden Sie nun in diesem Abschnitt.

Thai-Curry-Suppe

Blutgruppe 0	Blutgruppe A	Blutgruppe B	Blutgruppe AB
3 TL Olivenöl	2–3 TL Olivenöl	2–3 TL Olivenöl	2–3 TL Olivenöl
150 g Zwiebeln, würfelig geschnitten	100 g Lauch, fein geschnitten	150 g Zwiebeln, würfelig geschnitten	150 g Zwiebeln, würfelig geschnitten
1 TL fein gehackter Knoblauch	1 TL fein gehackter Knoblauch	1 TL fein gehackter Knoblauch	1 TL fein gehackter Knoblauch
1 EL Ingwer, fein gehackt	1 EL Ingwer, fein gehackt	1 EL Ingwer, fein gehackt	1 EL Ingwer, fein gehackt
⅛ TL Kurkuma	⅛ TL Kurkuma	⅛ TL Kurkuma	⅛ TL Kurkuma
½ TL Currypulver	½ TL Currypulver	¼ TL Currypulver	¼ TL Currypulver
2 kleine Speiserüben, würfelig geschnitten	2 kleine Speiserüben, würfelig geschnitten	2 kleine Speiserüben, würfelig geschnitten	2 kleine Speiserüben, würfelig geschnitten
1 grüne Paprikaschote, in 1 cm große Quadrate geschnitten	100 g Mangold, fein geschnitten	1 grüne Paprikaschote, in 1 cm große Quadrate geschnitten	100 g Stangensellerie, würfelig geschnitten
1 Jalapeño, in ½ cm dicke Ringe geschnitten	1 Stängel Zitronengras	1 Jalapeño, in ½ cm dicke Ringe geschnitten	1 Stängel Zitronengras
1 Stängel Zitronengras	Knapp 1 Liter Wasser	1 Stängel Zitronengras	Knapp 1 Liter Wasser
Knapp 1 Liter Wasser	Meersalz, nach Geschmack	Knapp 1 Liter Wasser	Meersalz, nach Geschmack
Meersalz, nach Geschmack	3 EL gehackte Walnüsse	Meersalz, nach Geschmack	1 TL Agavensirup
3 EL gehackte Walnüsse	2 EL Mandelmehl	1 EL saure Sahne	60 ml dicker Joghurt
2 EL Mandelmehl	1 TL Agavensirup	60 ml Kuhmilch, fettarm	
1 TL Agavensirup	3 EL heißes Wasser oder heißer Mandeldrink		
3 EL heißes Wasser oder heißer Mandeldrink			

1.

Olivenöl in einem Topf auf mittlerer Stufe erhitzen. Zwiebeln, Knoblauch und Ingwer darin 3 bis 4 Minuten dünsten, bis sie duften und weich zu werden beginnen.

0 Kurkuma, Currypulver, Jalapeño, Paprika und Rüben einrühren, 5 Minuten dünsten.

A Kurkuma, Currypulver, Paprika und Rüben einrühren, 5 Minuten dünsten.

B Kurkuma, Currypulver, Jalapeño, Paprika und Rüben einrühren, 5 Minuten dünsten

AB Kurkuma, Currypulver, Sellerie, Paprika und Rüben einrühren, 5 Minuten dünsten

Mit Meersalz nach Geschmack würzen.

2.

Vom Zitronengras das weiße, holzige Ende abschneiden und den unteren Stängelabschnitt mit einem Messerrücken fest andrücken. Dadurch gibt das Zitronengras mehr Aroma ab.

KENNEN SIE…?

Zitronengras

Zitronengras ist ein dicker, holziger Stängel, den man vor der Verwendung andrücken und hacken muss, damit er sein Aroma abgibt. Jahrhundertelang sprach man dem Zitronengras eine heilende Wirkung zu. Zitronengras wird am häufigsten in der asiatischen Küche eingesetzt und verleiht Gerichten ein frisches Zitronenaroma.

3.

Wasser über das Gemüse gießen, Zitronengras und Mangold (für A) zufügen. Deckel auflegen und mindestens 30 Minuten schwach kochen lassen.

4.

0 Während die Suppe kocht, die Walnüsse mit dem Mandelmehl in der Küchenmaschine oder im Mini-Zerkleinerer zu einer Paste verarbeiten. Agavensirup und heißes Wasser in dünnem Strahl zugießen und glatt und cremig pürieren.
A Während die Suppe kocht, die Walnüsse mit dem Mandelmehl in der Küchenmaschine oder im Mini-Zerkleinerer zu einer Paste verarbeiten. Agavensirup und heißes Wasser in dünnem Strahl zugießen und glatt und cremig pürieren.
B Während die Suppe kocht, Milch und saure Sahne in einer kleinen Schüssel verrühren.
AB Während die Suppe kocht, aus Joghurt und Agavensirup die Sauce rühren.

5.

Vor dem Servieren Zitronengras entfernen.

0 Die fertige Sauce zur Suppe geben und 5 Minuten mitkochen lassen.

A Die fertige Sauce zur Suppe geben und 5 Minuten mitkochen lassen.

B Die Sahnesauce zugießen und unterrühren.

AB Mit einem Klecks Joghurt-Sauce anrichten.

6.

Warm servieren.

FÜR 6 PERSONEN

Möhren-Ingwer-Suppe

Blutgruppe 0	Blutgruppe A	Blutgruppe B	Blutgruppe AB
1 TL Olivenöl	1 TL Olivenöl	1 TL Olivenöl	1 TL Olivenöl
2 TL Ghee	2 TL Ghee	2 TL Ghee	2 TL Ghee
150 g gehackte Zwiebeln	150 g gehackte Zwiebeln	150 g gehackte Zwiebeln	150 g gehackte Zwiebeln
1 Knoblauchzehe	1 Knoblauchzehe	1 Knoblauchzehe	1 Knoblauchzehe
900 g Möhren, geschält und gehackt	900 g Möhren, geschält und gehackt	900 g Möhren, geschält und gehackt	900 g Möhren, geschält und gehackt
1 Stück (7 cm) Ingwer, geschält und gerieben	1 Stück (7 cm) Ingwer, geschält und gerieben	1 Stück (7 cm) Ingwer, geschält und gerieben	1 Stück (7 cm) Ingwer, geschält und gerieben
½ TL Meersalz	½ TL Meersalz	½ TL Meersalz	½ TL Meersalz
1 EL abgeriebene Schale einer unbehandelten Zitrone	1 EL abgeriebene Schale einer unbehandelten Zitrone	1 EL abgeriebene Schale einer unbehandelten Zitrone	1 EL abgeriebene Schale einer unbehandelten Zitrone
Knapp 1 Liter Wasser	Knapp 1 Liter Wasser	Knapp 1 Liter Wasser	Knapp 1 Liter Wasser

1.
Olivenöl und Ghee in einem großen Topf auf mittlerer Stufe erhitzen. Zwiebeln, Knoblauch und Möhren darin in etwa 5 bis 6 Minuten weich dünsten. Die übrigen Zutaten zufügen und zum Kochen bringen, Deckel auflegen, Herd auf niedrige Stufe zurückschalten und mindestens 30 Minuten kochen lassen, bis man mit der Gabel in die Möhren einstechen kann.

2.
Die Suppe mit dem Pürierstab oder portionsweise im Mixer pürieren. Wasser zufügen, bis die Suppe die Konsistenz eines Kuchenteiges hat.

3.
Warm servieren.

FÜR 6 PERSONEN

Suppe aus gerösteten Pastinaken

Blutgruppe 0	Blutgruppe A	Blutgruppe B	Blutgruppe AB
540 g Pastinaken, gehackt	540 g Pastinaken, gehackt	540 g Pastinaken, gehackt	540 g Pastinaken, gehackt
430 g Blumenkohl, gehackt	430 g Blumenkohl, gehackt	430 g Blumenkohl, gehackt	430 g Blumenkohl, gehackt
2 Knoblauchzehen, geschält	2 Knoblauchzehen, geschält	2 Knoblauchzehen, geschält	2 Knoblauchzehen, geschält
2 EL Olivenöl, geteilt	2 EL Olivenöl, geteilt	2 EL Olivenöl, geteilt	2 EL Olivenöl, geteilt
Meersalz, nach Geschmack	Meersalz, nach Geschmack	Meersalz, nach Geschmack	Meersalz, nach Geschmack
250 g milde Zwiebeln, fein gehackt	250 g milde Zwiebeln, fein gehackt	250 g milde Zwiebeln, fein gehackt	250 g milde Zwiebeln, fein gehackt
2 Granny-Smith-Äpfel, feinwürfelig geschnitten	2 Granny-Smith-Äpfel, feinwürfelig geschnitten	2 Granny-Smith-Äpfel, feinwürfelig geschnitten	2 Granny-Smith-Äpfel, feinwürfelig geschnitten
350 ml Soja- oder Mandeldrink (NS nehmen Reisdrink)	350 ml Soja- oder Mandeldrink	350 ml Kuhmilch, fettarm	350 ml Kuhmilch (fettarm) oder Ziegenmilch
250 ml Wasser	250 ml Wasser	250 ml Wasser	250 ml Wasser
⅛ TL Muskat	⅛ TL Muskat	⅛ TL Muskat	⅛ TL Muskat
3 EL fein gehackter Salbei	3 EL fein gehackter Salbei	3 EL fein gehackter Salbei	3 EL fein gehackter Salbei

1.
Backofen auf 190 Grad vorheizen.

2.
Pastinaken, Blumenkohl und Knoblauch auf ein Backblech legen, mit 1 EL Olivenöl beträufeln und mit Meersalz würzen. Gut durchmischen.

3.
Gemüse im Backofen 30 bis 40 Minuten rösten, bis es weich und an den Rändern goldbraun ist.

4.
Etwa 15 Minuten vor Ende der Garzeit 1 EL Olivenöl in einem großen Topf auf mittlerer Stufe erhitzen. Zwiebeln darin 8 bis 10 Minuten dünsten, dann Äpfel zufügen und weitere 3 bis 4 Minuten dünsten.

5.
Ofengemüse und die übrigen Zutaten in den Topf geben. Die Suppe schwach aufkochen lassen, Herd zurückschalten und 20 Minuten schwach kochen lassen. Mit einem Stabmixer oder portionsweise im Standmixer pürieren. Mit Meersalz nach Geschmack würzen.

6.
Warm servieren.

FÜR 6 PERSONEN

Brokkoli-Bohnen-Suppe NS NS NS NS

Blutgruppe 0	Blutgruppe A	Blutgruppe B	Blutgruppe AB
1 EL Olivenöl, geteilt	1 EL Olivenöl, geteilt	1 EL Olivenöl, geteilt	1 EL Olivenöl, geteilt
150 g weiße Zwiebeln, gehackt	150 g weiße Zwiebeln, gehackt	150 g weiße Zwiebeln, gehackt	150 g weiße Zwiebeln, gehackt
2 Köpfe Brokkoli	2 Köpfe Brokkoli	2 Köpfe Brokkoli	2 Köpfe Brokkoli
1 Knoblauchzehe, fein gehackt	1 Knoblauchzehe, fein gehackt	1 Knoblauchzehe, fein gehackt	1 Knoblauchzehe, fein gehackt
1 Dose weiße Bohnen à 425 g, abgetropft und abgespült	1 Dose weiße Bohnen à 425 g, abgetropft und abgespült	1 Dose weiße Bohnen à 425 g, abgetropft und abgespült	1 Dose weiße Bohnen à 425 g, abgetropft und abgespült
500 ml Gemüsebrühe*	500 ml Gemüsebrühe*	500 ml Gemüsebrühe*	500 ml Gemüsebrühe*
4 Zweige frischer Thymian	4 Zweige frischer Thymian	4 Zweige frischer Thymian	4 Zweige frischer Thymian
Meersalz, nach Geschmack	Meersalz, nach Geschmack	Meersalz, nach Geschmack	Meersalz, nach Geschmack
30 g Pinienkerne	30 g Pinienkerne	30 g Pinienkerne	30 g Pinienkerne

* Siehe Grundrezept für Gemüsebrühe auf Seite 350f.

1.
2 TL Olivenöl in einem Topf auf mittlerer Stufe erhitzen, Zwiebeln darin 5 bis 6 Minuten dünsten.

2.
Die holzigen Stiele vom Brokkoli entfernen. Brokkoli samt verbliebenen Stielen hacken. Mit Knoblauch, Bohnen, Brühe und Thymian zu den Zwiebeln geben. Zum Kochen bringen, Herd zurückschalten und 15 Minuten schwach kochen lassen, bis das Gemüse weich ist, ohne beim Einstechen mit der Gabel zu zerfallen.

3.
Die Suppe mit einem Stabmixer oder portionsweise im Standmixer pürieren. Sie sollte dick und cremig, aber flüssig sein. Wer eine dünnere Konsistenz vorzieht, gibt noch Wasser oder Brühe zu. Mit Meersalz nach Geschmack würzen.

4.
1 TL Olivenöl in einer kleinen Pfanne auf mittlerer Stufe erhitzen. Die Pinienkerne darin in etwa 2 bis 3 Minuten goldbraun rösten.

5.
Die Suppe heiß, mit gerösteten Pinienkernen garniert servieren.

FÜR 6 PERSONEN

Herzhafte Suppe mit Rindfleisch/Tofu

Blutgruppe 0	Blutgruppe A	Blutgruppe B	Blutgruppe AB
2 TL Olivenöl, geteilt	2 TL Olivenöl, geteilt	2 TL Olivenöl, geteilt	2 TL Olivenöl, geteilt
1 Stück (2,5 cm) frischer Ingwer, geschält und fein gehackt	1 Stück (2,5 cm) frischer Ingwer, geschält und fein gehackt	1 Stück (2,5 cm) frischer Ingwer, geschält und fein gehackt	1 Stück (2,5 cm) frischer Ingwer, geschält und fein gehackt
1 Knoblauchzehe, fein gehackt	1 Knoblauchzehe, fein gehackt	1 Knoblauchzehe, fein gehackt	1 Knoblauchzehe, fein gehackt
350 g mageres Rindfleisch	350 g extrafester Tofu, würfelig geschnitten	350 g mageres Rindfleisch	350 g extrafester Tofu, würfelig geschnitten
Meersalz, nach Geschmack	Meersalz, nach Geschmack	Meersalz, nach Geschmack	Meersalz, nach Geschmack
500 ml Bio-Rinderbrühe	500 ml Gemüsebrühe*	500 ml Rinderbrühe*	500 ml Gemüsebrühe*
700 ml Wasser	700 ml Wasser	700 ml Wasser	700 ml Wasser
200 g Perlzwiebeln	200 g Perlzwiebeln	200 g Perlzwiebeln	200 g Perlzwiebeln
1 Lorbeerblatt	1 Lorbeerblatt	1 Lorbeerblatt	1 Lorbeerblatt
120 g Möhren, in feine Stifte geschnitten	120 g Möhren, in feine Stifte geschnitten	120 g Möhren, in feine Stifte geschnitten	120 g Möhren, in feine Stifte geschnitten
200 g Prinzessbohnen	200 g Prinzessbohnen	200 g Prinzessbohnen	200 g Prinzessbohnen
100 g Bataviasalat, zerkleinert	100 g Bataviasalat, zerkleinert	140 g Weißkohl, zerkleinert	100 g Bataviasalat, zerkleinert

* Siehe Grundrezept für Gemüsebrühe auf Seite 350 f.

1.

1 TL Olivenöl in einem Schmortopf auf mittlerer Stufe erhitzen. Ingwer und Knoblauch 30 Sekunden unter ständigem Rühren braten.

2.

0, B Vom Rindfleisch das sichtbare Fett entfernen, Fleisch in möglichst dünne Scheiben schneiden. 1 TL Olivenöl in den Schmortopf geben und Fleisch darin etwa 3 bis 4 Minuten bräunen.

A, AB Das restliche Olivenöl zufügen, den Tofu darin bräunen. Aus dem Topf nehmen.

3.

Brühe, Wasser, Zwiebeln, Kohl (für B), Möhren und Lorbeerblatt zufügen. Auf mäßig niedriger Stufe 20 bis 30 Minuten schwach kochen lassen.

4.

Etwa 10 Minuten vor dem Servieren Lorbeerblatt entfernen.

0 Bohnen in die Suppe geben und garen. Die Suppe in Schalen anrichten, mit jeweils einem Viertel der Bataviastreifen bedecken.

A Bohnen und Tofu in die Suppe geben und garen. Die Suppe in Schalen anrichten, mit jeweils einem Viertel der Bataviastreifen bedecken.

B Bohnen in die Suppe geben und garen. Die Suppe in Schalen anrichten.

AB Bohnen und Tofu in die Suppe geben und garen. Die Suppe in Schalen anrichten, mit jeweils einem Viertel der Bataviastreifen bedecken.

5.

Warm servieren.

FÜR 4 PERSONEN

Tomaten-Basilikum-Suppe (NS)

Blutgruppe 0
1 TL Ghee
1 TL extravergines Olivenöl
1 weiße Zwiebel, gehackt
1 TL fein gehackter Knoblauch
8 Rispentomaten, würfelig geschnitten
Meersalz, nach Geschmack
4 EL frisch gehacktes Basilikum, geteilt

1.

Ghee mit Olivenöl in einen Schmortopf geben und auf mittlerer Stufe schmelzen. Zwiebeln darin 4 bis 5 Minuten unter häufigem Rühren dünsten. Knoblauch zufügen und 30 Sekunden dünsten. Tomaten und Meersalz nach Geschmack zugeben.

2.

30 Minuten schwach kochen lassen. 2 EL Basilikum unterrühren, dann mit einem Stabmixer oder portionsweise im Standmixer pürieren.

3.

Mit dem restlichen Basilikum bestreuen und warm servieren.

FÜR 4 PERSONEN

Körnige Pilzsuppe mit Pesto

Blutgruppe 0	Blutgruppe A	Blutgruppe B	Blutgruppe AB
80 g Wildreis	80 g Wildreis	2 TL Ghee	80 g Wildreis
2 TL Ghee	2 TL Ghee	1 Knoblauchzehe	2 TL Ghee
1 Knoblauchzehe	1 Knoblauchzehe	200 g weiße Champignons, gehackt	1 Knoblauchzehe
200 g weiße Champignons, gehackt	200 g weiße Champignons, gehackt	Knapp 1 Liter Gemüsebrühe*	1 Handvoll Maitake-Pilze, gehackt
Knapp 1 Liter Gemüsebrühe*	Knapp 1 Liter Gemüsebrühe*	700 ml Wasser	Knapp 1 Liter Gemüsebrühe*
700 ml Wasser	700 ml Wasser	120 g Shiitake-Pilze, gehackt	Knapp 1 Liter Wasser, geteilt
25 g sonnen-getrocknete Tomaten	150 g Erbsen, gegart	30 g frische Petersilie	50 g Stangen-sellerie, gehackt
4 EL frisches Basilikum	4 EL frisches Basilikum	1 Knoblauchzehe	25 g sonnenge-trocknete Toma-ten (nicht in Öl)
1 Knoblauchzehe	1 Knoblauchzehe	2 EL Olivenöl	4 EL frisches Basilikum
2 EL Olivenöl	2 EL Olivenöl	2 EL Zitronensaft	1 Knoblauchzehe
2 EL Zitronensaft	2 EL Zitronensaft	30 g Walnüsse	2 EL Olivenöl
30 g Walnüsse	30 g Walnüsse	3 EL Wasser	2 EL Zitronensaft
3 EL Wasser	3 EL Wasser	Meersalz, nach Geschmack	30 g Walnüsse
1 EL Tomaten-mark	Meersalz, nach Geschmack	40 g Quinoa	3 EL Wasser
Meersalz, nach Geschmack	40 g Quinoa	50 g Zucker-erbsen	Meersalz, nach Geschmack
40 g Quinoa	50 g Zucker-erbsen		40 g Quinoa
50 g Zucker-erbsen			50 g Zucker-erbsen

* Siehe Grundrezept für Gemüsebrühe auf Seite 350 f.

1.
0, A und AB Den Wildreis nach Anleitung garen. In eine Schüssel geben.

2.
Ghee in einem Topf auf mittlerer Stufe erhitzen, Knoblauch und Pilze darin 3 bis 4 Minuten dünsten. Brühe und Wasser zugießen, zum Kochen bringen. Herd zurückschalten und 5 Minuten schwach kochen lassen.

3.
0, A und AB Inzwischen sonnengetrocknete Tomaten, Basilikum, Knoblauch, Olivenöl, Zitronensaft, Walnüsse, Wasser und Tomatenmark in der Küchenmaschine zu Pesto verarbeiten. Mit Meersalz nach Geschmack würzen.
B Inzwischen Pesto zubereiten. Petersilie, Knoblauch, Olivenöl, Zitronensaft, Walnüsse und Wasser in der Küchenmaschine pürieren. Mit Meersalz nach Geschmack würzen.

4.
Quinoa und Salz nach Geschmack zur Suppe geben, weitere 10 Minuten schwach kochen lassen, bis die Quinoa weich ist.

5.
0, A und AB Zuckererbsen und gegarten Wildreis zugeben, 3 Minuten mitkochen lassen. Die Suppe gleichmäßig auf die Schalen verteilen und warm mit einem Klecks Pesto servieren.
B Zuckererbsen zufügen, 3 Minuten mitgaren. Die Suppe gleichmäßig auf die Schalen verteilen und warm mit einem Klecks Pesto servieren.

FÜR 6 PERSONEN

Knackig-süßer Kohl(rabi)-Salat

Blutgruppe 0	Blutgruppe A	Blutgruppe B	Blutgruppe AB
3 EL Zitronensaft	3 EL Zitronensaft	3 EL Zitronensaft	3 EL Zitronensaft
3 EL Olivenöl	3 EL Olivenöl	3 EL Olivenöl	3 EL Olivenöl
2 TL Senfpulver	2 TL Senfpulver	2 TL Senfpulver	2 TL Senfpulver
1 TL Honig oder Agavensirup	1 TL Honig oder Agavensirup	1 TL Honig oder Agavensirup	1 TL Honig oder Agavensirup
Meersalz, nach Geschmack	Meersalz, nach Geschmack	Meersalz, nach Geschmack	Meersalz, nach Geschmack
3 Kohlrabi	3 Kohlrabi	½ kleiner Weißkohl	½ kleiner Rotkohl
Stiele von 2 Köpfen Brokkoli	Stiele von 2 Köpfen Brokkoli	Stiele von 2 Köpfen Brokkoli	Stiele von 2 Köpfen Brokkoli
75 g helle Rosinen	75 g helle Rosinen	75 g helle Rosinen	75 g helle Rosinen
4 EL gehackte Petersilie	4 EL gehackte Petersilie	4 EL gehackte Petersilie	4 EL gehackte Petersilie

1.
Zitronensaft, Olivenöl, Senf, Honig und Meersalz in einer großen Schüssel verrühren.

2.
0, A Die Kohlrabi schälen.
B, AB Vom Kohl die äußeren Blätter und den Strunk entfernen.
Raspeln und mit dem Dressing mischen. Von den Brokkolistielen die Enden abschneiden, Stiele schälen und raspeln, zum Kohl(rabi) geben. Das Gemüse kann auch in der Küchenmaschine geraspelt werden.

3.
Rosinen und Petersilie unterrühren, gut mit dem Dressing mischen. Sofort servieren oder kalt stellen und gekühlt servieren.

FÜR 4 PERSONEN

Tipp: Brokkoliröschen und Kohlrabiblätter aufbewahren, in einer Pfanne in 1 EL Olivenöl auf mittlerer Stufe 5 bis 8 Minuten knusprig braten.

Pikant-süßer Rosenkohl

Blutgruppe 0	Blutgruppe A	Blutgruppe B	Blutgruppe AB
1 TL Ghee	1 TL Ghee	1 TL Ghee	1 TL Ghee
2 TL Olivenöl	2 TL Olivenöl	2 TL Olivenöl	2 TL Olivenöl
2 EL fein gehackte Schalotten	2 EL fein gehackte Schalotten	2 EL fein gehackte Schalotten	2 EL fein gehackte Schalotten
4 Scheiben Truthahnspeck, fein gehackt	4 Scheiben Truthahnspeck, fein gehackt	4 Scheiben Truthahnspeck, fein gehackt	4 Scheiben Truthahnspeck, fein gehackt
350 g Rosenkohl, geviertelt	350 g Rosenkohl, geviertelt	350 g Rosenkohl, geviertelt	350 g Rosenkohl, geviertelt
30 g helle Rosinen	30 g helle Rosinen	30 g helle Rosinen	30 g helle Rosinen
120 ml Gemüsebrühe*	120 ml Gemüsebrühe*	120 ml Gemüsebrühe*	120 ml Gemüsebrühe*
1 EL frisch gehackte Petersilie zum Garnieren	1 EL frisch gehackte Petersilie zum Garnieren	1 EL frisch gehackte Petersilie zum Garnieren	1 EL frisch gehackte Petersilie zum Garnieren

* Siehe Grundrezept für Gemüsebrühe auf Seite 350 f.

1.
Ghee mit Olivenöl in eine große Pfanne geben und auf mittlerer Stufe schmelzen. Schalotten und Speck darin braten, bis der Speck knusprig ist, etwa 4 bis 5 Minuten.

2.
Rosenkohl dazugeben und 15 Minuten dünsten, dabei gelegentlich umrühren.

3.
Rosinen und Brühe zufügen und weitere 3 Minuten garen, bis die Rosinen weich und die Bratreste vom Pfannenboden gelöst sind, der Rosenkohl Feuchtigkeit aufgenommen hat.

4.
Der Rosenkohl ist gar, wenn man mit der Gabel einstechen kann und noch Widerstand spürt. Wenn die Röschen zu weich werden, verlieren sie an Aroma.

5.
Mit Petersilie garnieren und warm servieren.

FÜR 4 PERSONEN

Südindisches Curry-Gemüse

Blutgruppe 0	Blutgruppe A	Blutgruppe B	Blutgruppe AB
1 EL Olivenöl	1 EL Olivenöl	1 EL Olivenöl	1 EL Olivenöl
½ TL Senfkörner	½ TL Senfkörner	½ TL Senfkörner	½ TL Senfkörner
½ TL gemahlener Kreuzkümmel	½ TL gemahlener Kreuzkümmel	½ TL gemahlener Kreuzkümmel	½ TL gemahlener Kreuzkümmel
2 TL blanchierte Mandeln	½ TL Urad Dal*	2 TL blanchierte Mandeln	½ TL Urad Dal*
120 g Zwiebeln, sehr fein gehackt	120 g Zwiebeln, sehr fein gehackt	120 g Zwiebeln, sehr fein gehackt	120 g Zwiebeln, sehr fein gehackt
300 g Okra, würfelig geschnitten	300 g Okra, würfelig geschnitten	250 g Auberginen, würfelig geschnitten	300 g Okra, würfelig geschnitten
3 Tomaten, würfelig geschnitten	120 g Spinat, gehackt	150 g rote Paprikaschoten, würfelig geschnitten	120 g Spinat, gehackt
½ TL Kurkuma	½ TL Kurkuma	½ TL Kurkuma	½ TL Kurkuma
½ TL Meersalz	½ TL Meersalz	½ TL Meersalz	½ TL Meersalz
1 TL rotes Chilipulver		1 TL rotes Chilipulver	

1.

Olivenöl in einem Schmortopf auf mittlerer Stufe erhitzen.

0, B Senfkörner, Kreuzkümmel und Mandeln darin 30 Sekunden unter ständigem Rühren braten.

A, AB Senfkörner, Kreuzkümmel und Urad Dal darin 30 Sekunden braten.

Zwiebeln zugeben und 5 Minuten braten.

2.

0, A und AB Okra dazugeben und 15 Minuten garen, gelegentlich umrühren.

B Aubergine und Paprika zufügen und weitere 15 Minuten garen, gelegentlich umrühren.

* Der deutsche Name für Urad Dal ist Urdbohne, sie ist ein Grundbestandteil der südindischen Küche.

3.

0 Tomaten, Kurkuma, Meersalz und Chilipulver zufügen, 5 bis 8 Minuten garen, bis die Tomaten zu einer Sauce zerfallen und die Okras weich werden.

A Spinat, Kurkuma und Salz zugeben und weitere 5 Minuten braten, bis die Okras weich sind und der Spinat zusammenfällt.

B Kurkuma, Meersalz und Chilipulver zugeben und weitere 5 Minuten garen.

AB Spinat, Kurkuma und Salz zugeben und weitere 5 Minuten braten, bis die Okras weich sind und der Spinat zusammenfällt.

4.

Warm servieren.

FÜR 6 PERSONEN

Gebackene Bohnen

Blutgruppe 0	Blutgruppe A	Blutgruppe B	Blutgruppe AB
2 TL Olivenöl	2 TL Olivenöl	2 TL Olivenöl	2 TL Olivenöl
150 g Küchenzwiebeln, würfelig geschnitten	150 g Küchenzwiebeln, würfelig geschnitten	150 g Küchenzwiebeln, würfelig geschnitten	150 g Küchenzwiebeln, würfelig geschnitten
1 Knoblauchzehe, fein gehackt	1 Knoblauchzehe, fein gehackt	1 Knoblauchzehe, fein gehackt	1 Knoblauchzehe, fein gehackt
1 TL Senfpulver	1 TL Senfpulver	1 TL Senfpulver	1 TL Senfpulver
1 TL Melasse	1 EL Melasse	1 TL Melasse	1 TL Melasse
1 TL Salz	1 TL Salz	1 TL Salz	1 TL Salz
1 TL Paprika	1 TL Paprika	1 TL Paprika	1 TL Paprika
½ TL Chilipulver	2 Dosen Wachtelbohnen (à 425 g), abgespült und abgetropft	½ TL Chilipulver	½ TL Chilipulver
3 EL Tomatenmark	80 ml Gemüsebrühe*	¼ TL Cayennepfeffer	3 EL Tomatenmark
2 Dosen Adzukibohnen (à 425 g), abgetropft und abgespült		1 Glas (à 185 g) milde Kirschpaprika, abgetropft	2 Dosen Wachtelbohnen (à 425 g), abgespült und abgetropft
80 ml Gemüsebrühe*		2 Dosen weiße Bohnen (à 425 g), abgetropft und abgespült	80 ml Gemüsebrühe*
		80 ml Gemüsebrühe*	

* Siehe Grundrezept für Gemüsebrühe auf Seite 350 f.

1.
Backofen auf 190 Grad vorheizen.

2.
Olivenöl in einem Schmortopf auf mittlerer Stufe erhitzen. Zwiebeln und Knoblauch darin in etwa 5 bis 7 Minuten glasig dünsten. Senf, Melasse, Salz, Cayennepfeffer (für B), Paprika und Chilipulver zugeben und eine weitere Minute dünsten.

3.
0 Adzukibohnen, Tomatenmark und Brühe einrühren.
A Wachtelbohnen und Brühe zufügen und gut verrühren.
B Die Kirschpaprika in der Küchenmaschine oder im Mini-Zerkleinerer glatt pürieren. Weiße Bohnen, Paprikapüree und Brühe in den Topf geben und gut verrühren.
AB Wachtelbohnen, Tomatenmark und Brühe einrühren.

4.
Deckel auflegen und 25 Minuten im Backofen garen, bis das Bohnengericht schön dick ist.

5.
Warm servieren.

FÜR 6 PERSONEN

Pikanter Blattkohl (NS) (NS) (NS) (NS)

Blutgruppe 0	Blutgruppe A	Blutgruppe B	Blutgruppe AB
2 TL Olivenöl	2 TL Olivenöl	2 TL Olivenöl	2 TL Olivenöl
1 TL Ghee	1 TL Ghee	1 TL Ghee	1 TL Ghee
2 mittelgroße Schalotten, fein gehackt	2 mittelgroße Schalotten, fein gehackt	2 mittelgroße Schalotten, fein gehackt	2 mittelgroße Schalotten, fein gehackt
4 Scheiben Truthahnspeck, fein gehackt	4 Scheiben Truthahnspeck, fein gehackt	4 Scheiben Truthahnspeck, fein gehackt	4 Scheiben Truthahnspeck, fein gehackt
½ TL geräuchertes Chilipulver	½ TL geräucherter Paprika	½ TL geräuchertes Chilipulver	½ TL geräuchertes Chilipulver
1 Bund Blattkohl	1 Bund Blattkohl	1 Bund Blattkohl	1 Bund Blattkohl
1 Dose (à 425 g) Augenbohnen, abgespült und abgetropft	1 Dose (à 425 g) Augenbohnen, abgespült und abgetropft	1 Dose weiße Kidney-Bohnen (à 425 g), abgespült und abgetropft	1 Dose Wachtelbohnen (à 425 g), abgespült und abgetropft
Meersalz, nach Geschmack	Meersalz, nach Geschmack	Meersalz, nach Geschmack	Meersalz, nach Geschmack

1.
Ghee mit Olivenöl in eine große Pfanne geben und auf mittlerer Stufe schmelzen. Schalotten und Truthahnspeck darin braten, bis der Speck knusprig ist, etwa 4 bis 5 Minuten.

2.
0, B und AB Mit Chilipulver würzen, Blattkohl zugeben. 10 bis 12 Minuten dünsten, bis der Blattkohl weich wird und ein wenig zusammenfällt.
A Mit Paprika würzen, Blattkohl dazugeben und 10 bis 12 Minuten dünsten. Der Blattkohl sollte weich sein.

3.
Bohnen einrühren und weitere 3 bis 4 Minuten garen, bis sie gründlich erwärmt sind.

4.
Mit Meersalz nach Geschmack würzen und warm servieren

FÜR 4 PERSONEN

Cremespinat mit Knoblauch

Blutgruppe 0	Blutgruppe A	Blutgruppe B	Blutgruppe AB
2 TL Olivenöl	2 TL Olivenöl	2 TL Olivenöl	2 TL Olivenöl
2 Knoblauchzehen, fein gehackt	2 Knoblauchzehen, fein gehackt	2 Knoblauchzehen, fein gehackt	2 Knoblauchzehen, fein gehackt
Meersalz, nach Geschmack	Meersalz, nach Geschmack	Meersalz, nach Geschmack	Meersalz, nach Geschmack
250 g Tomaten (rot, gelb oder Kirschtomaten)	170 g tiefgekühlte Artischockenherzen, aufgetaut	220 g Blumenkohlröschen	70 g Blattkohl, in Streifen geschnitten
1 EL Ghee	1 EL Ghee	1 EL Ghee	1 EL Ghee
150 g weiße Zwiebeln, sehr fein gehackt	150 g weiße Zwiebeln, sehr fein gehackt	150 g weiße Zwiebeln, sehr fein gehackt	150 g weiße Zwiebeln, sehr fein gehackt
3 EL Naturreismehl	3 EL Dinkelmehl	3 EL Hafermehl	3 EL Hafermehl
120 ml Mandeldrink (NS nehmen Reisdrink)	120 ml Mandeldrink	120 ml Kuhmilch, fettarm	120 ml Kuhmilch (fettarm) oder Ziegenmilch
200 ml Gemüsebrühe*	200 ml Gemüsebrühe*	200 ml Gemüsebrühe*	200 ml Gemüsebrühe*
300 g junger Spinat, grob gehackt	300 g junger Spinat, grob gehackt	300 g junger Spinat, grob gehackt	300 g junger Spinat, grob gehackt

* Siehe Grundrezept für Gemüsebrühe auf Seite 350 f.

1.
0 und B Backofen auf 200 Grad vorheizen.

2.
0 Die Tomaten halbieren, mit Olivenöl und Meersalz mischen. In einer Lage auf ein Backblech geben und im Backofen auf der obersten Schiene 25 Minuten rösten.
A Olivenöl in einem Schmortopf auf mittlerer Stufe erhitzen. Knoblauch, Zwiebeln und Artischocken darin 5 bis 6 Minuten dünsten. Gemüse aus dem Topf nehmen.
B Die Blumenkohlröschen mit Olivenöl und Meersalz mischen und auf ein Backblech geben. 35 Minuten rösten, bis sie weich und an der Unterseite leicht gebräunt sind. Aus dem Backofen nehmen.
AB Olivenöl in einem Schmortopf auf mittlerer Stufe erhitzen, Knoblauch und Zwiebeln darin 2 bis 3 Minuten dünsten. Blattkohl darin etwa 5 bis 6 Minuten dünsten, bis er zusammenfällt, mit Meersalz nach Geschmack würzen. Gemüse aus dem Topf nehmen.

3.
0 Ghee in einem Schmortopf auf mittlerer Stufe schmelzen, Knoblauch und Zwiebeln darin 5 bis 6 Minuten dünsten.
A Ghee im Topf erhitzen.
B Ghee in einen Schmortopf geben und auf mittlerer Stufe erhitzen. Knoblauch und Zwiebeln darin 5 bis 6 Minuten dünsten.

4.
Mehl einstreuen und etwa 1 Minute rühren. Langsam Milch und Brühe zugießen, dabei ständig rühren, damit keine Klümpchen entstehen. Weiterrühren, bis die Mischung die Konsistenz von Joghurt annimmt, etwa 5 Minuten.

5.

A Gemüse wieder in den Schmortopf geben.

6.

Spinat in fünf Schritten zufügen, damit der Spinat zusammenfallen kann und wieder Platz ist. Mit Meersalz nach Geschmack würzen.

7.

0 Tomaten zum Spinat geben und warm servieren.
A Weitere 5 Minuten dünsten, dann warm servieren.
B Abschließend den gerösteten Blumenkohl unterrühren. Warm servieren.
AB Blattkohl zum Spinat geben, gründlich erwärmen und das Gericht servieren.

FÜR 4 PERSONEN

Röstkürbis/Süßkartoffeln mit gebratenem Salbei

NS NS NS NS

Blutgruppe 0	Blutgruppe A	Blutgruppe B	Blutgruppe AB
2 kg Speisekürbis	2 kg Speisekürbis	2 große Süßkartoffeln	2 kg Speisekürbis
1 EL plus 2 TL Olivenöl, geteilt	1 EL plus 2 TL Olivenöl, geteilt	1 EL plus 2 TL Olivenöl, geteilt	1 EL plus 2 TL Olivenöl, geteilt
Meersalz, nach Geschmack	Meersalz, nach Geschmack	Meersalz, nach Geschmack	Meersalz, nach Geschmack
⅛ TL Muskat	⅛ TL Muskat	⅛ TL Muskat	⅛ TL Muskat
2 EL frischer Salbei	2 EL frischer Salbei	2 EL frischer Salbei	2 EL frischer Salbei

Tipp: Zum Rösten eignen sich kleinere Kürbisse, weil sie süßer schmecken. Achten Sie darauf, dass der Kürbis fest ist und keine schadhaften Stellen aufweist. Auch jüngere Kürbisse sind von Vorteil, weil die Schale mit dem Alter härter wird und dann schwerer zu schneiden ist.

1.

Backofen auf 200 Grad vorheizen.

2.

0, A, AB Vom Kürbis vorsichtig das obere Ende abschneiden, diesen dann senkrecht halbieren. Mit einem Metalllöffel alle Kerne und Häute aus jeder Hälfte entfernen. Den Kürbis mit der Schnittfläche unten auf ein Schneidbrett legen und in 1 cm dicke Segmente schneiden. Die zweite Hälfte ebenfalls so schneiden. Die Segmente nebeneinander auf ein Backblech legen, mit 2 TL Olivenöl beträufeln, mit etwas Meersalz und Muskat bestreuen. 45 bis 50 Minuten rösten, bis man mit der Gabel einstechen kann.

B Von den Süßkartoffeln die Enden abschneiden, die Süßkartoffeln mit der Schale längs halbieren. In ½ cm dicke Scheiben schneiden, mit 2 TL Olivenöl, einer Prise Meersalz und Muskat mischen. Die Süßkartoffeln in einer Lage auf ein Backblech geben und etwa 25 bis 30 Minuten rösten, bis sie leicht gebräunt und weich sind.

3.

1 EL Olivenöl in einer kleinen Pfanne auf mittlerer Stufe erhitzen. Die Salbeiblätter auf Wassertropfen untersuchen und gründlich trocknen. (Damit das heiße Öl nicht spritzt.) Den Salbei im Öl knusprig braten, etwa 30 Sekunden. Mit einem Schaumlöffel herausheben und auf Küchenkrepp legen, dann zerkrümeln.

4.

Kürbis/Süßkartoffeln mit Salbei garnieren und sofort servieren.

FÜR 4 PERSONEN

Röstbrokkoli

Blutgruppe 0	Blutgruppe A	Blutgruppe B	Blutgruppe AB
1 ganzer Brokkoli	1 ganzer Brokkoli	1 ganzer Brokkoli	1 ganzer Brokkoli
280 g Kirschtomaten	2 TL Olivenöl	2 TL Olivenöl	280 g Kirschtomaten
2 TL Olivenöl	Meersalz, nach Geschmack	Meersalz, nach Geschmack	2 TL Olivenöl
Meersalz, nach Geschmack	1 Knoblauchzehe	1 Knoblauchzehe	Meersalz, nach Geschmack
1 Knoblauchzehe	9 EL (25 g) fein gehacktes Basilikum	9 EL (25 g) fein gehacktes Basilikum	1 Knoblauchzehe
1 EL fein gehacktes Basilikum zum Garnieren	1 EL Zitronensaft	1 EL Zitronensaft	1 EL fein gehacktes Basilikum zum Garnieren
	1 EL Olivenöl	1 EL Olivenöl	
	1–2 EL Wasser	1–2 EL Wasser	

Tipp: Die Kombination von Tomaten und Brokkoli in einem Gericht erhöht die Nährstoffaufnahme aus den beiden Gemüsesorten.

1.
Backofen auf 190 Grad vorheizen.

2.
Brokkoli in mundgerechte Stücke schneiden und mit Olivenöl, Meersalz und Tomaten (für 0 und AB) mischen. Auf ein Backblech oder in eine Auflaufform geben und etwa 25 Minuten rösten; die Brokkoli sind dann schön dunkelgrün und unten ein wenig gebräunt.

3.
0, AB Aus dem Backofen nehmen, Knoblauch darüberstreuen. Gut mischen und im Backofen weitere 5 bis 10 Minuten rösten, bis die Tomaten zusammenfallen und Bläschen bilden und die Brokkoli knusprige braune Ränder haben.
A, B: Inzwischen Knoblauch, Basilikum, Zitronensaft, Olivenöl und Wasser dünnflüssig pürieren.

4.
0, AB Aus dem Backofen nehmen und mit Basilikum garnieren.
A, B Die Brokkoli mit dem Basilikumöl beträufeln und servieren.

FÜR 4 PERSONEN

Herbstliches Ofengemüse NS NS NS NS

Blutgruppe 0	Blutgruppe A	Blutgruppe B	Blutgruppe AB
1 Knollensellerie	1 Knollensellerie	1 Knollensellerie	1 Knollensellerie
1 Speiserübe	1 Speiserübe	1 Speiserübe	1 Speiserübe
2 Möhren	2 Möhren	2 Möhren	2 Möhren
1 kleiner Speisekürbis (etwa 1,5 kg)	1 kleiner Speisekürbis (etwa 1,5 kg)	200 g Blumenkohlröschen	200 g Blumenkohlröschen
4 Schalotten, würfelig geschnitten	4 Schalotten, würfelig geschnitten	4 Schalotten, würfelig geschnitten	4 Schalotten, würfelig geschnitten
1 EL Olivenöl	1 EL Olivenöl	1 EL Olivenöl	1 EL Olivenöl
1 TL Meersalz	1 TL Meersalz	1 TL Meersalz	1 TL Meersalz
2 EL frisch gehackter Salbei	2 EL frisch gehackter Salbei	2 EL frisch gehackter Salbei	2 EL frisch gehackter Salbei

1.
Backofen auf 200 Grad vorheizen.

2.
Sellerie, Speiserübe, Kürbis (für 0, A) und Möhren schälen und in 5 cm große Stücke schneiden.

3.
Alles Gemüse, Schalotten, Olivenöl, Meersalz und Salbei in einer großen Schüssel mischen.

4.
Auf ein Backblech geben und 55 bis 60 Minuten rösten, bis das Gemüse gebräunt, an den Rändern knusprig und innen weich ist.

5.
Warm servieren.

FÜR 4 PERSONEN

KENNEN SIE …?

Knollensellerie

Knollensellerie ist, vereinfacht ausgedrückt, die Wurzelknolle einer Sellerieart. Ihr Geschmack ist sehr frisch, liegt zwischen Stangensellerie und Petersilie, und sie eignet sich hervorragend für Suppen, zusammen mit Zwiebeln und Möhren, kann aber auch roh gegessen oder geröstet werden (wie in diesem Rezept). Knollensellerie ist für alle Blutgruppen neutral und bietet Ihrem Gaumen interessante Abwechslung.

Luftig-leichtes Süßkartoffel-/Kürbis-Soufflé

Blutgruppe 0	Blutgruppe A	Blutgruppe B	Blutgruppe AB
350 ml Mandeldrink (NS nehmen Reisdrink)	350 ml Mandel-, Soja- oder Hanfdrink	350 ml Kuhmilch, fettarm	350 ml Kuhmilch (fettarm) oder Ziegenmilch
2 Zweige plus 1 EL frischer Salbei, geteilt	2 Zweige plus 1 EL frischer Salbei, geteilt	2 Zweige plus 1 EL frischer Salbei, geteilt	2 Zweige plus 1 EL frischer Salbei, geteilt
3 Eidotter	3 Eidotter	3 Eidotter	3 große Eidotter
40 g Naturreismehl	40 g Naturreismehl	40 g Naturreismehl	40 g Naturreis- oder Dinkelmehl
1 EL Ahornsirup	1 EL Ahornsirup	1 EL Ahornsirup	1 EL Ahornsirup (NS nehmen Agavensirup)
350 g Süßkartoffeln, gebacken	250 ml Kürbispüree	350 g Süßkartoffeln, gebacken	350 g Süßkartoffeln, gebacken
1 EL Ghee oder Butter, erweicht, plus ein wenig zum Ausfetten	1 EL Ghee, erweicht, plus ein wenig zum Ausfetten	1 EL Ghee, erweicht, plus ein wenig zum Ausfetten	1 EL Ghee, erweicht, plus ein wenig zum Ausfetten
¼ TL gemahlener Zimt (NS nehmen ⅛ TL Muskat)	¼ TL gemahlener Zimt	1 TL Meersalz	¼ TL gemahlener Zimt
1 TL Meersalz	1 TL Meersalz	6 Eiweiße	1 TL Meersalz
6 Eiweiße	6 Eiweiße		6 Eiweiße

1.
Backofen auf 180 Grad vorheizen. Boden und Seiten von 8 Auflaufförmchen (à 120 ml) mit Ghee ausstreichen.

2.
Milch mit 2 Salbeizweigen in einen kleinen Topf geben und auf niedriger Stufe 10 bis 12 Minuten ziehen lassen. Salbei anschließend entfernen.

3.
Eidotter, Mehl und Ahornsirup in einer kleinen Schüssel verrühren. Salbeizweige entfernen, 125 ml heiße Milch langsam in die Eimischung gießen, dabei ständig rühren. Die so temperierten Eier dann zur restlichen Milch geben und auf mittlerer Stufe in etwa 2 bis 3 Minuten eindicken lassen.

4.
1 EL Salbei fein hacken.

5.
Gebackene Süßkartoffeln bzw. Kürbispüree (für A) mit Ghee, gehacktem Salbei, Zimt (für B kein Zimt) und Salz aufschlagen. Die eingedickte Milch vom Herd nehmen, zur Masse geben und glatt rühren. Mischung vollständig erkalten lassen.

6.
In einer trockenen Schüssel aus Glas, Edelstahl oder Kupfer die Eiweiße steif schlagen. Den Eischnee in drei Schritten unter die erkaltete Mischung ziehen. Die Masse gleichmäßig auf die vorbereiteten Förmchen aufteilen, diese jeweils zu drei Vierteln füllen.

7.
Die Förmchen in eine tiefe Auflaufform und mit dieser in den Backofen stellen, wobei der Rost nicht ganz in den Ofen geschoben wird. Die Auflaufform 2,5 cm hoch mit heißem Wasser füllen. Die Soufflés etwa 55 bis 60 Minuten backen, bis sie fest sind.

8.
Sofort servieren.

FÜR 6 PERSONEN

Tipp: In einer Schüssel mit Fettspuren werden Eiweiße beim Schlagen nicht steif. Verwenden Sie daher eine Schüssel aus Glas, Kupfer oder Edelstahl. Die Schüssel muss außerdem ganz trocken sein, wischen Sie sie also vor der Verwendung aus.

Cremige Reispolenta

Blutgruppe 0	Blutgruppe A	Blutgruppe B	Blutgruppe AB
80 g Naturreisgrieß	80 g Naturreisgrieß	80 g Naturreisgrieß	80 g Naturreisgrieß
1 TL getrocknete Petersilie	1 TL getrocknete Petersilie	1 TL getrocknete Petersilie	1 TL getrocknete Petersilie
30 g geriebener Mozzarella (NS nehmen Manchego-Käse oder gar keinen Käse)	30 g Mozzarella-Käse	30 g Mozzarella-Käse	30 g Mozzarella-Käse
2 TL Olivenöl	2 TL Olivenöl	2 TL Olivenöl	2 TL Olivenöl
½ TL Zwiebelpulver	½ TL Zwiebelpulver	½ TL Zwiebelpulver	½ TL Zwiebelpulver

1.
Naturreisgrieß nach Packungsanleitung zubereiten. 2 Minuten vor Ende der Garzeit die übrigen Zutaten unter ständigem Rühren zugeben.

2.
Sofort servieren.

FÜR 2 PERSONEN

Tipp: Wenn der Rest der Mahlzeit noch nicht fertig ist und die Polenta inzwischen zu dick wird, einfach esslöffelweise warmes Wasser zugeben, bis die gewünschte Konsistenz erreicht ist.

Gemüse-Gratin mit Kräuter-Walnuss-Creme

Blutgruppe 0	Blutgruppe A	Blutgruppe B	Blutgruppe AB
2 Kohlrabi	2 Kohlrabi	2 große Kartoffeln (NS nehmen Süßkartoffeln)	2 große Süßkartoffeln
120 ml Mandeldrink (NS nehmen Reisdrink)	120 ml Mandeldrink	120 ml Kuhmilch, fettarm	180 ml Kuhmilch (fettarm) oder Ziegenmilch
⅛ TL gemahlene Gewürznelken	⅛ TL gemahlene Gewürznelken	1 EL Butter	⅛ TL gemahlene Gewürznelken
2 EL frischer Salbei	2 EL frischer Salbei	2 EL frisch gehackter Rosmarin	2 EL frischer Salbei
60 ml Wasser	60 ml Wasser	60 ml Wasser	60 g gehackte Walnüsse
60 g gehackte Walnüsse	60 g gehackte Walnüsse	60 g gehackte Walnüsse	Meersalz, nach Geschmack
Meersalz, nach Geschmack	Meersalz, nach Geschmack	Meersalz, nach Geschmack	120 g geriebener Mozzarella oder Gruyère
120 g geriebener Mozzarella (NS nehmen Manchego-Käse)	120 g geriebener Mozzarella-Käse	120 g geriebener Mozzarella-Käse	

1.

Backofen auf 190 Grad vorheizen. Zwei kleine Auflaufformen (à 350 ml) mit Backspray besprühen.

2.

0, **A** Kohlrabi schälen und holzige Enden abschneiden. In einen Topf geben, 3 cm hoch mit Wasser bedecken, zum Kochen bringen und 6 bis 7 Minuten garen. Abseihen, Kohlrabi in ½ cm dicke Scheiben schneiden.

B Kartoffeln gründlich waschen und in ½ cm dicke Scheiben schneiden. In kaltes Wasser legen. Vor der Verwendung auf einem Küchentuch trocknen.

AB Die Süßkartoffeln gründlich waschen, die holzigen Enden abschneiden. In ½ cm dicke Scheiben schneiden und in kaltes Wasser legen. Vor der Verwendung auf einem Küchentuch trocknen.

3.

0, A Mandeldrink, Gewürznelken, Salbei und Wasser in einem kleinen Topf zum Kochen bringen. Herd zurückschalten, bis zur Verwendung köcheln lassen.

B Milch, Butter, Rosmarin und Wasser in einem kleinen Topf zum Kochen bringen. Herd zurückschalten, bis zur Verwendung köcheln lassen.

AB Milch, Gewürznelken und Salbei in einem kleinen Topf zum Kochen bringen. Herd zurückschalten, bis zur Verwendung köcheln lassen.

4.

Die Walnüsse in der Küchenmaschine fein hacken. Bei laufendem Motor die Hälfte der heißen Milch langsam zugießen, die Walnusscreme sollte die Konsistenz von Buttermilch annehmen. Meersalz nach Geschmack zufügen.

5.

Ein wenig Walnusscreme in beide Auflaufformen geben. Abwechselnd Gemüsescheiben, einen Löffel Walnusscreme und geriebenen Käse in die Förmchen schichten. Den Abschluss bilden Walnusscreme und Käse. Mit der restlichen Milch übergießen und im Backofen 30 bis 35 Minuten garen. Die Gratins sollten weich, der Käse geschmolzen und leicht gebräunt sein.

6.

Warm servieren.

FÜR 4 PERSONEN

Feines Gemüse-Ragout

Blutgruppe 0	Blutgruppe A	Blutgruppe B	Blutgruppe AB
120 g Zwiebeln	1 mittelgroße Zwiebel	1 kleine Zwiebel	120 g Zwiebeln
2 mittelgroße Möhren, geschält	2 mittelgroße Möhren, geschält	2 mittelgroße Möhren, geschält	2 mittelgroße Möhren, geschält
2 Selleriestangen	2 Selleriestangen	2 Selleriestangen	2 Selleriestangen
1 große Pastinake, geschält	1 große Pastinake, geschält	1 große Pastinake, geschält	1 große Pastinake, geschält
2 TL Olivenöl	2 TL Olivenöl	2 TL Olivenöl	2 TL Olivenöl
1 Knoblauchzehe, fein gehackt	1 Knoblauchzehe, fein gehackt	1 Knoblauchzehe, fein gehackt	1 Knoblauchzehe, fein gehackt
70 g Brokkoliröschen	180 ml Kürbispüree	180 ml Bio-Süßkartoffelpüree	70 g Brokkoliröschen
3 Rispentomaten, würfelig geschnitten	3 EL frisch gehackter Salbei, geteilt	3 EL frisch gehackter Salbei, geteilt	3 Rispentomaten, würfelig geschnitten
120 ml Gemüsebrühe*	120 ml Gemüsebrühe*	120 ml Gemüsebrühe*	120 ml Gemüsebrühe*
Meersalz, nach Geschmack	Meersalz, nach Geschmack	Meersalz, nach Geschmack	Meersalz, nach Geschmack
¼ l Cremige Reispolenta*	¼ l Cremige Reispolenta*	¼ l Cremige Reispolenta*	¼ l Cremige Reispolenta*
2 EL frisch gehacktes Basilikum zum Garnieren			2 EL frisch gehacktes Basilikum zum Garnieren

1.
Olivenöl in einer großen Pfanne auf mittlerer Stufe erhitzen. Zwiebeln, Möhren, Sellerie und Pastinaken in ½ bis 1 cm große Würfel schneiden und darin 5 bis 6 Minuten dünsten.

2.
0, AB Knoblauch, Brokkoli, Tomaten, Brühe und Meersalz nach Geschmack dazugeben.
A Knoblauch, Kürbispüree, 2 EL Salbei und Brühe dazugeben, mit Meersalz nach Geschmack würzen.
B Knoblauch, Süßkartoffelpüree, 2 EL Salbei und Brühe dazugeben, mit Meersalz nach Geschmack würzen.

3.
Zum Kochen bringen, Herd zurückschalten und 20 bis 30 Minuten unter gelegentlichem Rühren schwach kochen lassen.

4.
Auf Cremiger Reispolenta anrichten, mit Basilikum (für 0, AB) bzw. 1 EL Salbei (für A, B) garnieren und warm servieren.

FÜR 4 PERSONEN

* Siehe Rezept für Gemüsebrühe auf Seite 350 f. sowie das Rezept für Cremige Reispolenta auf Seite 257.

Naturreissalat NS NS NS NS

Blutgruppe 0	Blutgruppe A	Blutgruppe B	Blutgruppe AB
150 g Naturreis	150 g Naturreis	150 g Naturreis	150 g Naturreis
350 ml Wasser	350 ml Wasser	350 ml Wasser	350 ml Wasser
2 TL Olivenöl	2 TL Olivenöl	2 TL Olivenöl	2 TL Olivenöl
50 g Stangensellerie, fein gehackt	50 g Stangensellerie, fein gehackt	50 g Stangensellerie, fein gehackt	50 g Stangensellerie, fein gehackt
1 EL frisch gehackter Salbei	1 EL frisch gehackter Salbei	1 EL frisch gehackter Salbei	1 EL frisch gehackter Salbei
8 mittelgroße Champignons, fein gehackt	8 mittelgroße Champignons, fein gehackt	70 g Shiitake-Pilze, fein gehackt	70 g Maitake-Pilze, fein gehackt
1 mittelgroße Schalotte, fein gehackt	1 mittelgroße Schalotte, fein gehackt	8 mittelgroße Champignons, fein gehackt	8 mittelgroße Champignons, fein gehackt
40 g Rucola	40 g Rucola	1 mittelgroße Schalotte, fein gehackt	1 mittelgroße Schalotte, fein gehackt
2 EL geröstete Mandeln	2 EL geröstete Mandeln	40 g Rucola	40 g Rucola
		2 EL geröstete Mandeln	2 EL geröstete Mandeln

1.
Reis nach Packungsanleitung zubereiten. Ein wenig abkühlen lassen.

2.
Olivenöl in einer Pfanne auf mittlerer Stufe erhitzen, Stangensellerie, Salbei, Pilze und Schalotten darin in etwa 3 bis 4 Minuten weich dünsten.

3.
In einer großen Salatschüssel Naturreis, Pilzmischung, Rucola und geröstete Mandeln mischen. Der warme Reis lässt die Rucolablätter etwas weicher werden.

4.
Warm oder zimmerwarm servieren.

FÜR 4 PERSONEN

Quinoa mit knackig-zartem Gemüse

Blutgruppe 0	Blutgruppe A	Blutgruppe B	Blutgruppe AB
1 kleiner Kopf Brokkoli	1 kleiner Kopf Brokkoli	1 kleiner Kopf Brokkoli	1 kleiner Kopf Brokkoli
1 Bund Stängelkohl	1 Bund Spargelbrokkoli	1 Bund Spargelbrokkoli	1 Bund Stängelkohl
1 Stück (10 cm) Zitronengras	2 Stück (à 10 cm) Zitronengras	1 Stück (10 cm) Zitronengras	1 Stück (10 cm) Zitronengras
180 g Quinoa	180 g Quinoa	180 g Quinoa	180 g Quinoa
500 ml Wasser	500 ml Wasser	500 ml Wasser	500 ml Wasser
2 TL Olivenöl	2 TL Olivenöl	2 TL Olivenöl	2 TL Olivenöl
1 rote Paprikaschote, fein gehackt	140 g Mais (NS nehmen 150 g rote Paprikaschote, fein gehackt)	1 rote Paprikaschote, fein gehackt	150 g Kirschtomaten, halbiert
2 TL abgeriebene Schale einer unbehandelten Zitrone	2 TL abgeriebene Schale einer unbehandelten Zitrone	1 EL abgeriebene Schale einer unbehandelten Zitrone	2 TL abgeriebene Schale einer unbehandelten Zitrone
Meersalz, nach Geschmack	Meersalz, nach Geschmack	Meersalz, nach Geschmack	Meersalz, nach Geschmack

1.
Brokkoli und Stängelkohl (für 0 und AB)/Spargelbrokkoli (für A und B) in mundgerechte Stücke hacken.

2.
Einen großen Topf Wasser zum Kochen bringen, das gehackte Gemüse darin 3 Minuten garen. Mit einem Schaumlöffel herausheben und in Eiswasser legen, um den Garvorgang zum Stillstand zu bringen, dann auf einem Küchentuch trocknen lassen.

3.
Vom Zitronengras die weißen Enden abschneiden, den unteren Stängelabschnitt mit einem Messerrücken andrücken, bis Saft austritt.

4.
Quinoa mit Wasser und einer Prise Salz zum Kochen bringen, Herd zurückschalten, Zitronengras zufügen. 12 Minuten schwach kochen lassen, bis die Quinoa die gesamte Flüssigkeit aufgenommen hat und weich ist. Quinoa mit einer Gabel auflockern, Zitronengras entfernen.

5.
Olivenöl in einer großen Pfanne auf mittlerer Stufe erhitzen,
0 Paprika darin 3 bis 4 Minuten dünsten. Brokkoli und Stängelkohl zugeben, 2 bis 3 Minuten dünsten.
A Mais, Brokkoli und Spargelbrokkoli darin 2 bis 3 Minuten dünsten.
B Paprika darin 3 bis 4 Minuten dünsten. Brokkoli und Spargelbrokkoli zufügen und weitere 2 bis 3 Minuten dünsten.
AB Das Olivenöl in einer großen Pfanne erhitzen, Brokkoli und Stängelkohl darin 3 bis 4 Minuten dünsten.

Das Gemüse sollte leuchtend gefärbt und knackig-weich sein, wenn es gegart ist.

6.
Quinoa mit Gemüse, Zitronenschale und Meersalz nach Geschmack mischen.

7.
Warm oder kalt servieren.

FÜR 6 PERSONEN

Röstkastanien mit Reis (NS)

Blutgruppe A
150 g Esskastanien, vorgegart
250 ml Gemüsebrühe*
250 ml Wasser
1 EL Olivenöl, geteilt
1 TL Meersalz, geteilt
200 g Naturreis
½ Granny-Smith-Apfel, feinwürfelig geschnitten
⅛ TL gemahlene Gewürznelken

1.
Backofen auf 200 Grad vorheizen.

2.
Kastanien abseihen und auf Küchenkrepp trocknen. Die Kastanien vierteln, mit 2 TL Olivenöl mischen, mit ½ TL Meersalz bestreuen und im Backofen 12 Minuten rösten. Aus dem Backofen nehmen.

3.
Brühe, Wasser, Reis und ½ TL Salz in einen Topf mit 2 l Fassungsvermögen geben. Den Reis nach Packungsangabe garen.

4.
Den gegarten Reis mit einer Gabel lockern, Äpfel, Kastanien und Gewürznelken einrühren.

5.
Warm servieren.

FÜR 6 PERSONEN

* Siehe Grundrezept für Gemüsebrühe auf Seite 350 f.

Salat aus geröstetem Wakame und Fenchel NS

Blutgruppe 0
2 EL getrocknete Wakame
1 Fenchelknolle
½ Küchenzwiebel
1 EL Olivenöl
Meersalz, nach Geschmack
1 EL Sesamsamen
2 TL abgeriebene Schale einer unbehandelten Zitrone
2 EL frischer Dill, zum Garnieren

1.

Backofen auf 200 Grad vorheizen.

2.

Wakame abspülen und für 5 Minuten in heißes Wasser legen. Abseihen und auf Küchenkrepp trocknen lassen.

3.

Vom Fenchel die oberen und unteren Enden entfernen. Die Knolle halbieren und den holzigen Keil herausschneiden. Den

Fenchel mit der Schnittfläche nach unten legen und in dünne Halbmonde schneiden. Zwiebel schälen und etwa so dick schneiden wie den Fenchel.

4.

Fenchel, Zwiebel und Wakame mit Olivenöl und wenig Salz mischen. Nebeneinander auf ein Backblech legen und 15 Minuten garen, bis der Fenchel leicht gebräunt und knusprig ist.

5.

Aus dem Backofen nehmen, mit Sesamsamen und Zitronenschale bestreuen, weitere 5 Minuten garen.

6.

Mit Dill garnieren und warm servieren.

FÜR 4 PERSONEN

Würziger Brauner Senf mit Feta (NS) (NS)

Blutgruppe B	Blutgruppe AB
1 Bund Brauner Senf	1 Bund Brauner Senf
2 TL Olivenöl	2 TL Olivenöl
½ TL Meersalz	½ TL Meersalz
¼ TL Cayennepfeffer	1 TL Chilipulver
75 g Feta, zerkrümelt	75 g Feta, zerkrümelt

1.
Backofen auf 190 Grad vorheizen.

2.
Braunen Senf waschen und mit einem Küchentuch trocken tupfen. Die holzigen Stiele entfernen, Blätter in mundgerechte Stücke hacken oder reißen.

3.
Mit Olivenöl, Meersalz und Cayennepfeffer (für B)/Chilipulver (für AB) mischen. Auf ein Backblech geben und auf der obersten Schiene im Backofen 12 Minuten rösten, bis die Blätter zusammenfallen und am Rand ein wenig knusprig sind.

4.
In einer Schüssel mit dem zerkrümelten Feta mischen.

5.
Warm servieren.

FÜR 4 PERSONEN

Taboulé mit Minze

Blutgruppe 0	Blutgruppe A	Blutgruppe B	Blutgruppe AB
180 g Quinoa	180 g Quinoa	180 g Quinoa	180 g Quinoa
1 EL plus 2 TL Olivenöl	3 EL plus 2 TL Olivenöl	3 EL plus 2 TL Olivenöl	1 EL plus 4 TL Olivenöl
Meersalz, nach Geschmack	Meersalz, nach Geschmack	Meersalz, nach Geschmack	Meersalz, nach Geschmack
500 ml Wasser	500 ml Wasser	500 ml Wasser	500 ml Wasser
250 g Grünkohl, in Stücke gerissen	250 g Grünkohl, in Stücke gerissen	250 g Grünkohl, in Stücke gerissen	250 g Grünkohl, in Stücke gerissen
1 EL Zitronensaft	1 EL Zitronensaft	1 EL Zitronensaft	1 EL Zitronensaft
1 EL abgeriebene Schale einer unbehandelten Zitrone	1 EL abgeriebene Schale einer unbehandelten Zitrone	1 EL abgeriebene Schale einer unbehandelten Zitrone	1 EL abgeriebene Schale einer unbehandelten Zitrone
2 Knoblauchzehen, fein gehackt	2 Knoblauchzehen, fein gehackt	2 Knoblauchzehen, fein gehackt	2 Knoblauchzehen, fein gehackt
40 g Minze	40 g Minze	40 g Minze	40 g Minze
120 g Petersilie	120 g Petersilie	120 g Petersilie	120 g Petersilie
200 g Kirschtomaten, halbiert	200 g Kürbis	300 g rote Paprikaschote	200 g Kirschtomaten, halbiert

1.
Backofen auf 200 Grad vorheizen.

2.
A Den Kürbis vorsichtig schälen und in kleine Würfel schneiden, mit 2 TL Olivenöl und einer Prise Meersalz mischen. In einer Lage auf ein Backblech geben und 40 bis 45 Minuten rösten, bis der Kürbis unten und an den Rändern leicht gebräunt und weich ist. Abkühlen lassen.
B Paprikaschoten in 1 cm große Quadrate schneiden, mit 2 TL Olivenöl und einer Prise Meersalz mischen. In einer Lage auf ein Backblech geben und 10 Minuten garen, bis die Paprika leicht gebräunt und knusprig sind.

3.
Quinoa, Wasser und eine Prise Meersalz in einen Topf geben. Zum Kochen bringen, Deckel auflegen, Herd zurückschalten und 10 Minuten schwach kochen lassen. Vom Herd nehmen und mit Deckel weitere 4 bis 5 Minuten nachquellen lassen, bis die gesamte Flüssigkeit aufgesogen und die Quinoa weich und locker ist. Mit einer Gabel auflockern und abkühlen lassen.

4.
Grünkohl auf einem Backblech verteilen, mit 2 TL Olivenöl beträufeln und mit Meersalz nach Geschmack bestreuen. 10 bis 12 Minuten rösten, bis die Grünkohlstücke knusprig sind. Aus dem Backofen nehmen.

5.
1 EL Olivenöl, Zitronensaft, Zitronenschale und Knoblauch in einer großen Schüssel verschlagen.
O Minze, Petersilie, Tomaten, gegarte Quinoa und Grünkohl gut mit dem Dressing mischen.

A Minze, Petersilie, Kürbis, gegarte Quinoa und Grünkohl gut mit dem Dressing mischen.
B Minze, Petersilie, Paprika, gegarte Quinoa und Grünkohl gut mit dem Dressing mischen.
AB Minze, Petersilie, Tomaten, gegarte Quinoa und Grünkohl gut mit dem Dressing mischen.

6.
Zimmerwarm oder gekühlt servieren.

FÜR 6 PERSONEN

ZWISCHENMAHLZEITEN

Pizzahappen · Käse-Toast · Sommerkürbis-Salsa · Tomaten-Salsa · Gemüse-Sticks mit Ziegenkäse-Dip · Bohnen-Hummus · Leinsamen-Kräcker · Eiersalat mit Curry · Würzige Rosmarin-Nuss-Mischung · Knusprige Küchlein aus Frühlingsgemüse · Knackige Spargel(brokkoli)-Rollen mit Speck und Nüssen · Artischocken-Bruschetta · Blumenkohl-Bruschetta · Birnen- und Apfel-Chips · Obstsalat mit Minz-Limonen-Dressing · Gegrillte Ananas mit Zimtsirup/Schokosirup

Kreative Ideen für Zwischenmahlzeiten, die nicht übermäßig kompliziert sind, entpuppen sich als größtes Problem für die meisten Menschen. Wir hoffen, Sie werden in diesem Kapitel einige neue Lösungen finden, die Ihre Snacks einfacher, schmackhafter und gesünder machen. Einige Snacks eignen sich auch als Vorspeise, wenn Sie Gäste oder einfach mehr Zeit für etwas Besonderes haben.

Pizzahappen

Blutgruppe 0	Blutgruppe AB
2 TL Olivenöl	2 TL Olivenöl
80 g fein gehackte weiße Zwiebeln	80 g fein gehackte weiße Zwiebeln
4 Rispentomaten, gehackt, entkernt	4 Rispentomaten, gehackt, entkernt
1 Knoblauchzehe, fein gehackt	1 Knoblauchzehe, fein gehackt
1 TL Agavensirup	1 TL Agavensirup
Meersalz, nach Geschmack	Meersalz, nach Geschmack
1 EL frisch gehacktes Basilikum	1 EL frisch gehacktes Basilikum
2 Scheiben glutenfreies Brot	2 Scheiben Dinkel- oder Haferbrot
2 dünne Scheiben Mozzarella-Käse (NS nehmen geriebenen Manchego-Käse)	2 dünne Scheiben Mozzarella-Käse
½ TL getrockneter Oregano	½ TL getrockneter Oregano

1.

Olivenöl in einer großen Pfanne auf mittlerer Stufe erhitzen, Zwiebeln darin 5 bis 6 Minuten dünsten. Tomaten, Knoblauch und Agavensirup dazugeben, mit Meersalz würzen. 8 bis 10 Minuten schwach kochen lassen, bis Tomaten und Zwiebeln weich werden und sich in eine dickliche Sauce verwandeln. Basilikum einrühren und vom Herd nehmen.

2.

Brot toasten und mit Tomatensauce übergießen. Mit Mozzarella-Käse und Oregano bestreuen. »Pizza« im Grill/auf dem Backrost 1 bis 2 Minuten überbacken, bis der Käse schmilzt, aber nicht verkohlt.

3.

Warm servieren.

FÜR 2 PERSONEN

Käse-Toast (NS) (NS)

Blutgruppe A	Blutgruppe B
2 TL Olivenöl	2 TL Olivenöl
1 Knoblauchzehe, halbiert	1 Knoblauchzehe, halbiert
2 Scheiben Dinkelbrot	1 EL frisch gehacktes Basilikum
2 dünne Scheiben Mozzarella-Käse	2 Scheiben Dinkelbrot
½ TL getrockneter Oregano	2 dünne Scheiben Mozzarella-Käse
	½ TL getrockneter Oregano

1.
Backofen oder Mini-Backofen auf Grillstufe vorheizen.

2.
Brot hell toasten, mit der Schnittfläche der halbierten Knoblauchzehe einreiben, mit Olivenöl beträufeln, mit Mozzarella belegen und mit Oregano bestreuen.

3.
Den Käsetoast im Grill/auf dem Backrost 1 bis 2 Minuten überbacken, bis der Käse schön geschmolzen, aber nicht zu dunkel ist.

4.
Mit Basilikum garnieren (für B), warm servieren.

FÜR 2 PERSONEN

Sommerkürbis-Salsa (NS) (NS)

Blutgruppe A	Blutgruppe B
250 g Butternusskürbis-Püree	250 g Butternusskürbis-Püree
2 TL Olivenöl	2 TL Olivenöl
1 Knoblauchzehe, fein gehackt	1 Knoblauchzehe, fein gehackt
1 große Pastinake, geschält und in 1 cm große Würfel geschnitten	1 große Pastinake, geschält und in 1 cm große Würfel geschnitten
2 mittelgroße Zucchini, in 1 cm große Würfel geschnitten	2 mittelgroße Zucchini, in 1 cm große Würfel geschnitten
150 g milde Zwiebeln, feinwürfelig geschnitten	150 g milde Zwiebeln, feinwürfelig geschnitten
120 ml Gemüsebrühe*	120 ml Gemüsebrühe*
1 EL frisch gehackter Salbei	1 EL frisch gehackter Salbei
Meersalz, nach Geschmack	Meersalz, nach Geschmack

1.

Olivenöl in einem Topf mit 2 l Fassungsvermögen auf mittlerer Stufe erhitzen. Zwiebeln und Knoblauch darin 8 bis 10 Minuten dünsten.

2.

Pastinaken und Zucchini zu den Zwiebeln geben und in etwa 10 Minuten weich dünsten.

3.

Butternusskürbis-Püree, Brühe und Salbei zufügen. Schwach aufkochen und 5 Minuten köcheln lassen.

4.

Mit Meersalz würzen und als warme Salsa servieren oder abkühlen lassen und gekühlt reichen.

FÜR 4 PERSONEN

* Siehe Grundrezept für Gemüsebrühe auf Seite 350 f.

Tomaten-Salsa

Blutgruppe 0	Blutgruppe AB
4 große Tomaten	4 große Tomaten
2 TL Olivenöl	2 TL Olivenöl
1 Knoblauchzehe, fein gehackt	1 Knoblauchzehe, fein gehackt
70 g rote Paprikaschote, würfelig geschnitten	80 g Aubergine, würfelig geschnitten
70 g orangefarbene Paprikaschote, würfelig geschnitten	150 g weiße Zwiebeln, würfelig geschnitten
150 g weiße Zwiebeln, würfelig geschnitten	2 EL Korianderblätter (können durch Petersilie ersetzt werden)
1 großer Jalapeño, fein geschnitten	½ TL Meersalz
2 EL Korianderblätter (können durch Petersilie ersetzt werden)	
½ TL Meersalz	

1.

Einen großen Topf Wasser zum Kochen bringen. Jede Tomate mit einem Gemüsemesser oben x-förmig einschneiden, Tomaten für bis zu 1 Minute in den Topf geben. Die Haut sollte sich leicht abziehen lassen. Die Tomaten in 1 cm große Würfel schneiden.

2.

Olivenöl in einer großen Pfanne auf mittlerer Stufe erhitzen, Zwiebeln, Paprika und Jalapeño darin 6 bis 8 Minuten dünsten (für 0)/Zwiebeln und Aubergine darin 5 bis 6 Minuten dünsten (für AB).

3.

Knoblauch zufügen und 1 Minute dünsten. Tomaten und Korianderblätter einrühren, Herd auf niedrige Stufe schalten und 10 Minuten schwach kochen lassen. Mit Meersalz würzen. In der Salsa sollte das Gemüse zwar weich sein, aber seine Form behalten.

3.

Vom Herd nehmen und vollständig erkalten lassen. Kalt stellen und gekühlt servieren.

FÜR 4 PERSONEN

Tipp: Von ausgereiften Tomaten lässt sich die Haut leichter abziehen, sie müssen daher nur ein paar Sekunden im heißen Wasser bleiben. Weniger reife Tomaten brauchen vielleicht 20 Sekunden, achten Sie aber darauf, dass sie nicht matschig werden.

Gemüse-Sticks mit Ziegenkäse-Dip

Blutgruppe 0	Blutgruppe A	Blutgruppe B	Blutgruppe AB
120 g weicher Ziegenkäse	120 g weicher Ziegenkäse	120 g weicher Ziegenkäse	120 g weicher Ziegenkäse
2 EL frisch gehackter Dill	2 EL frisch gehackter Dill	2 EL frisch gehackter Dill	2 EL frisch gehackter Dill
2 TL Agavensirup	2 TL Agavensirup	2 TL Agavensirup	2 TL Agavensirup
½ TL Meersalz	½ TL Meersalz	½ TL Meersalz	½ TL Meersalz
1 EL Zitronensaft	1 EL Zitronensaft	1 EL Zitronensaft	1 EL Zitronensaft
1 EL Mandeldrink	1 EL Mandeldrink	1 EL Magermilch	1 EL fettarme Kuhmilch oder Ziegenmilch
Baby-Karotten	Baby-Karotten	Baby-Karotten	Baby-Karotten
Rote und orangefarbene Paprikaschoten	Brokkoliröschen	Brokkoliröschen	Sellerie-Sticks
Kohlrabi-Sticks	Kohlrabi-Sticks	Rote und orangefarbene Paprikaschoten	Kohlrabi-Sticks

1.

Alle Dip-Zutaten in einer Schüssel glatt rühren.

2.

Den Dip in einer Schale, das Gemüse auf einem Teller anrichten.

FÜR 4 PERSONEN

Bohnen-Hummus

Blutgruppe 0	Blutgruppe A	Blutgruppe B	Blutgruppe AB
350 g Adzukibohnen, gegart (oder aus der Dose), abgetropft und abgespült	350 g Adzukibohnen, gegart (oder aus der Dose), abgetropft und abgespült	270 g gegarte weiße Bohnen (oder aus der Dose), abgetropft und abgespült	270 g gegarte weiße Bohnen (oder aus der Dose), abgetropft und abgespült
4 EL frisch gehacktes Basilikum	4 EL frisch gehacktes Basilikum	4 EL frisch gehacktes Basilikum	4 EL frisch gehacktes Basilikum
2 EL frisch gehackte Petersilie	2 EL frisch gehackte Petersilie	2 EL frisch gehackte Petersilie	2 EL frisch gehackte Petersilie
1 Knoblauchzehe, fein gehackt	1 Knoblauchzehe, fein gehackt	1 Knoblauchzehe, fein gehackt	1 Knoblauchzehe, fein gehackt
2 TL Olivenöl	2 TL Olivenöl	2 TL Olivenöl	2 TL Olivenöl
1 EL Walnüsse	1 EL Walnüsse	1 EL Walnüsse	1 EL Walnüsse
1 TL abgeriebene Schale einer unbehandelten Zitrone	1 TL abgeriebene Schale einer unbehandelten Zitrone	1 TL abgeriebene Schale einer unbehandelten Zitrone	1 TL abgeriebene Schale einer unbehandelten Zitrone

1.
Alle Zutaten in der Küchenmaschine oder im Mini-Zerkleinerer glatt und cremig rühren.

2.
Mit Leinsamen-Kräckern (siehe das folgende Rezept) oder Gemüse-Sticks servieren.

FÜR 4 PERSONEN

Leinsamen-Kräcker

Blutgruppe 0	Blutgruppe A	Blutgruppe B	Blutgruppe AB
120 g grob gemahlene Leinsamen	120 g grob gemahlene Leinsamen	120 g grob gemahlene Leinsamen	120 g gemahlene Leinsamen
150 ml heißes Wasser	150 ml heißes Wasser	150 ml heißes Wasser	150 ml heißes Wasser
¼ TL Meersalz	¼ TL Meersalz	¼ TL Meersalz	¼ TL Meersalz
30 g Kürbiskerne	30 g Kürbiskerne	3 EL fein gemahlene Walnüsse	3 EL fein gemahlene Walnüsse
3 EL Mandelmehl	3 EL Mandelmehl	Backspray	Backspray
Backspray	Backspray		

1.

Leinsamen mit Wasser verrühren und 15 Minuten quellen lassen.

2.

Backofen auf 100 Grad vorheizen. Ein Backblech mit Pergamentpapier auslegen.

3.

Die übrigen Zutaten mit dem Leinsamen verrühren. Die Mischung ist von der Konsistenz her etwas dicker als Kuchenteig. Die Leinsamenmasse auf ein vorbereitetes Backblech gießen. Eine Winkelpalette mit Backspray besprühen oder mit Olivenöl bestreichen, damit nichts daran kleben bleibt. Die Masse damit möglichst dünn auf dem gesamten Backblech verstreichen.

4.

2 Stunden im Backofen garen, bis die Kräcker fest sind, eine gummiähnliche Beschaffenheit annehmen.

5.

Temperatur auf 200 Grad erhöhen und weitere 10 Minuten backen. Kräcker vorsichtig wenden und weitere 5 bis 6 Minuten backen. Die fertigen Kräcker sind hart und auf beiden Seiten knusprig.

6.
Abkühlen lassen und in Stücke in der Größe von Tortilla-Chips brechen. Warm oder zimmerwarm servieren.

7.
In einem luftdichten Behälter 1 bis 3 Tage kühl und trocken lagern oder bis zu 1 Monat einfrieren.

FÜR 4 PERSONEN

Tipp: Ganze Leinsamen halten sich länger als gemahlene, kaufen Sie diese also ganz und mahlen Sie sie selbst in einer Kaffeemühle oder Küchenmaschine.

Eiersalat mit Curry (NS) (NS) (NS) (NS)

Blutgruppe 0	Blutgruppe A	Blutgruppe B	Blutgruppe AB
4 große Eier	4 große Eier	4 große Eier	4 große Eier
½ TL Senfpulver	½ TL Senfpulver	½ TL Senfpulver	½ TL Senfpulver
1 EL frisch gehackte Petersilie	1 EL frisch gehackte Petersilie	1 EL frisch gehackte Petersilie	1 EL frisch gehackte Petersilie
¼ TL Meersalz	¼ TL Meersalz	¼ TL Meersalz	¼ TL Meersalz
½ TL Currypulver	½ TL Currypulver	½ TL Currypulver	½ TL Currypulver
⅛ TL Kurkuma	⅛ TL Kurkuma	⅛ TL Kurkuma	⅛ TL Kurkuma
2 TL Olivenöl	2 TL Olivenöl	2 TL Olivenöl	2 TL Olivenöl
2 TL frischer Zitronensaft	2 TL frischer Zitronensaft	2 TL frischer Zitronensaft	2 TL frischer Zitronensaft

1.

Eier in einem Topf mit kaltem Wasser bedecken. Wasser zum Kochen bringen, Herd abschalten. Die Uhr auf 14 Minuten stellen, die fertigen Eier unter kaltem Wasser abschrecken. Schälen, hacken und in eine große Schüssel geben.

2.

Mit den übrigen Zutaten verrühren.

3.

Mit Sellerie-Sticks oder zwischen zwei Scheiben Naturreistoast servieren.

FÜR 4 PERSONEN

Würzige Rosmarin-Nuss-Mischung

Blutgruppe 0	Blutgruppe A	Blutgruppe B	Blutgruppe AB
2 EL frischer Rosmarin	2 EL frischer Rosmarin	2 EL frischer Rosmarin	2 EL frischer Rosmarin
1 TL rotes Chilipulver	½ TL Salz	1 TL rotes Chilipulver	1 TL Chilipulver
½ TL Salz	1 EL Ahornsirup	½ TL Salz	½ TL Salz
1 EL Ahornsirup (NS nehmen Agavensirup)	2 TL Ghee	1 EL Ahornsirup	1 EL Ahornsirup (NS nehmen Agavensirup)
2 TL Ghee	120 g Walnüsse, geviertelt	2 TL Ghee	2 TL Ghee
120 g Walnüsse, geviertelt	70 g Erdnüsse	120 g Walnüsse, geviertelt	120 g Walnüsse, geviertelt
50 g Pekannüsse, grob gehackt	60 g Kürbiskerne	70 g Macadamianüsse, grob gehackt	50 g Pekannüsse, grob gehackt
50 g Mandeln, grob gehackt		50 g Mandeln, grob gehackt	50 g Mandeln, grob gehackt

1.
Backofen auf 160 Grad vorheizen.

2.
Alle Zutaten in einer Schüssel mischen und dann auf einem Backblech verteilen. 25 Minuten rösten, nach der Hälfte der Zeit wenden. Die fertigen Nüsse duften und sind leicht gebräunt. Abkühlen lassen und in einer Schüssel servieren.

3.
An einem kühlen, trockenen Ort bis zu 1 Woche aufbewahren.

FÜR 6 PERSONEN

Knusprige Küchlein aus Frühlingsgemüse

Blutgruppe 0	Blutgruppe A	Blutgruppe B	Blutgruppe AB
150 g Knollensellerie, geschält	150 g Knollensellerie, geschält	150 g Knollensellerie, geschält	150 g Knollensellerie, geschält
100 g Fenchel, geraspelt	100 g Fenchel, geraspelt	100 g Fenchel, geraspelt	100 g Fenchel, geraspelt
2 EL Zwiebeln, geraspelt	2 EL Zwiebeln, geraspelt	2 EL Zwiebeln, geraspelt	2 EL Zwiebeln, geraspelt
50 g Spinat	50 g Spinat	250 g Grünkohl, gehackt	50 g Spinat
½ TL abgeriebene Schale einer unbehandelten Zitrone	½ TL abgeriebene Schale einer unbehandelten Zitrone	½ TL abgeriebene Schale einer unbehandelten Zitrone	½ TL abgeriebene Schale einer unbehandelten Zitrone
1 EL frisch gehackter Salbei	1 EL frisch gehackter Salbei	1 EL frisch gehackter Salbei	1 EL frisch gehackter Salbei
1 großes Ei	1 großes Ei	1 großes Ei	1 großes Ei
2 EL Naturreismehl	2 EL Naturreismehl	2 EL Naturreismehl	2 EL Dinkelmehl
30 g Semmelmehl*	30 g Semmelmehl*	30 g Semmelmehl*	30 g Semmelmehl*
2 TL Olivenöl	2 TL Olivenöl	2 TL Olivenöl	2 TL Olivenöl

* Siehe Grundrezept für (glutenfreies) Semmelmehl auf Seite 352.

1.
Sellerie und Fenchel mit Küchenmaschine oder Handreibe raspeln. Gemüse und Zwiebel in eine Schüssel geben.

2.
Spinat (für 0, A, AB)/Grünkohl (für B) fein hacken und mit Zitronenschale, Salbei, Ei, Mehl und Semmelmehl zum Gemüse geben. Gut mischen.

3.
Olivenöl in einer großen Pfanne auf mittlerer Stufe erhitzen. Mit einem Eiscreme-Portionierer oder Löffel kleine Mengen der Gemüsemischung in die Pfanne setzen. Zwischen den Küchlein etwa 3 cm Abstand lassen. 2 bis 3 Minuten braten, wenden und weitere 2 bis 3 Minuten braten, bis die Küchlein auf jeder Seite gebräunt und knusprig, im Inneren warm und weich sind.

3.
Warm servieren.

FÜR 4 PERSONEN

Tipp: Die Küchlein erkalten lassen und im Kühlschrank aufbewahren – sie ergeben einen guten Snack oder, mit einem pochierten oder gebratenen Ei kombiniert, ein leckeres Frühstück.

Knackige Spargel(brokkoli)-Rollen mit Speck und Nüssen

NS NS NS

Blutgruppe 0	Blutgruppe A	Blutgruppe B	Blutgruppe AB
2 EL Ahornsirup	2 EL Ahornsirup	2 EL Ahornsirup	2 EL Ahornsirup (NS nehmen Agavensirup)
1 TL gemahlener Ingwer	1 TL gemahlener Ingwer	1 TL gemahlener Ingwer	1 TL gemahlener Ingwer
60 g gehackte Walnüsse	60 g gehackte Walnüsse	60 g gehackte Walnüsse	60 g gehackte Walnüsse
1 Bund grüner Spargel	2 Bund Spargelbrokkoli	2 Bund Spargelbrokkoli	1 Bund grüner Spargel
5 Scheiben Truthahnspeck	5 Scheiben Truthahnspeck	5 Scheiben Truthahnspeck	5 Scheiben Truthahnspeck
2 TL Olivenöl	2 TL Olivenöl	2 TL Olivenöl	2 TL Olivenöl

1.

Backofen auf 190 Grad vorheizen. Einen Bratrost mit Backspray besprühen.

2.

Ahornsirup, Ingwer und Walnüsse in einer kleinen Schüssel mischen.

3.

0 und AB Vom Spargel die holzigen Enden abschneiden. Die Spargelstangen gut mit dem Olivenöl mischen.

A und B Vom Spargelbrokkoli die holzigen Enden entfernen, in einzelne Sprosse zerlegen. Mit dem Olivenöl mischen.

4.

Den Speck der Länge nach in Streifen schneiden, diese dann dritteln.

5.

0 und AB Jede Spargelstange mit einem Speckstreifen umwickeln, auf den vorbereiteten Rost legen.
A und B Jeden Spross mit einem Speckstreifen umwickeln, auf den vorbereiteten Rost legen.

6.

Ein Backblech unter den Rost schieben. Die Ahornsirup-Walnuss-Mischung auf die Spargelstangen oder Sprosse häufen.

7.

Auf der mittleren Schiene 10 bis 12 Minuten braten, bis die Walnüsse zu duften beginnen und der Speck am Rand knusprig ist.

8.

Warm servieren.

FÜR 6 PERSONEN

Artischocken-Bruschetta

Blutgruppe 0	Blutgruppe A
1 EL Olivenöl, geteilt	1 EL Olivenöl, geteilt
170 g tiefgekühlte Artischockenherzen, aufgetaut und gehackt	170 g tiefgekühlte Artischockenherzen, aufgetaut und gehackt
40 g Zwiebeln, sehr fein gehackt	40 g Zwiebeln, sehr fein gehackt
¼ TL Meersalz	¼ TL Meersalz
60 g Spinat, gehackt	60 g Spinat, gehackt
3 Scheiben Naturreis- oder Hirsebrot	3 Scheiben Weizen- oder Dinkelkeimbrot
1 Knoblauchzehe, halbiert	1 Knoblauchzehe, halbiert
40 g Feta, zerkrümelt (NS ohne Käse)	40 g Feta, zerkrümelt

1.

2 TL Olivenöl in einer Pfanne auf mittlerer Stufe erhitzen, Artischocken und Zwiebeln darin 4 bis 5 Minuten dünsten. Mit Meersalz würzen, Spinat zufügen; weitere 2 bis 3 Minuten dünsten, bis der Spinat zusammenfällt und die Artischocken weich und heiß sind.

2.
Inzwischen das Brot toasten und mit der halbierten Knoblauchzehe einreiben. Toast gleichmäßig mit 1 TL Olivenöl beträufeln.

3.
Gemüse vom Herd nehmen, mit Fetakäse mischen. Die Mischung gleichmäßig auf die Toasts verteilen.

4.
Warm oder zimmerwarm servieren.

FÜR 2 PERSONEN

Blumenkohl-Bruschetta (NS) (NS)

Blutgruppe B	Blutgruppe AB
1 EL Olivenöl, geteilt	1 EL Olivenöl, geteilt
150 g Blumenkohlröschen	150 g Blumenkohlröschen
Meersalz, nach Geschmack	Meersalz, nach Geschmack
60 g Spinat, gehackt	60 g Spinat, gehackt
3 Scheiben Naturreis- oder Dinkelbrot, getoastet	3 Scheiben Naturreis- oder Dinkelbrot, getoastet
2 Knoblauchzehen, geschält	2 Knoblauchzehen, geschält
40 g Feta, zerkrümelt	40 g Feta, zerkrümelt

1.
Backofen auf 200 Grad vorheizen.

2.
Blumenkohl und Knoblauch in einer Lage auf einem Backblech verteilen. Mit Olivenöl und etwas Meersalz (nicht zu viel, Fetakäse ist salzig) mischen. 30 Minuten rösten, bis der Blumenkohl weich und an den Rändern goldbraun ist.

3.
Den heißen Blumenkohl mit dem Spinat mischen, damit die Blätter ein wenig weicher werden. Die Toastscheiben mit dem gerösteten Knoblauch einreiben und vierteln.

4.
Den Feta mit dem Blumenkohl mischen, alles gleichmäßig auf dem Toast verteilen.

FÜR 2 PERSONEN

Birnen- und Apfel-Chips

Blutgruppe 0	Blutgruppe A	Blutgruppe B	Blutgruppe AB
2 Kaiserbirnen	2 Kaiserbirnen	2 Kaiserbirnen	2 Kaiserbirnen
2 Williamsbirnen	2 Williamsbirnen	2 Williamsbirnen	2 Williamsbirnen
2 Braeburn-Äpfel (NS nehmen Birnen)	2 Braeburn-Äpfel	2 Braeburn-Äpfel	2 Braeburn-Äpfel
¼ TL Zimt (NS ohne Zimt)	¼ TL Zimt		¼ TL Zimt

1.

Backofen auf 110 Grad vorheizen. Zwei Backbleche mit Pergamentpapier auslegen.

2.

Birnen und Äpfel in möglichst dünne Scheiben schneiden, eventuell mit einem Gemüsehobel. Die Scheiben nebeneinander auf die vorbereiteten Backbleche legen und (für 0, A, AB) gleichmäßig mit Zimt bestreuen.

3.

2 Stunden garen, nach der halben Garzeit wenden. Vollständig erkalten lassen, dann servieren.

FÜR 4 PERSONEN

Obstsalat mit Minz-Limonen-Dressing

Blutgruppe 0	Blutgruppe A	Blutgruppe B	Blutgruppe AB
60 g getrocknete Cranberrys	60 g getrocknete Cranberrys	60 g getrocknete Cranberrys	60 g getrocknete Cranberrys
2 Bio-Pfirsiche	2 Bio-Pfirsiche	1 Papaya	2 Bio-Pfirsiche
1 Ananas	1 Ananas	1 Ananas	1 Ananas
2 Bio-Mangos	5 Bio-Aprikosen	2 Bio-Mangos	4 Kiwis
300 g frische Kirschen, entsteint und geviertelt	300 g frische Kirschen, entsteint und geviertelt	300 g frische Kirschen, entsteint und geviertelt	300 g frische Kirschen, entsteint und geviertelt
Saft und abgeriebene Schale zweier unbehandelter Limonen	Saft und abgeriebene Schale zweier unbehandelter Limonen	Saft und abgeriebene Schale zweier unbehandelter Limonen	Saft und abgeriebene Schale zweier unbehandelter Limonen
1 TL Agavensirup	1 TL Agavensirup	1 TL Agavensirup	1 TL Agavensirup
30 g fein gehackte Minze	30 g fein gehackte Minze	30 g fein gehackte Minze	30 g fein gehackte Minze

1.
Die getrockneten Cranberrys mit heißem Wasser übergießen und 10 Minuten quellen lassen.

2.
Pfirsiche, Ananas und Mangos (für 0)
Pfirsiche, Ananas und Aprikosen (für A)
Papaya, Ananas und Mangos (für B)
Pfirsiche, Ananas und Kiwis (für AB)
schälen und in 1 cm große Würfel schneiden, in einer großen Salatschüssel mit den Kirschen mischen.

3.
Cranberrys abseihen und auf einem Küchentuch vorsichtig trocken tupfen.

4.
Limonenschale, -saft, Agavensirup und Minze in einer kleinen Schüssel verrühren und über den Obstsalat gießen.

5.
Die Cranberrys darüberstreuen, durchrühren und gekühlt servieren.

FÜR 6 PERSONEN

Gegrillte Ananas mit Zimtsirup/Schokosirup

Blutgruppe 0	Blutgruppe A	Blutgruppe B	Blutgruppe AB
2 TL helles Olivenöl	2 TL helles Olivenöl	2 TL helles Olivenöl	2 TL helles Olivenöl
1 frische Ananas	1 frische Ananas	1 frische Ananas	1 frische Ananas
50 ml Zimtsirup* (NS nehmen Agavensirup oder Schokoladensirup*)	50 ml Zimtsirup*	50 ml Schokoladensirup*	50 ml Zimtsirup*

1.

Eine Grillpfanne auf mäßig hoher Stufe erhitzen und sorgfältig mit Öl bestreichen, damit nichts daran haften bleibt.

2.

Ananas schälen, in Scheiben schneiden und die holzige Mitte ausstechen.

3.

Die Scheiben auf einer Seite mit Zimtsirup (für 0, A, AB)/ Schokoladensirup (für B) bestreichen und mit dieser Seite unten in die Grillpfanne legen. 2 bis 3 Minuten grillen, die andere Seite mit dem Sirup bestreichen.

4.

Scheiben wenden und weitere 2 bis 3 Minuten grillen.

5.

Warm servieren.

FÜR 4 PERSONEN

* Siehe Rezept für Zimtsirup auf Seite 345 bzw. für Schokoladensirup auf Seite 344.

GETRÄNKE

Erfrischender Eistee mit Kamille · Kirschschorle · Süßer Basilikum-Ingwer-Tee · Möhren-Grünkohl-Ingwer-Apfel-Saft · Tropisch-fruchtiger Grünkohl-Smoothie · Chai-Eiskaffee · Matcha-Mojito-Tee

Immer wenn Sie Ihre Ernährung umstellen, sind viele verschiedene Geschmacksrichtungen und Aromen besonders wichtig. Sie bringen auf einfache und schmackhafte Weise Abwechslung in Ihren Tag. Allzu viele von uns trinken routinemäßig Kaffee, Schwarztee oder Erfrischungsgetränke, die folgenden Ideen helfen Ihnen, alte Gewohnheiten abzulegen und auf neue Kreationen umzusteigen. Ebenfalls in diesem Kapitel finden Sie Rezepte für Smoothies, die Zwischenmahlzeiten oder Frühstück interessanter machen, vielleicht sogar an besonders heißen Sommertagen verlockende Milchshakes ersetzen können.

Erfrischender Eistee mit Kamille NS NS NS NS

Blutgruppe 0	Blutgruppe A	Blutgruppe B	Blutgruppe AB
Knapp 1 Liter Wasser	Knapp 1 Liter Wasser	Knapp 1 Liter Wasser	Knapp 1 Liter Wasser
70 g Pfirsich, fein geschnitten	70 g Pfirsich, fein geschnitten	70 g Pfirsich, fein geschnitten	70 g Pfirsich, fein geschnitten
60 g frische Minzeblätter	60 g frische Minzeblätter	60 g frische Minzeblätter	60 g frische Minzeblätter
4 Beutel Kamillentee	4 Beutel Kamillentee	4 Beutel Kamillentee	4 Beutel Kamillentee
60 ml Pfirsich-nektar	60 ml Pfirsich-nektar	60 ml Pfirsich-nektar	60 ml Pfirsich-nektar

1.
Wasser aufkochen lassen und vom Herd nehmen. Pfirsiche, Minze und Teebeutel hineingeben, 4 bis 5 Minuten ziehen lassen.

2.
Teebeutel herausnehmen, Getränk abkühlen lassen und dann etwa 1 Stunde kalt stellen. Pfirsichnektar zugießen, umrühren.

3.
Mit Eiswürfeln servieren.

FÜR 4 PERSONEN

Tipp: Wer es gerne prickelnd mag, spritzt den fertigen Eistee mit ½ l Sodawasser auf.

Kirschschorle

Blutgruppe 0	Blutgruppe AB
6 entsteinte Kirschen	6 entsteinte Kirschen
30 g frische Minzeblätter	30 g frische Minzeblätter
120 ml Saft von schwarzen Kirschen	120 ml Saft von schwarzen Kirschen
500 ml Selters	500 ml Selters

1.

In einem großen Krug Kirschen und Minzeblätter zerstampfen. Kirschsaft und Selters zugießen, umrühren.

2.

Mit Eiswürfeln servieren.

FÜR 4 PERSONEN

Süßer Basilikum-Ingwer-Tee

Blutgruppe 0	Blutgruppe A	Blutgruppe B	Blutgruppe AB
Knapp 1 Liter Wasser	Knapp 1 Liter Wasser	Knapp 1 Liter Wasser	Knapp 1 Liter Wasser
1 Stück (5 cm) Ingwer, geschält und grob gehackt	2 Stück (à 5 cm) frischer Ingwer, geschält und grob gehackt	1 Stück (5 cm) Ingwer, geschält und grob gehackt	1 Stück (5 cm) Ingwer, geschält und grob gehackt
2 EL Basilikum, in Stücke gerissen	2 EL Basilikum, in Stücke gerissen	2 EL Basilikum, in Stücke gerissen	2 EL Basilikum, in Stücke gerissen
1 TL Agavensirup	1 TL Agavensirup	1 TL Agavensirup	1 TL Agavensirup

1.

Wasser mit Ingwer zum Kochen bringen, vom Herd nehmen und Basilikum hineingeben. Mindestens 3 Minuten ziehen lassen.

2.

Agavensirup einrühren. Warm servieren.

FÜR 2 PERSONEN

Möhren-Grünkohl-Ingwer-Apfel-Saft

Blutgruppe 0	Blutgruppe A	Blutgruppe B	Blutgruppe AB
1 Bund Grünkohl	1 Bund Grünkohl	1 Bund Grünkohl	1 Bund Grünkohl
½ Zitrone	½ Zitrone	½ Zitrone	½ Zitrone
4 große Möhren	4 große Möhren	4 große Möhren	4 große Möhren
4 Äpfel (NS nehmen Birnen)	4 Äpfel	4 Äpfel	4 Äpfel
1 Stück (7 cm) frischer Ingwer, geschält	1 Stück (7 cm) frischer Ingwer, geschält	1 Stück (7 cm) frischer Ingwer, geschält	1 Stück (7 cm) frischer Ingwer, geschält

1.
Gemüse waschen und trocknen. Von Grünkohl und Möhren die harten Enden abschneiden und Grünkohl, Zitrone, Möhren, Äpfel und Ingwer nacheinander in den Entsafter geben.

2.
Umrühren und genießen.

FÜR 4 PERSONEN

Tipp: Gemüsesäfte halten sich im Kühlschrank bis zu 3 Tage, enthalten jedoch die meisten Nährstoffe, wenn man sie gleich nach dem Entsaften trinkt.

Tropisch-fruchtiger Grünkohl-Smoothie

Blutgruppe 0	Blutgruppe A	Blutgruppe B	Blutgruppe AB
60 g gefrorene Ananas	250 g gefrorene Ananas	250 g gefrorene Ananas	250 g gefrorene Ananas
160 g gefrorene Mango	50 g gefrorene Pfirsichscheiben	50 g gefrorene Pfirsichscheiben	50 g gefrorene Pfirsichscheiben
½ gefrorene Banane	3 EL gefrorener Grünkohl	½ gefrorene Banane	75 g tiefgekühlte Blaubeeren
3 EL gefrorener Grünkohl	200 ml Grapefruitsaft	3 EL gefrorener Grünkohl	3 EL gefrorener Grünkohl
200 ml Mandeldrink (NS nehmen Reisdrink)	2 TL Agavensirup	200 ml Kuhmilch, fettarm	200 ml Grapefruitsaft
2 TL Agavensirup	2 EL Protein Blend Powder™ Type A*	2 TL Agavensirup	2 TL Agavensirup
2 EL Protein Blend Powder™ Type 0*	½ TL gemahlener Zimt	2 EL Protein Blend Powder™ Type B*	2 EL Protein Blend Powder™ Type B/AB*
½ TL gemahlener Zimt			½ TL gemahlener Zimt

1.
Alle Zutaten im Mixer glatt rühren. Oder alle Zutaten in einem großen Becher mit dem Stabmixer pürieren.

2.
Gekühlt servieren.

FÜR 4 PERSONEN

* Näheres zu Protein Blend™ Powder finden Sie im Anhang unter Produkte (Seite 416).

Chai-Eiskaffee (NS) (NS)

Blutgruppe A	Blutgruppe B
1¼ l Kaffee	1¼ l Kaffee (NS geben 3 EL Carob Extract* in 1¼ l fettarme Kuhmilch)
1 ganze Gewürznelke	1 ganze Gewürznelke
1 Zimtstange	⅛ TL gemahlener Muskat
¼ TL getrockneter Ingwer	¼ TL getrockneter Ingwer
⅛ TL gemahlener Kardamom	⅛ TL gemahlener Kardamom
2 EL Agavensirup	2 EL Agavensirup
120 ml Sojadrink	120 ml fettarme Kuhmilch oder mehr nach Geschmack

1.

Den Kaffee mit Gewürznelke, Zimtstange (für A) bzw. Muskat (für B), Ingwer, Kardamom und Agavensirup in einen Topf geben.

2.

Auf mäßig niedriger Stufe unter gelegentlichem Rühren erwärmen und ziehen lassen (etwa 8 bis 10 Minuten).

3.

Zimtstange (für A) und Gewürznelke entfernen. Getränk vom Herd nehmen und abkühlen lassen. Dann für etwa eine Stunde in den Kühlschrank geben.

4.

Das kalte Getränk in eine große Glaskanne gießen, Sojadrink (für A) bzw. Milch (für B) zufügen (nach Wunsch auch mehr).

5.

In gekühlten Gläsern mit Eiswürfeln servieren.

FÜR 4 PERSONEN

* Näheres zu Carob Extract finden Sie im Anhang auf Seite 416.

Matcha-Mojito-Tee

Blutgruppe 0	Blutgruppe A	Blutgruppe B	Blutgruppe AB
1,5 l Wasser	1,5 l Wasser	1,5 l Wasser	1,5 l Wasser
60 g frische Minze	60 g frische Minze	60 g frische Minze	60 g frische Minze
Saft und abgeriebene Schale einer unbehandelten Limone	Saft und abgeriebene Schale einer unbehandelten Limone	Saft und abgeriebene Schale einer unbehandelten Limone	Saft und abgeriebene Schale einer unbehandelten Limone
2 TL Matcha-Pulver	2 TL Matcha-Pulver	2 TL Matcha-Pulver	2 TL Matcha-Pulver
1 EL Honig (NS nehmen Agavensirup)	1 EL Honig	1 EL Honig	1 EL Honig (NS nehmen Agavensirup)

1.
Wasser bis knapp unter den Siedepunkt erhitzen. Minze, Limonenschale und -saft hineingeben, Deckel auflegen und 5 Minuten ziehen lassen.

2.
Das Matcha-Pulver in eine gläserne Kanne geben und nach und nach, unter ständigem Rühren, Minzwasser dazugießen. Den Tee abseihen, Minze und Limonenschale entfernen.

3.
Honig (oder Agavensirup) zufügen und servieren.

FÜR 4 PERSONEN

KENNEN SIE …?

Matcha

Matcha ist grüner Tee in Pulverform. Die Teeblätter werden in der Sonne getrocknet, fein gemahlen und dann mit Wasser knapp unter dem Siedepunkt verrührt. Matcha war ursprünglich Teil der japanischen Teezeremonie, erfreut sich nun aber auch in westlichen Ländern steigender Beliebtheit. Da man bei Matcha das gesamte Teeblatt zu sich nimmt, nicht nur das, was die Blätter abgeben, konsumiert man auch deutlich mehr Antioxidantien. Matcha kann auch für Backwaren wie Kekse und Kuchen verwendet werden.

DESSERTS

Dunkle Schokoladen-Brownies · Feigenschnitten · Chocolate Chip Cookies · Schokotrüffel · Streuselkuchen mit Blaubeeren · Gestürzter Mandelkuchen mit Aprikosenüberzug · Cremiger Beeren-Ricotta · Möhren-Ananas-Kuchen mit Schoko-Chai-Glasur · Eiscremevariationen aus Bananen

Was wäre ein Kochbuch ohne Desserts? Eine konsequente Diät hat wesentlich mehr Aussichten auf Erfolg, wenn sie vernünftige Optionen für die gelegentliche Lust auf Süßes vorsieht. Auch wenn sie verboten gut klingen, wurden diese Rezepte doch so gesund wie möglich gestaltet. Verwenden Sie zum Süßen nach Möglichkeit Agavensirup oder Melasse, nehmen Sie geeignete Mehle, wenig Fett und verwenden Sie ruhig Schokolade.

Dunkle Schokoladen-Brownies

Blutgruppe 0	Blutgruppe A	Blutgruppe B	Blutgruppe AB
100 g Naturreismehl	120 g Dinkelmehl	100 g Naturreismehl	120 g Dinkelmehl
40 g Hirsemehl	50 g Hafermehl	40 g Hirsemehl	50 g Hafermehl
1 TL Backpulver	1 TL Backpulver	1 TL Backpulver	1 TL Backpulver
40 g Pfeilwurzelstärke	2 EL Kakaopulver	40 g Pfeilwurzelstärke	2 EL Kakaopulver
3 EL Kakaopulver	½ TL Meersalz	3 EL Kakaopulver	½ TL Meersalz
½ TL Meersalz	2 Eier	½ TL Meersalz	2 Eier
3 große Eier	60 ml Apfelmus	3 große Eier	60 ml Apfelmus
60 ml Apfelmus (NS nehmen ½ zerdrückte Banane)	3 EL Ghee, geschmolzen und abgekühlt, oder helles Olivenöl	60 ml Apfelmus	3 EL Ghee, geschmolzen und abgekühlt, oder helles Olivenöl
4 EL weiche Butter*	120 ml Agavensirup	4 EL weiches Ghee	120 ml Agavensirup
120 ml Agavensirup	60 g dunkle Schokolade mit 100% Kakaoanteil, in Stücke gebrochen	120 ml Agavensirup	60 g dunkle Schokolade mit 100% Kakaoanteil, in Stücke gebrochen
60 g dunkle Schokolade mit 100% Kakaoanteil, in Stücke gebrochen	60 ml warmes Wasser	60 g dunkle Schokolade mit 100% Kakaoanteil, in Stücke gebrochen	60 ml warmes Wasser
3 EL warmes Wasser	85 g Schokotropfen	3 EL warmes Wasser	85 g Schokotropfen
85 g Schokotropfen	Backspray	85 g Allergenfreie Schokotropfen	Backspray
Backspray		Backspray	

* Butter kann durch Ghee oder helles Olivenöl ersetzt werden.

1.
Backofen auf 180 Grad vorheizen. Eine Auflaufform von 20 × 20 cm mit Backspray besprühen.

2.
Die trockenen Zutaten in einer großen Schüssel mischen.

3.
Die Schokolade im Simmertopf oder im Wasserbad schmelzen. Dafür einen kleinen Topf zu einem Drittel mit Wasser füllen und ein zweites, kleineres Gefäß hineinhängen (das Wasser sollte das zweite Gefäß nicht berühren).

4.
Die geschmolzene Schokolade mit Eiern, Apfelmus, Butter/Ghee und Agavensirup verrühren. Zu den trockenen Zutaten geben und gut mischen.

5.

Den Teig in der vorbereiteten Form verteilen, etwa 30 bis 35 Minuten backen, bis sich der Teig fest anfühlt; Garprobe machen.

6.

Brownies aus dem Backofen nehmen, diesen abschalten. Die Schokotropfen an der Oberfläche verteilen, Brownies für weitere 2 bis 3 Minuten in den Backofen schieben. Die geschmolzenen Schokotropfen mit einer Winkelpalette gleichmäßig verteilen. 10 Minuten abkühlen lassen.

7.

In Stücke schneiden und servieren. Die Brownies über Nacht an einem kühlen, trockenen Ort oder bis zu 1 Monat im Tiefkühlfach aufbewahren.

FÜR 8 PERSONEN

Feigenschnitten

Blutgruppe 0	Blutgruppe A	Blutgruppe B	Blutgruppe AB
100 g Naturreismehl	100 g Naturreismehl	100 g Naturreismehl	100 g Naturreismehl
60 g Hirsemehl	60 g Hirsemehl	60 g Hirsemehl	60 g Hirsemehl
30 g Pfeilwurzelstärke	30 g Pfeilwurzelstärke	30 g Pfeilwurzelstärke	30 g Pfeilwurzelstärke
1 TL Backpulver	1 TL Backpulver	1 TL Backpulver	1 TL Backpulver
½ TL Meersalz	½ TL Meersalz	½ TL Meersalz	½ TL Meersalz
2 große Eier	2 große Eier	2 große Eier	2 große Eier
4 EL Ghee, geschmolzen und abgekühlt, plus ein wenig zum Ausfetten	4 EL Ghee, geschmolzen und abgekühlt, plus ein wenig zum Ausfetten	4 EL Ghee, geschmolzen und abgekühlt, plus ein wenig zum Ausfetten	4 EL Ghee, geschmolzen und abgekühlt, plus ein wenig zum Ausfetten
2 große Eiweiße	2 große Eiweiße	2 große Eiweiße	2 große Eiweiße

BELAG

Blutgruppe 0	Blutgruppe A	Blutgruppe B	Blutgruppe AB
100 g Feigenkonfitüre	100 g Feigenkonfitüre	100 g Feigenkonfitüre	100 g Feigenkonfitüre
75 g getrocknete Feigen, in 1 cm große Würfel geschnitten	75 g getrocknete Feigen, in 1 cm große Würfel geschnitten	75 g getrocknete Feigen, in 1 cm große Würfel geschnitten	75 g getrocknete Feigen, in 1 cm große Würfel geschnitten
60 ml Agavensirup	60 ml Agavensirup	60 ml Agavensirup	60 ml Agavensirup
2 Eier, verquirlt	2 Eier, verquirlt	2 Eier, verquirlt	2 Eier, verquirlt
1 Eiweiß	1 Eiweiß	1 Eiweiß	1 Eiweiß
2 TL abgeriebene Schale einer unbehandelten Zitrone	2 TL abgeriebene Schale einer unbehandelten Zitrone	2 TL abgeriebene Schale einer unbehandelten Zitrone	2 TL abgeriebene Schale einer unbehandelten Zitrone
½ TL gemahlener Zimt (NS nehmen ¼ TL Ingwer und ⅛ TL Muskat)	½ TL gemahlener Zimt	⅛ TL gemahlener Muskat	½ TL gemahlener Zimt
⅛ TL gemahlene Gewürznelken	⅛ TL gemahlene Gewürznelken	⅛ TL gemahlener Ingwer	⅛ TL gemahlene Gewürznelken
2 EL Naturreismehl	2 EL Naturreismehl	⅛ TL gemahlene Gewürznelken	2 EL Naturreismehl
		2 EL Naturreismehl	

1.
Backofen auf 180 Grad vorheizen. Eine Auflaufform von 23 × 28 cm mit Fett ausstreichen.

2.
Mehl in einer großen Schüssel mit Backpulver und Meersalz mischen.

3.
Eier mit abgekühltem Ghee schaumig rühren, zur Mehlmischung geben und glatt rühren.

4.
Die Eiweiße in einer fettfreien, trockenen Glasschüssel steif schlagen und in drei Schritten unter den Teig ziehen.

5.
Den Teig in die vorbereitete Auflaufform gießen und 15 Minuten backen, bis sich eine Kruste zu bilden beginnt.

6.
Inzwischen die Zutaten für den Belag gut miteinander verrühren.

7.
Den Teigboden aus dem Backofen nehmen, den Belag gleichmäßig darauf verteilen. Wieder in den Backofen schieben und weitere 35 bis 40 Minuten backen. Garprobe machen.

8.
Warm oder zimmerwarm servieren. Die Schnitten 1 bis 2 Tage kühl und trocken aufbewahren oder für bis zu 1 Monat einfrieren.

FÜR 12 PERSONEN

Chocolate Chip Cookies

Blutgruppe 0	Blutgruppe A	Blutgruppe B	Blutgruppe AB
120 g Naturreismehl	60 g Dinkelmehl	60 g Dinkelmehl	60 g Dinkelmehl
60 g Hirsemehl	50 g Hafermehl	50 g Hafermehl	50 g Hafermehl
1 TL Meersalz	1 TL Meersalz	1 TL Meersalz	1 TL Meersalz
2 TL Backpulver	½ TL Backpulver	½ TL Backpulver	½ TL Backpulver
30 g Pfeilwurzelstärke	½ TL Natron	½ TL Natron	½ TL Natron
120 g weiche Butter (NS nehmen 120 ml Ghee)	120 ml weiches Ghee	120 ml weiches Ghee	120 ml weiches Ghee
120 ml Agavensirup	120 ml Agavensirup	120 ml Agavensirup	120 ml Agavensirup
2 EL Melasse	1 EL Melasse	1 EL Melasse	1 EL Melasse
1 großes Ei	1 TL Vanilleextrakt	1 TL Vanilleextrakt	1 TL Vanilleextrakt
1 großes Eiweiß	85 g Allergenfreie Schokotropfen	85 g Schokotropfen	85 g Allergenfreie Schokotropfen
85 g Allergenfreie Schokotropfen			

1.

Backofen auf 180 Grad vorheizen. Ein Backblech mit Pergamentpapier auslegen.

2.

A, B und AB Mehl in einer großen Schüssel mit Salz, Backpulver und Natron mischen.

0 Mehl, Pfeilwurzelstärke, Backpulver und Salz in einer großen Schüssel mischen.

3.

A, B und AB Weiches Ghee in einer zweiten Schüssel mit Agavensirup, Melasse und Vanilleextrakt schaumig rühren.

0 Weiche Butter in einer zweiten Schüssel mit Agavensirup und Melasse schaumig rühren. Ei und Eiweiß zufügen, leicht durchschlagen.

4.
Die Mischung zum Mehl geben und gut mischen. Schokotropfen unterziehen.

5.
Den Teig esslöffelweise mit 5 cm Abstand auf das vorbereitete Backblech setzen.

6.
Auf der mittleren Schiene 12 Minuten backen, bis die Cookies an den Rändern goldbraun und in der Mitte weich sind. Auf einem Kuchengitter erkalten lassen oder warm essen.

7.
In einem luftdichten Behälter 1 bis 2 Tage kühl und trocken lagern oder bis zu 1 Monat einfrieren.

FÜR 12 PERSONEN

Schokotrüffel

Blutgruppe 0	Blutgruppe A	Blutgruppe B	Blutgruppe AB
250 g dunkle Schokolade mit 100% Kakaoanteil, gehobelt	250 g dunkle Schokolade mit 100% Kakaoanteil, gehobelt	250 g dunkle Schokolade mit 100% Kakaoanteil, gehobelt	250 g dunkle Schokolade mit 100% Kakaoanteil, gehobelt
60 g Butter	60 ml Ghee	60 ml Butter oder Ghee	60 ml Ghee
160 ml Agavensirup	80 ml Agavensirup	160 ml Agavensirup	160 ml Agavensirup
120 ml Mandeldrink (NS nehmen Reisdrink)	120 ml Mandel- oder Sojadrink	120 ml Kuhmilch, fettarm	120 ml Kuhmilch (fettarm) oder Ziegenmilch
⅛ TL grobes Meersalz	⅛ TL grobes Meersalz	⅛ TL grobes Meersalz	⅛ TL grobes Meersalz
3 EL Kakaopulver	3 EL Kakaopulver	3 EL Kakaopulver	3 EL Kakaopulver

1.

Gehobelte Schokolade in eine Schüssel geben. Butter, Agavensirup, Milch und Salz in einem Topf auf mittlerer Stufe erwärmen. Die Mischung über die Schokolade gießen und glatt rühren.

2.

Auf Raumtemperatur abkühlen lassen, gut abdecken und kalt stellen, bis die Schokolade fest ist, etwa 2 bis 3 Stunden.

3.

Mit einem EL oder Kugelausstecher Trüffeln ausstechen, zu etwas weniger als golfballgroßen Kugeln formen und vorsichtig in Kakaopulver wälzen. Bis zum Servieren kalt stellen.

4.

In einem luftdichten Behälter im Kühlschrank bis zu 1 Woche aufbewahren.

FÜR 6 PERSONEN

KENNEN SIE ...?

Agavensirup

Agavensirup ist eine natürliche Süße aus der Agavenpflanze, ein im Südwesten der Vereinigten Staaten und in Mexiko häufiges Gewächs. Agavensirup ist bekannt als Grundzutat für Tequila. Er kann auch anstelle von Zucker zum Backen und Kochen verwendet werden, ersetzt Zucker jedoch nicht im Verhältnis 1:1, weil es sich um eine Flüssigkeit handelt. Agavensirup ist mild im Geschmack, ähnlich wie Honig, jedoch mit einem wesentlich dezenteren Aroma.

Streuselkuchen mit Blaubeeren

	Blutgruppe 0	Blutgruppe A	Blutgruppe B	Blutgruppe AB
TEIG	50 g Tapiokamehl (NS nehmen Pfeilwurzelmehl) 100 g Naturreismehl plus ein wenig zum Ausrollen ½ TL Meersalz 3 EL kalte Butter 4–5 EL Eiswasser	120 g Dinkelmehl, plus ein wenig zum Ausrollen ¼ TL Meersalz 4 EL eiskaltes Ghee 4–5 EL Eiswasser	40 g Hirsemehl, plus ein wenig zum Ausrollen 100 g Naturreismehl ½ TL Meersalz 3 EL kalte Butter 4–5 EL Eiswasser	120 g Dinkelmehl, plus ein wenig zum Ausrollen ¼ TL Meersalz 4 EL eiskaltes Ghee 4–5 EL Eiswasser
BELAG	1 TL abgeriebene Schale einer unbehandelten Zitrone ¼ TL Meersalz ¼ TL Zimt (NS nehmen ⅛ TL Muskat) 80 ml Agavensirup ¼ TL getrockneter Ingwer 300 g (frische oder tiefgekühlte) Blaubeeren	1 TL abgeriebene Schale einer unbehandelten Zitrone ¼ TL Meersalz ¼ TL Zimt 80 ml Agavensirup ¼ TL getrockneter Ingwer 300 g (frische oder tiefgekühlte) Blaubeeren	1 TL abgeriebene Schale einer unbehandelten Zitrone ¼ TL Meersalz ¼ TL Muskat 80 ml Agavensirup ¼ TL getrockneter Ingwer 300 g (frische oder tiefgekühlte) Blaubeeren	1 TL abgeriebene Schale einer unbehandelten Zitrone ¼ TL Meersalz ¼ TL Zimt 80 ml Agavensirup ¼ TL getrockneter Ingwer 300 g (frische oder tiefgekühlte) Blaubeeren
STREUSEL	40 g Naturreismehl 30 g fein gehackte Walnüsse 2 EL kalte Butter oder Ghee 1 EL Agavensirup	30 g Dinkelmehl 30 g fein gehackte Walnüsse 2 EL kaltes Ghee 1 EL Agavensirup	40 g Naturreismehl 30 g fein gehackte Walnüsse 2 EL kalte Butter oder Ghee 1 EL Agavensirup	30 g Dinkelmehl 30 g fein gehackte Walnüsse 2 EL kaltes Ghee 1 EL Agavensirup

1.
Backofen auf 180 Grad vorheizen.

2.
Mehl in einer großen Schüssel mit Meersalz mischen. Die kalte Butter in kleine Stücke schneiden und zum Mehl geben.

3.
Mit zwei Buttermessern oder einem Teigmischer in das Mehl einarbeiten, bis die Mischung aussieht wie grobes Maismehl. Esslöffelweise Wasser zugeben, bis der Teig zusammenhält, ohne klebrig zu sein.

4.
Den Teig zu einem elastischen Ball kneten, eventuell noch Mehl zugeben. Den Teig nicht zu lange kneten – man sollte noch kleine Butterstücke sehen. Den Teig abdecken und für 1 Stunde kalt stellen.

5.
Den Teig auf einer bemehlten Arbeitsfläche zu einer Kreisfläche von 30 cm Durchmesser ausrollen. Vorsichtig in eine Pie-Form von 23 cm Durchmesser heben, einen Teigspatel zu Hilfe nehmen. (Wenn der Teig reißt, einfach wieder zusammendrücken.) An den Seiten andrücken, am Rand durch Fingerdruck ein Wellenmuster erzeugen.

6.
Die Zutaten für den Belag in einer großen Schüssel mischen und den Teig damit füllen.

7.
0 und B Für die Streusel Walnüsse und Naturreismehl mischen. Die Butter mit den Fingern einarbeiten. Agavensirup einrühren, Streusel über die Blaubeeren geben.
A und AB Für die Streusel Walnüsse und Dinkelmehl mischen. Das Ghee mit den Fingern einarbeiten. Agavensirup einrühren, Streusel über die Blaubeeren geben.

8.
25 bis 30 Minuten backen.

9.
Warm servieren.

FÜR 4 PERSONEN

Gestürzter Mandelkuchen mit Aprikosenüberzug

	Blutgruppe 0	Blutgruppe A	Blutgruppe B	Blutgruppe AB
	160 g Naturreismehl	160 g Naturreismehl	160 g Naturreismehl	160 g Naturreismehl
	60 g Hirsemehl	60 g Hirsemehl	60 g Hirsemehl	60 g Hirsemehl
	50 g fein gemahlene Mandeln	50 g fein gemahlene Mandeln	50 g fein gemahlene Mandeln	50 g fein gemahlene Mandeln
	2 TL Backpulver	2 TL Backpulver	2 TL Backpulver	2 TL Backpulver
	½ TL feines Meersalz	½ TL feines Meersalz	½ TL feines Meersalz	½ TL feines Meersalz
	½ TL abgeriebene Schale einer unbehandelten Zitrone	½ TL abgeriebene Schale einer unbehandelten Zitrone	½ TL abgeriebene Schale einer unbehandelten Zitrone	½ TL abgeriebene Schale einer unbehandelten Zitrone
	4 große Eiweiße	4 große Eiweiße	4 große Eiweiße	4 große Eiweiße
	2 große Eidotter	2 große Eidotter	2 große Eidotter	2 große Eidotter
	120 ml Agavensirup	120 ml Agavensirup	120 ml Agavensirup	120 ml Agavensirup
	2 EL Honig (NS nehmen Agavensirup)	2 EL Honig	2 EL Honig, geteilt	2 EL Honig (NS nehmen Agavensirup)
	6 EL Ghee, weich	6 EL Ghee, weich	6 EL Ghee, weich	6 EL Ghee, weich
	5 EL Mandeldrink (NS nehmen Reisdrink)	5 EL Mandeldrink	5 EL fettarme Kuhmilch	5 EL fettarme Kuhmilch oder Ziegenmilch
BELAG	150 g ganze Mandeln	150 g ganze Mandeln	150 g ganze Mandeln	150 g ganze Mandeln
	2 EL Honig (NS nehmen Agavensirup)	2 EL Honig	2 EL Honig	2 EL Honig (NS nehmen Agavensirup)
	3 EL zuckerfreie Aprikosenkonfitüre (NS nehmen Kirschkonfitüre)	3 EL zuckerfreie Aprikosenkonfitüre	3 EL zuckerfreie Aprikosenkonfitüre	3 EL zuckerfreie Aprikosenkonfitüre

1.
Backofen auf 180 Grad vorheizen. Eine Tortenform von 23 cm mit Pergamentpapier auslegen.

2.
In einer großen Schüssel Mehl, Mandeln, Backpulver und Salz mischen.

3.
Die Eiweiße in einer trockenen Glasschüssel mit einem Handmixer steif schlagen.

4.
Die übrigen Zutaten für den Kuchen in einer kleinen Schüssel mischen und zu den trockenen Zutaten geben. Miteinander verrühren. Die Eiweiße in drei Schritten unter den Teig ziehen.

5.
Für den Belag die Mandeln gleichmäßig auf dem Boden der Tortenform verteilen. Honig und Aprikosenkonfitüre in einem kleinen Topf auf niedriger Stufe 30 Sekunden erwärmen, bis die Mischung dünnflüssiger wird. Langsam über die Mandeln in der Form gießen. Darüber kommt der Kuchenteig.

6.
40 Minuten backen, Garprobe machen.

FÜR 8 PERSONEN

Cremiger Beeren-Ricotta

Blutgruppe A	Blutgruppe B	Blutgruppe AB
450 g Bio-Ricotta aus teilentrahmter Milch	450 g Bio-Ricotta aus teilentrahmter Milch	450 g Bio-Ricotta aus teilentrahmter Milch
¼ TL Zimt	⅛ TL gemahlener Muskat	¼ TL Zimt
1 TL abgeriebene Schale einer unbehandelten Zitrone	1 TL abgeriebene Schale einer unbehandelten Zitrone	1 TL abgeriebene Schale einer unbehandelten Zitrone
2 TL Agavensirup	2 TL Agavensirup	2 TL Agavensirup
¼ TL Meersalz	¼ TL Meersalz	¼ TL Meersalz
100 g Blaubeeren	100 g Banane, in Scheiben	70 g frische Feigen, geviertelt
100 g Erdbeeren	100 g Erdbeeren, in Scheiben	100 g Blaubeeren
		40 g Erdbeeren

1.

In einer mittelgroßen Schüssel Ricotta, Zimt (für A, AB)/ Muskat (für B), Zitronenschale, Agavensirup und Meersalz verrühren.

2.

A Die Erdbeeren schneiden und wie die Blaubeeren zum Dippen nehmen, oder die Beeren unter den Ricotta ziehen.

B Erdbeer- und Bananenscheiben zum Dippen nehmen oder unter den Ricotta ziehen.

AB Die Erdbeeren und Feigen schneiden und wie die Blaubeeren zum Dippen nehmen oder unter den Ricotta ziehen.

FÜR 4 PERSONEN

Möhren-Ananas-Kuchen mit Schoko-Chai-Glasur

Blutgruppe 0	Blutgruppe A	Blutgruppe B	Blutgruppe AB
3 EL Butter oder Ghee, geschmolzen und abgekühlt, plus etwas zum Ausfetten	3 EL Ghee, geschmolzen und abgekühlt, plus etwas zum Ausfetten	3 EL Ghee, geschmolzen und abgekühlt, plus etwas zum Ausfetten	3 EL Ghee, geschmolzen und abgekühlt, plus etwas zum Ausfetten
120 g geraspelte Möhren	120 g geraspelte Möhren	120 g geraspelte Möhren	120 g geraspelte Möhren
120 g Ananas, feinwürfelig geschnitten	120 g Ananas, feinwürfelig geschnitten	120 g Ananas, feinwürfelig geschnitten	120 g Ananas, feinwürfelig geschnitten
160 g Naturreismehl	160 g Naturreismehl	160 g Naturreismehl	160 g Naturreismehl
120 g Hirsemehl	120 g Hirsemehl	120 g Hirsemehl	120 g Hirsemehl
30 g Pfeilwurzelstärke	30 g Pfeilwurzelstärke	30 g Pfeilwurzelstärke	30 g Pfeilwurzelstärke
3 TL Backpulver	3 TL Backpulver	3 TL Backpulver	3 TL Backpulver
1 TL Salz	1 TL Salz	1 TL Salz	1 TL Salz
½ TL Zimt (NS nehmen ⅛ TL Muskat)	½ TL Zimt	¼ TL gemahlener Muskat	½ TL Zimt
2 große Eidotter	2 große Eidotter	2 große Eidotter	2 große Eidotter
100 g fein gehackte Walnüsse	100 g fein gehackte Walnüsse	100 g fein gehackte Walnüsse	100 g fein gehackte Walnüsse
120 ml Agavensirup	120 ml Agavensirup	120 ml Agavensirup	120 ml Agavensirup
4 große Eiweiße	4 große Eiweiße	4 große Eiweiße	4 große Eiweiße

GLASUR

Blutgruppe 0	Blutgruppe A	Blutgruppe B	Blutgruppe AB
120 ml Mandeldrink (NS nehmen Reisdrink)	120 ml Mandeldrink	120 ml Kuhmilch, fettarm	120 ml Kuhmilch (fettarm) oder Ziegenmilch
4 EL Agavensirup	4 EL Agavensirup	4 EL Agavensirup	4 EL Agavensirup
1 TL gemahlener Zimt (NS nehmen ⅛ TL Muskat)	1 TL gemahlener Zimt	½ TL gemahlener Muskat	1 TL gemahlener Zimt
½ TL gemahlener Ingwer	½ TL gemahlener Ingwer	½ TL gemahlener Ingwer	½ TL gemahlener Ingwer
⅛ TL gemahlener Piment	⅛ TL gemahlener Piment	⅛ TL gemahlene Gewürznelken	100 g dunkle Schokolade mit 100 % Kakaoanteil, gerieben
	100 g dunkle Schokolade mit 100 % Kakaoanteil, gerieben	100 g dunkle Schokolade mit 100 % Kakaoanteil, gerieben	

100 g dunkle Schokolade mit 100 % Kakaoanteil, gerieben	2 EL Ghee	2 EL Ghee	2 EL Ghee
2 EL Ghee	2 EL Kakaopulver	2 EL Kakaopulver	2 EL Kakaopulver
2 EL Kakaopulver	30 g gehackte Walnüsse, zum Garnieren	30 g gehackte Walnüsse, zum Garnieren	30 g gehackte Walnüsse, zum Garnieren
30 g gehackte Walnüsse, zum Garnieren			

1.
Backofen auf 180 Grad vorheizen. Eine Tortenform von 23 cm Durchmesser mit Fett ausstreichen.

2.
Die geraspelten Möhren und die Ananaswürfel auf Küchenkrepp legen, um überschüssige Flüssigkeit zu entfernen.

3.
Die trockenen Zutaten in einer großen Schüssel mischen.

4.
Eidotter, Ananas, Möhren, Walnüsse, 3 EL Ghee und Agavensirup in einer zweiten Schüssel verrühren. Zu den trockenen Zutaten gießen und gut mischen.

5.
Die Eiweiße in einer trockenen Glasschüssel steif schlagen, in drei Schritten unter den Teig ziehen. In die vorbereitete Tortenform gießen.

6.
35 bis 40 Minuten backen. Aus dem Backofen nehmen und 5 Minuten abkühlen lassen. Aus der Form nehmen und vor dem Glasieren auf einem Kuchengitter vollständig erkalten lassen.

7.
Für die Schoko-Chai-Glasur: Milch, Agavensirup und Gewürze in einem kleinen Topf auf niedriger Stufe 2 bis 3 Minuten unter gelegentlichem Rühren erwärmen.

8.
Die geriebene Schokolade mit Ghee in eine Schüssel geben. Die heiße Flüssigkeit über die Schokolade gießen und glatt rühren. Vollständig erkalten lassen. Kakaopulver zufügen und rühren, bis die Mischung dick wird.

8.
Den erkalteten Kuchen mit der Glasur überziehen, mit Walnüssen bestreuen. Schmeckt am besten frisch, kann über Nacht an einem kühlen, trockenen Ort oder für bis zu 1 Monat im Gefrierschrank gelagert werden.

FÜR 8 PERSONEN

Eiscremevariationen aus Bananen

Grundrezept

Blutgruppe 0 + B

4 halb reife Bananen, ungeschält

1.

Bananen über Nacht einfrieren. In gefrorenem Zustand schälen und in Scheiben schneiden. In der Küchenmaschine etwa 2 Minuten pürieren, bis sie die Konsistenz von cremigem Speiseeis annehmen. In einer Schüssel anrichten und servieren.

Für Abwechslung sorgen die folgenden Varianten:

Variante 1: Schoko-Doppel

Blutgruppe 0 + B

1 EL Kakaopulver
1 EL Agavensirup
40 g kleine dunkle Schokotropfen

1.

Kakaopulver und Agavensirup zu den gefrorenen Bananen in die Küchenmaschine geben und cremig rühren. Die Schokotropfen unterziehen und servieren.

Variante 2: Ahorn-Pekan/Agave-Pekan

Blutgruppe 0 + B

30 g Pekannüsse, gehackt
2 EL Ahornsirup, geteilt (NS nehmen Agavensirup)
⅛ TL Salz

1.

Die Pekannüsse in einer kleinen Pfanne auf mittlerer Stufe rösten. Mit 1 EL Ahornsirup und Salz verrühren, abkühlen lassen.

2.

Den übrigen Ahornsirup mit den gefrorenen Bananen in der Küchenmaschine cremig rühren. Die abgekühlten Pekannüsse unterziehen und servieren.

FÜR 4 PERSONEN

Tipp: Wenn die Bananen durch das Hinzufügen anderer Zutaten zu weich werden, einfach 2 weitere Stunden in einem Glasbehälter einfrieren. Die Eiscreme hält sich im Gefrierschrank bis zu 1 Woche.

BRÜHEN, EXTRAS UND SAUCEN

Kristins Ketchup · Kräuter-Dressing · Möhren-Ingwer-Dressing · Honig-Senf-Dressing · Zitrus-Dressing · Würzige Tofu-Marinade · Schokoladensirup · Zimtsirup · Hühner- oder Putenbrühe · Rinderbrühe · Gemüsebrühe · Grundrezept für (glutenfreies) Semmelmehl

Kristins Ketchup

Blutgruppe 0	Blutgruppe AB
2 EL fein gehackte Zwiebeln	2 EL fein gehackte Zwiebeln
1 TL Olivenöl	1 TL Olivenöl
120 ml Bio-Tomatenmark	120 ml Bio-Tomatenmark
1 EL Agavensirup	1 EL Agavensirup
2 EL Apfelsaft (NS nehmen Birnensaft)	2 EL Apfelsaft
½ TL Meersalz	½ TL Meersalz
¼ TL schwarzer Pfeffer	1 EL Zitronensaft
1 EL Zitronensaft	1 TL Melasse
1 TL Melasse	

1.
Olivenöl in einer kleinen Pfanne auf mittlerer Stufe erhitzen, Zwiebeln darin 3 bis 4 Minuten dünsten. Die übrigen Zutaten zufügen und 4 Minuten köcheln lassen. In einer Schüssel oder einem Glas abkühlen lassen.

2.
Im Kühlschrank lagern und als Ersatz für Ketchup verwenden.

Kräuter-Dressing NS NS NS NS

Blutgruppe 0	Blutgruppe A	Blutgruppe B	Blutgruppe AB
2 EL fein gehacktes frisches Basilikum	2 EL fein gehacktes frisches Basilikum	2 EL fein gehacktes frisches Basilikum	2 EL fein gehacktes frisches Basilikum
2 EL fein gehackte frische Petersilie	2 EL fein gehackte frische Petersilie	2 EL fein gehackte frische Petersilie	2 EL fein gehackte frische Petersilie
2 EL fein gehackter frischer Schnittlauch	2 EL fein gehackter frischer Schnittlauch	2 EL fein gehackter frischer Schnittlauch	2 EL fein gehackter frischer Schnittlauch
2 kleine Knoblauchzehen, fein gehackt	2 kleine Knoblauchzehen, fein gehackt	2 kleine Knoblauchzehen, fein gehackt	2 kleine Knoblauchzehen, fein gehackt
120 ml extravergines Olivenöl	120 ml extravergines Olivenöl	120 ml extravergines Olivenöl	120 ml extravergines Olivenöl
150 ml frisch gepresster Zitronensaft	150 ml frisch gepresster Zitronensaft	150 ml frisch gepresster Zitronensaft	150 ml frisch gepresster Zitronensaft
½ TL zerstoßener roter Pfeffer	Meersalz, nach Geschmack	½ TL zerstoßener roter Pfeffer	Meersalz, nach Geschmack
Meersalz, nach Geschmack		Meersalz, nach Geschmack	

1.

Kräuter, Knoblauch, Öl, Zitronensaft und Pfeffer (für 0 und B) in einer kleinen Schüssel miteinander verschlagen, oder alle Zutaten in ein Glas mit gut dichtendem Deckel geben und kräftig schütteln. Mit Meersalz nach Geschmack würzen.

2.

Das Dressing lässt sich in einem Glas oder einem Spender bis zu einer Woche im Kühlschrank aufbewahren. Sie können auch die doppelte Menge herstellen.

Möhren-Ingwer-Dressing NS NS NS NS

Blutgruppe 0	Blutgruppe A	Blutgruppe B	Blutgruppe AB
2 mittelgroße Möhren, geschält und gehackt	2 mittelgroße Möhren, geschält und gehackt	2 mittelgroße Möhren, geschält und gehackt	2 mittelgroße Möhren, geschält und gehackt
1 EL Olivenöl	1 EL Olivenöl	1 EL Olivenöl	1 EL Olivenöl
1 Stück (2,5 cm) frischer Ingwer, geschält	1 Stück (2,5 cm) frischer Ingwer, geschält	1 Stück (2,5 cm) frischer Ingwer, geschält	1 Stück (2,5 cm) frischer Ingwer, geschält
1 EL frischer Zitronensaft	1 EL frischer Zitronensaft	1 EL frischer Zitronensaft	1 EL frischer Möhrensaft
Meersalz, nach Geschmack	Meersalz, nach Geschmack	Meersalz, nach Geschmack	Meersalz, nach Geschmack

1.

Möhren, Olivenöl, Ingwer und Zitronensaft (für 0, A, B)/ Möhrensaft (für AB) in der Küchenmaschine zu glatter Konsistenz verarbeiten. Wenn die Masse zu dick ist, esslöffelweise Wasser zugeben.

2.

Mit Meersalz nach Geschmack würzen. Lässt sich in einem Glas oder Spender bis zu einer Woche im Kühlschrank lagern.

Honig-Senf-Dressing (NS)

Blutgruppe AB
2 EL würziger Senf
60 ml extravergines Olivenöl
1 EL Honig (NS nehmen Agavensirup)
Meersalz, nach Geschmack

1.

Kräuter, Knoblauch, Olivenöl, Zitronensaft und roten Pfeffer in einer kleinen Schüssel miteinander verschlagen, oder alle Zutaten in ein Glas mit gut dichtendem Deckel geben und kräftig schütteln. Mit Meersalz nach Geschmack würzen.

2.

Das Dressing lässt sich in einem Glas oder einem Spender bis zu einer Woche im Kühlschrank aufbewahren. Sie können auch die doppelte Menge herstellen, dann reicht es für die ganze Woche.

Zitrus-Dressing (NS) (NS) (NS)

Blutgruppe A	Blutgruppe B	Blutgruppe AB
120 ml extravergines Olivenöl	120 ml extravergines Olivenöl	120 ml extravergines Olivenöl
Saft zweier Zitronen	Saft zweier Zitronen	Saft einer Zitrone
Saft einer Limone	Saft einer Limone	Saft einer Limone
2 EL fein gehackte Korianderblätter	2 EL fein gehackte Korianderblätter	1 EL fein gehackte Korianderblätter
2 TL Agavensirup	2 TL Agavensirup	2 TL Agavensirup
Meersalz, nach Geschmack	Meersalz, nach Geschmack	Meersalz, nach Geschmack

1.

Olivenöl, Zitronensaft, Limonensaft, Korianderblätter und Agavensirup in einer kleinen Schüssel miteinander verschlagen, oder alle Zutaten in ein Glas mit gut dichtendem Deckel geben und kräftig schütteln. Mit Meersalz nach Geschmack würzen.

2.

Das Dressing lässt sich in einem Glas oder einem Spender bis zu einer Woche im Kühlschrank aufbewahren. Sie können auch die doppelte Menge herstellen, dann reicht es für die ganze Woche.

Würzige Tofu-Marinade

Blutgruppe A
1 EL Paprika
1 TL Senfpulver
¼ TL gemahlener Kreuzkümmel
½ TL grobes Meersalz
120 ml Olivenöl
Saft einer Zitrone
1 EL Agavensirup

1.
Alle Zutaten in einer kleinen Schüssel verrühren. So entsteht eine schnelle, leckere Marinade für Tofu, Gemüse oder Geflügel.

Schokoladensirup NS NS NS NS

Blutgruppe 0	Blutgruppe A	Blutgruppe B	Blutgruppe AB
250 ml Agavensirup	250 ml Agavensirup	250 ml Agavensirup	250 ml Agavensirup
2 EL Kakaopulver	2 EL Kakaopulver	2 EL Kakaopulver	2 EL Kakaopulver

1.
Agavensirup und Kakaopulver kräftig mit dem Schneebesen miteinander verschlagen. In einem sauberen Spender oder anderen Behälter aus Glas lagern, über Pfannkuchen oder Obst träufeln, als kleines Extra zu Smoothies geben.

2.
Lässt sich an einem kühlen, trockenen Ort bis zu 2 Wochen lagern.

Zimtsirup

Blutgruppe 0	Blutgruppe A	Blutgruppe AB
2 TL Butter	2 TL Butter	2 TL Ghee
250 ml Agavensirup	250 ml Agavensirup	250 ml Agavensirup
2 TL Zimt	2 TL Zimt	2 TL Zimt

1.

Butter oder Ghee in einem kleinen Topf auf mäßig niedriger Stufe erhitzen. Agavensirup und Zimt zugeben und mit dem Schneebesen gut verrühren. Vom Herd nehmen und vollständig erkalten lassen.

2.

Lässt sich in einem sauberen Spender oder einem anderen Behälter aus Glas bis zu 2 Wochen im Kühlschrank lagern.

Hühner- oder Putenbrühe

Blutgruppe 0	Blutgruppe A	Blutgruppe B	Blutgruppe AB
1,8 kg Hühner- oder Putenschenkel und Putenbrust	1,8 kg Hühner- oder Putenschenkel und Putenbrust	1,8 kg Putenschenkel und Putenbrust	1,8 kg Putenschenkel und Putenbrust
3 große Möhren, geschält und würfelig geschnitten	3 große Möhren, geschält und würfelig geschnitten	3 große Möhren, geschält und würfelig geschnitten	3 große Möhren, geschält und würfelig geschnitten
1 Knollensellerie, geschält und würfelig geschnitten	1 Knollensellerie, geschält und würfelig geschnitten	1 Knollensellerie, geschält und würfelig geschnitten	1 Knollensellerie, geschält und würfelig geschnitten
2 Knoblauchzehen, geschält	2 Knoblauchzehen, geschält	2 Knoblauchzehen, geschält	2 Knoblauchzehen, geschält
1 Vidalia-Zwiebel, gehackt	1 Vidalia-Zwiebel, gehackt	1 Vidalia-Zwiebel, gehackt	1 Vidalia-Zwiebel, gehackt
4 l Wasser	4 l Wasser	4 l Wasser	4 l Wasser
2 TL Meersalz	2 TL Meersalz	2 TL Meersalz	2 TL Meersalz
3 Zweige frischer Thymian	3 Zweige frischer Thymian	3 Zweige frischer Thymian	3 Zweige frischer Thymian
3 Zweige frischer Rosmarin	3 Zweige frischer Rosmarin	3 Zweige frischer Rosmarin	3 Zweige frischer Rosmarin
5 Zweige Petersilie	5 Zweige Petersilie	5 Zweige Petersilie	5 Zweige Petersilie
2 Lorbeerblätter	2 Lorbeerblätter	2 Lorbeerblätter	2 Lorbeerblätter

1.
Alle Zutaten in einem großen Suppentopf vorsichtig zum Kochen bringen. Wenn die Brühe kocht, mit einem großen Löffel abschäumen. Dann den Herd zurückschalten, Deckel auflegen und 3 Stunden schwach kochen lassen.

2.
Die Zutaten herausnehmen und die Brühe in einen sauberen Topf abseihen. Abkühlen lassen (nicht länger als 4 Stunden), dann umfüllen und in den Kühlschrank geben.

3.
Hält sich in Glasbehältern im Kühlschrank bis zu 3 Tage, im Gefrierschrank 2 Monate.

4.
Wer das Fleisch für Salate, Eintöpfe oder für die Suppe verwenden möchte, löst es nach einer Stunde Garzeit von den Knochen, lässt es abkühlen und stellt es bis zur Verwendung kalt. Knochen und Gemüse werden weiter gekocht. Die Brühe wird dann weniger stark, aber das Fleisch lässt sich vielseitig verwenden (etwa für Sandwiches, Salate, Eintöpfe und dergleichen).

Rinderbrühe

Blutgruppe 0	Blutgruppe B
3 Lorbeerblätter	3 Lorbeerblätter
4 Zweige frischer Thymian	4 Zweige frischer Thymian
1,8 kg Rinderknochen	1,8 kg Rinderknochen
2 TL Olivenöl	2 TL Olivenöl
Meersalz, nach Geschmack	Meersalz, nach Geschmack
2 Vidalia-Zwiebeln, grob gehackt	2 Vidalia-Zwiebeln, grob gehackt
4 Möhren, grob gehackt	4 Möhren, grob gehackt
140 g Pastinaken, grob gehackt	140 g Pastinaken, grob gehackt
4 l Wasser, geteilt	4 l Wasser, geteilt
2 Knoblauchzehen, geschält	2 Knoblauchzehen, geschält
250 ml Rotwein	250 ml Rotwein
120 ml Tomatenmark	

1.
Backofen auf 230 Grad vorheizen.

2.
Lorbeerblätter und Thymian mit Küchenzwirn zusammenbinden oder in ein Seihtuch wickeln.

3.
Die Rinderknochen in eine Bratpfanne geben, mit Olivenöl bestreichen und mit einer Prise Meersalz bestreuen. 30 Minuten rösten. Knochen wenden, Zwiebeln, Möhren und Pastinaken dazugeben und weitere 30 Minuten rösten. Aus dem Backofen nehmen, Rinderknochen und Gemüse in einen Suppentopf geben.

4.
Die Reste in der Bratpfanne mit ½ l Wasser ablöschen und vom Boden lösen. Notfalls die Bratpfanne auf dem Herd auf mäßig niedriger Stufe erwärmen, damit sie sich leichter lösen.

5.
In den Topf gießen, Wasser, Kräuter, Knoblauch, Tomatenmark (für 0) und Rotwein zufügen. Nach dem Aufkochen mit einem Löffel abschäumen, 3 bis 4 Stunden schwach kochen lassen.

6.
Die Brühe in einen sauberen Topf abseihen und vollständig erkalten lassen. Hält sich im Kühlschrank 2 Tage, im Gefrierschrank 2 Monate.

Gemüsebrühe

Blutgruppe 0	Blutgruppe A	Blutgruppe B	Blutgruppe AB
2 TL Olivenöl	2 TL Olivenöl	2 TL Olivenöl	2 TL Olivenöl
2 Zwiebeln, gehackt	2 Zwiebeln, gehackt	2 Zwiebeln, gehackt	2 Zwiebeln, gehackt
1 Knollensellerie, geschält und gehackt	1 Knollensellerie, geschält und gehackt	1 Knollensellerie, geschält und gehackt	1 Knollensellerie, geschält und gehackt
3 große Pastinaken, geschält und gehackt	3 große Pastinaken, geschält und gehackt	3 große Pastinaken, geschält und gehackt	3 große Pastinaken, geschält und gehackt
3 große Möhren, geschält und gehackt	3 große Möhren, geschält und gehackt	3 große Möhren, geschält und gehackt	3 große Möhren, geschält und gehackt
2 Fenchelknollen, gehackt	2 Fenchelknollen, gehackt	2 Fenchelknollen, gehackt	2 Fenchelknollen, gehackt
4 l Wasser	4 l Wasser	4 l Wasser	4 l Wasser
3 Tomaten, halbiert	3 Tomaten, halbiert	3 Lorbeerblätter	3 Tomaten, halbiert
3 Lorbeerblätter	3 Lorbeerblätter	1 Knoblauchzehe, geschält	3 Lorbeerblätter
1 Knoblauchzehe, geschält	1 Knoblauchzehe, geschält	5 Zweige Petersilie	1 Knoblauchzehe, geschält
5 Zweige Petersilie	5 Zweige Petersilie	5 Zweige Thymian	5 Zweige Petersilie
5 Zweige Thymian	5 Zweige Thymian	2 TL Meersalz	5 Zweige Thymian
2 TL Meersalz	2 TL Meersalz		2 TL Meersalz

1.
Olivenöl in einem großen Topf auf mittlerer Stufe erhitzen, Zwiebeln, Sellerie, Pastinaken, Möhren und Fenchel darin 8 bis 10 Minuten dünsten, bis sie weich werden. Wasser und die übrigen Zutaten zufügen und zum Kochen bringen.

2.
Deckel auflegen, Herd zurückschalten und 30 Minuten kochen lassen. (Gemüsebrühe hat eine kurze Kochzeit, weil Gemüse sein Aroma im Gegensatz zu Fleisch und Knochen rasch abgibt.)

3.
In einen sauberen Topf abseihen, abkühlen lassen und im Kühlschrank 3 bis 5 Tage, im Gefrierschrank 2 bis 3 Monate lagern.

Grundrezept für (glutenfreies) Semmelmehl

Blutgruppe 0	Blutgruppe A	Blutgruppe B	Blutgruppe AB
4 Scheiben glutenfreies Brot	4 Scheiben Dinkel- oder Haferbrot	3 Scheiben Naturreis-, Hirse- oder Dinkelbrot	4 Scheiben Dinkel- oder Haferbrot

1.
Brot toasten und abkühlen lassen. In der Küchenmaschine zu groben Krümeln verarbeiten.

2.
Sie können dem Semmelmehl auch getrocknete Kräuter und Gewürze beifügen, zum Beispiel Petersilie, Rosmarin, Thymian, Salbei und/oder Basilikum, Zwiebel- oder Knoblauchpulver und Salz.

Nützliche Hilfsmittel

Alternativen auf dem Speiseplan

Wenn Sie es schaffen, die Lücken zu füllen, die durch Ihre *zu vermeidenden* Lebensmittel entstehen, werden Sie wesentlich leichter in Ihre neue Ernährungsweise hineinfinden. Die nachfolgenden Vorschläge für Alternativen sollen Ihnen dabei helfen. Zum Teil handelt es sich nicht um einen direkten Ersatz, aber Sie werden aus den Rezepten in diesem Buch erkennen, wie man sie anstelle der *zu vermeidenden* Nahrungsmittel einsetzen kann.

Brot

Blutgruppe 0

Wenn Sie Dinkel nicht vertragen, gibt es verschiedene Brote aus Naturreis und Hirse. Sie werden zwar nur in wenigen Läden angeboten, sind aber online erhältlich. Oft ist es günstiger, online größere Mengen zu bestellen und einzufrieren. Beim Bäcker findet man alternative Brote mit Leinsamen, Knoblauch, Basilikum, Zimt, Banane und Walnuss, auch in Form von Bagels, Brötchen oder Fladenbroten, die man sehr gut wie eine Pizza belegen kann. Wenn Sie Dinkel vertragen, stehen Ihnen mehr Möglichkeiten offen. Studieren Sie jedoch stets die Zutatenliste, denn viele Brote enthalten Zutaten, die Ihrer Blutgruppe nicht guttun. Außerdem ist Getreide ganz allgemein nicht so *bekömmlich* für Blutgruppe 0, daher könnten Sie Ihren Brötchenbelag beispielsweise auch in Blattsalat wickeln.

Blutgruppe A

Der Vorteil für Angehörige der Blutgruppe A ist, dass ihre Auswahl an Broten sehr groß ist. Doch auch Sie müssen die Zutatenliste bei gekauften Broten genau lesen. Viele Brote tragen Bezeichnungen wie »Vollkorn-Haferbrot«, enthalten aber Weißmehl und andere Dinge, die für Sie *zu vermeiden* sind. Ich trete stets für eine abwechslungsreiche Ernährung ein, probieren Sie also, auch wenn Sie ein tolles Haferbrot entdeckt haben, dazwischen auch Dinkel-, Roggen- oder Weizenkeimbrot, damit Sie wirklich alle Nährstoffe erhalten.

Blutgruppe B

Weizen ist für Blutgruppe B *neutral*, aber nicht unbedingt wertvoll. Die beste Wahl sind Brote aus reinem Dinkel, Hafer, Naturreis oder Hirse, die in Läden eher selten angeboten werden, aber online erhältlich sind. Oft ist es günstiger, größere Mengen zu bestellen und einzufrieren. Beim Bäcker findet man alternative Brote mit Leinsamen, Knoblauch, Basilikum, Zimt, Banane und Walnuss, auch in Form von Bagels, Brötchen oder Fladen, die man wie eine Pizza belegen kann. Studieren Sie jedoch stets die Zutatenliste, denn viele Brote enthalten Zutaten, die Ihrer Blutgruppe nicht guttun.

Blutgruppe AB

Angehörige der Blutgruppe AB haben den Vorteil, dass ihre Auswahl an Broten sehr groß ist. Doch auch Sie müssen die

Zutatenliste bei gekauften Broten genau lesen. Viele Brote tragen Bezeichnungen wie »Vollkorn-Haferbrot«, enthalten aber Weißmehl und andere Dinge, die für Sie *zu vermeiden* sind. Ich trete stets für eine abwechslungsreiche Ernährung ein, probieren Sie also, auch wenn Sie ein tolles Haferbrot entdeckt haben, dazwischen auch Dinkel-, Roggen- oder Weizenkeimbrot, damit Sie wirklich alle Nährstoffe erhalten.

Teigwaren

Blutgruppe 0

Weizen- und glutenfreie Teigwaren sind bereits vielerorts erhältlich, sogar in vielen Lebensmittelläden. Halten Sie Ausschau nach einer Marke, die nur Naturreismehl (oder -kleie) und Wasser enthält. Bei glutenfreien Nudeln ist stets zu beachten, dass sie übermäßig weich und klebrig werden und zerfallen, wenn man sie zu lange kocht. Sie sollten die auf der Packung angegebene Kochzeit um 3 bis 4 Minuten verringern, um gute, bissfest gegarte Nudeln zu erhalten.

Blutgruppe A

Die besten Nudeln für Sie sind Soba-Nudeln, denn diese werden aus Buchweizen hergestellt. Ähnlich wie bei Brot enthalten jedoch auch hier viele Marken Weißmehl, lesen Sie also unbedingt die Zutatenliste. Weizenvollkornnudeln wären eine andere Möglichkeit, aber Buchweizen ist *bekömmlicher* und hat außerdem diese köstlich-nussige Note, die sich so gut mit in Sojasauce mariniertem Tofu und Ofengemüse verträgt.

Blutgruppe B

Teigwaren aus Dinkel und Naturreis sind bereits vielerorts erhältlich, sogar in vielen Lebensmittelläden. Halten Sie Ausschau nach einer Marke, die nur Dinkel- oder Naturreismehl (oder -kleie) und Wasser enthält. Bei glutenfreien (Naturreis-) Nudeln ist stets zu beachten, dass sie übermäßig weich und klebrig werden und zerfallen, wenn man sie zu lange kocht.

Sie sollten die auf der Packung angegebene Kochzeit um 3 bis 4 Minuten verringern, um gute, bissfest gegarte Nudeln zu erhalten.

Blutgruppe AB

Die besten Nudeln für Sie sind solche aus Dinkel oder Naturreis. Ähnlich wie bei Brot enthalten jedoch auch hier viele Marken Mais- oder Weizenmehl, lesen Sie also unbedingt die Zutatenliste.

Butter

Die meisten Angehörigen der Blutgruppe 0 dürfen Butter essen, in manchen Fällen ist sie auch *bekömmlich*. Auch für Angehörige der Blutgruppen A, B und AB könnte Butter etwas sein, auf das sie nur schwer verzichten können. Eine gute Alternative ist Ghee, also geklärte Butter. Wenn Butter erhitzt wird, trennen sich die Bestandteile: Laktose und Eiweißbestandteile wandern an die Oberfläche, das Fett bleibt unten. Entfernt man Laktose und Eiweißbestandteile, bleibt geklärte Butter – indisches Ghee – zurück. Es lässt sich genauso verwenden wie Butter, auf Brote streichen oder zu Reis- und Gemüsegerichten geben. Ghee ist immer ungesalzen, wenn Sie ihn als Brotaufstrich verwenden, können Sie vielleicht ein klein wenig Salz hinzufügen.

Öl

Blutgruppe 0

Kokos- und Sojaöl sind für die meisten Angehörigen der Blutgruppe 0 nicht empfehlenswert. Olivenöl ist für die gesamte Blutgruppe *bekömmlich* und eine gute Alternative zum Kochen und Backen. Nehmen Sie zum Backen helles Olivenöl, wenn Sie den starken Olivengeschmack vermeiden möchten. Extravergines Olivenöl eignet sich hervorragend für Salatmarinaden, aber auch für Pfannengerichte, die bei mäßigen Temperaturen gegart werden.

Blutgruppe B

Pflanzen-, Kokos- oder Sojaöl ist für die meisten Angehörigen der Blutgruppe B nicht empfehlenswert, was bleibt also zum Kochen und Backen? Olivenöl ist für die gesamte Blutgruppe *bekömmlich*, halten Sie sich daran. Nehmen Sie zum Backen helles Olivenöl, wenn Sie den starken Olivengeschmack vermeiden möchten. Extravergines Olivenöl eignet sich hervorragend für Salatmarinaden, aber auch für Pfannengerichte, die bei mäßigen Temperaturen gegart werden.

Zucker

Für Rohzucker gibt es wenig Alternativen, und wenn, dann sind sie meist flüssig und können ihn nicht 1:1 ersetzen. Für die meisten Angehörigen der Blutgruppen 0 und A sind die besten Alternativen zu Zucker Melasse, Agavensirup, Ahornsirup, Ahornzucker und Honig. Für die meisten Rezepte in diesem Buch wird Agavensirup und Melasse verwendet, weil sie im Rahmen der Blutgruppendiät für die meisten *bekömmlich* sind. Sie können jedoch gerne experimentieren und Agavensirup oder Melasse durch eine Kombination anderer Süßungsmittel ersetzen.

Mehl

Blutgruppe 0

Die besten weizen- oder glutenfreien Mehlmischungen erhält man, indem man sowohl Konsistenz als auch Geschmack berücksichtigt. Rezepte in diesem Buch greifen etwa auf eine Kombination von Naturreismehl, Tapioka und Hirse zurück. Tapioka kann auch durch andere geeignete feine Stärkemehle ersetzt werden, etwa durch Pfeilwurzelstärke. Anstelle von Naturreismehl können Sie Mehle aus anderen Getreidesorten verwenden, etwa Hirse, Buchweizen, Amaranth oder Quinoa. Durch Kombinieren verbessern sich Konsistenz, Geschmack und Qualität glutenfreier Backwerke beträchtlich.

Nicht-Sekretoren müssen auf ein paar Grundnahrungsmittel verzichten, die Sekretoren erlaubt sind; Alternativen werden in jedem Rezept angegeben, einige Grundsätze für Angehörige der Blutgruppe 0 finden Sie jedoch hier. Ersetzen Sie Mandeldrink immer durch Reisdrink; Butter durch Ghee; Tapiokamehl durch Pfeilwurzelstärke oder weißes Reismehl; und lassen Sie Zimt weg beziehungsweise halten Sie sich an die genannten Alternativen.

Eine vielseitig verwendbare Backmischung für Blutgruppe 0 ist:

- 2 Teile Naturreismehl (100 g für die einfache Menge)
- 1 Teil Hirse- oder Teffmehl (80 g für die einfache Menge)
- 1 Teil Pfeilwurzelstärke oder Tapiokamehl (40 g für die einfache Menge)
- Dazu kommen 2 TL Backpulver und ½ TL Meersalz für die einfache Menge.

Blutgruppe A

Durch eine Mischung unterschiedlicher Mehle erzielen Sie beim Backen optimale Konsistenz und Geschmack. In diesem Buch werden höchst *bekömmliche* Mehle verwendet. Zwar können Angehörige der Blutgruppe A Vollkornweizen essen, streben Sie jedoch nach Kombinationen wie Dinkel und Hafer oder Hafer, Dinkel und Buchweizen, weil Hafer und Buchweizen *bekömmliche* Getreide sind. Vollkornweizen kann in Geschmack und Konsistenz ein wenig deftiger sein, während Dinkel und Hafer angenehm mild sind und den meisten Menschen besser schmecken.

Eine vielseitig verwendbare Backmischung für Blutgruppe A ist:

- 2 Teile Dinkelmehl (80 g für die einfache Menge)
- 1 Teil Hafermehl (40 g für die einfache Menge)
- Dazu kommen 2 TL Backpulver und ½ TL Meersalz für die einfache Menge.

Blutgruppe B

Blutgruppe B kommt in den Genuss aller Vorteile: Sie können dieselben Mehlmischungen verwenden wie Blutgruppe A und Blutgruppe 0, beide werden im gesamten Rezeptteil verwendet. Für die besten glutenfreien Mehlmischungen sind sowohl Konsistenz als auch Geschmack zu berücksichtigen. Üblicherweise können Sie aus zwei Kombinationen wählen, etwa Naturreismehl, Pfeilwurzelstärke und Hirse. Anstelle von Naturreismehl können Sie Mehle aus anderen Getreidesorten verwenden, etwa Hirse, Amaranth oder Quinoa. Die andere Kombination (nicht glutenfrei) besteht aus Dinkel- und Hafermehl, sie eignet sich gut für die meisten Backwerke.

Eine vielseitig verwendbare Backmischung für Blutgruppe B ist:

- 2 Teile Naturreismehl (100 g für die einfache Menge)
- 1 Teil Hirsemehl (40 g für die einfache Menge)
- 1 Teil Pfeilwurzelstärke (40 g für die einfache Menge)
- 2 TL Backpulver
- ½ TL Meersalz

oder:

- 2 Teile Dinkelmehl (80 g für die einfache Menge)
- 1 Teil Hafermehl (40 g für die einfache Menge)
- 2 TL Backpulver
- ½ TL Meersalz

Blutgruppe AB

Durch eine Mischung unterschiedlicher Mehle erzielen Sie beim Backen optimale Konsistenz und Geschmack. In diesem Buch versuchen wir, höchst *bekömmliche* Mehle zu verwenden. Vollkornweizen ist im Rahmen der Blutgruppendiät für AB zwar möglich, Kombinationen aus Dinkel und Hafer oder Naturreis und Hirse sind jedoch am *bekömmlichsten*. Vollkornweizen kann in Geschmack und Konsistenz ein wenig deftiger sein, während Dinkel und Hafer angenehm mild sind und den meisten Menschen besser schmecken.

Eine vielseitig verwendbare Backmischung für Blutgruppe AB ist:

- 2 Teile Dinkelmehl (80 g für die einfache Menge)
- 1 Teil Hafermehl (40 g für die einfache Menge)
- Dazu kommen 2 TL Backpulver und ½ TL Meersalz für die einfache Menge.

oder:

- 1 Teil Naturreismehl (50 g für die einfache Menge)
- 1 Teil Hirsemehl (40 g für die einfache Menge)
- 1 Teil Pfeilwurzelstärke (40 g für die einfache Menge)
- Dazu kommen 2 TL Backpulver und ½ TL Meersalz für die einfache Menge.

Mahlzeitenplanung

Nachfolgend finden Sie einige Vorschläge, wie Sie aus den Rezepten in diesem Buch einen wöchentlichen Speiseplan für sich und Ihre Familie zusammenstellen können. Dabei wurde auf eine ausgewogene Ernährung geachtet, Sie können jedoch nach Belieben selbst mischen und kombinieren. Wenn Sie vorhaben, sich genau an den Speiseplan zu halten, lesen Sie ihn rechtzeitig ganz durch – so sehen Sie, wovon Sie ein wenig mehr kaufen müssen, um Reste zurückzubehalten, oder wo es günstig wäre, etwas vorzubereiten/vorauszuplanen. Zweck eines Speiseplans ist es, das Leben durch Resteverwertung und das Verlegen komplizierterer Mahlzeiten auf das Wochenende zu vereinfachen.

Achten Sie außerdem darauf, pro Tag mindestens 6 Gläser (à ¼ l) Wasser zu trinken, damit Sie gut mit Flüssigkeit versorgt sind.

TIPPS FÜR DIE ERSTELLUNG EINES SPEISEPLANS:

Wenn Sie voll berufstätig sind und die Zubereitung von Mahlzeiten während der Woche schwierig ist, wenden Sie am Wochenende ein wenig Zeit für die Vorbereitung von Snacks und ein paar Mahlzeiten für die kommende Woche auf, indem Sie Gemüse und Salat vorwaschen. Das verringert die Zubereitungszeit an Wochentagen spürbar. Einige Nahrungsmittel, die gut haltbar sind, sollten Sie stets zur Hand haben: Leinsamen-Kräcker, Knuspermüsli, eine würzige Nussmischung und gelegentlich einen Eiweißriegel (Unibar® Protein Bar).

Wenn Sie Reste nicht mögen, sollten Sie sich damit anfreunden. Ehrlich, Reste sind die beste Zeitersparnis, die man sich vorstellen kann! In Kombination mit frischem Salat oder als Beigabe zu Suppen werden auch Sie sie bald zu schätzen lernen.

Wenn Sie beispielsweise Bruschetta zubereiten, verdoppeln Sie einfach die Mengen für den Belag und geben den Rest in einem verschließbaren Glasbehälter in den Kühlschrank – für bis zu eine Woche. Einmal zubereitet, beliebig oft verwendet.

Frieren Sie Reste von Broten, Muffins oder sogar Süßigkeiten in verschließbaren Glasbehältern ein, so bleiben sie frisch. Backen Sie beispielsweise einen Kürbis-Muffin aus dem Gefrierschrank 10 bis 15 Minuten bei 100 Grad im Backofen auf, und er schmeckt wie frisch gebacken. Chocolate Chip Cookies schmecken auch gefroren köstlich, man muss sie gar nicht erst auftauen – eines der Geheimnisse glutenfreien Mehls.

4-Wochen-Speiseplan für Blutgruppe 0

WOCHE 1

Sonntag

Frühstück: Wildreis-Waffeln mit Bananenscheiben und rohen Walnüssen
Mittagessen: Ratatouille **NS**
Zwischenmahlzeit: Sellerie-Sticks und Eiersalat mit Curry **NS**
Abendessen: Filetspitzen mit Wildpilzen **NS**

Montag

Frühstück: Melasse-Kirsch-Knuspermüsli, Reisflocken und Mandeldrink mit frischen Blaubeeren und grünem Tee
Mittagessen: Reste der Filetspitzen mit Wildpilzen **NS** mit gemischtem grünem Salat mit Zitronen-Olivenöl-Marinade
Zwischenmahlzeit: Birnen- und Apfel-Chips und Würzige Rosmarin-Nuss-Mischung
Abendessen: Zitronen-Ingwer-Lachs mit Naturreissalat **NS**

Dienstag

Frühstück: Rühreier mit Blaubeer-Macadamia-Muffins und grünem Tee
Mittagessen: Knackige Kohlrabi-Frühlingsrollen mit Kirsch-Dip und den Resten des Zitronen-Ingwer-Lachs

Zwischenmahlzeit: Leinsamen-Kräcker **NS** mit Tomaten-Salsa
Abendessen: Sommergemüse mit leckerer Fleischfüllung (Paprikaschoten mit Putenfüllung)

Mittwoch

Frühstück: Rührei mit Putenhack und Ahornsirup, Mangoscheiben und grüner Tee
Mittagessen: Löwenzahnblätter mit Ofengemüse und Meerrettich-Dressing **NS** und Reste der Paprikaschoten mit Putenfüllung
Zwischenmahlzeit: Birnen- und Apfel-Chips und Würzige Rosmarin-Nuss-Mischung
Abendessen: Gebratener Radicchio mit Walnuss-Spinat-Pesto **NS**

Donnerstag

Frühstück: Blaubeer-Macadamia-Muffins mit den Resten vom Rührei mit Putenhack und Ahornsirup, dazu grüner Tee
Mittagessen: Bohnen-und-Blatt-Salat **NS** mit Grillhähnchen
Zwischenmahlzeit: Protein Blend™ Proteinpulver (Getränk für Blutgruppe 0)
Abendessen: Würzige Kebabs mit Ananas und Rind **NS** mit Herbstlichem Ofengemüse **NS**

Freitag

Frühstück: Quinoa-Müsli, Bananenscheiben, Blaubeeren und grüner Tee
Mittagessen: Reste des Bohnen-und-Blatt-Salats **NS** mit Resten des Würzigen Kebabs mit Ananas und Rind **NS**

Zwischenmahlzeit: Obstsalat mit Minz-Limonen-Dressing **NS**
Abendessen: Käsemakkaroni mit Rösttomaten und Brokkoli sowie Cremiges Spinatgemüse mit Knoblauch

Samstag

Frühstück: Broccoli-Feta-Frittata, Ananas und grüner Tee
Mittagessen: Feta-Spinat-Pie
Zwischenmahlzeit: Würzige Rosmarin-Nuss-Mischung
Abendessen: Paella mit Meeresfrüchten

WOCHE 2

Sonntag

Frühstück: Kirsch-Scones mit Mandelmus und grünem Tee
Mittagessen: Ratatouille **NS**
Zwischenmahlzeit: Gegrillte Ananas mit Zimtsirup
Abendessen: Marokkanische Lamm-Tagine

Montag

Frühstück: Frühstücks-Eiersalat
Mittagessen: Taboulé mit Minze **NS** und Reste der Marokkanischen Lamm-Tagine
Zwischenmahlzeit: Birnen- und Apfel-Chips
Abendessen: Herzhafter Puteneintopf aus dem Schongarer

Dienstag

Frühstück: Quinoa-Müsli mit Bananenscheiben und frischen Blaubeeren

Mittagessen: Reste des Herzhaften Puteneintopfs aus dem Schongarer mit grünen Blattsalaten und Zitronen-Olivenöl-Marinade
Zwischenmahlzeit: Gegrillte Ananas mit Zimtsirup
Abendessen: Herzhafte Suppe mit Rindfleisch **NS**, Pilzgericht mit roter Quinoa und Spiegeleiern **NS**

Mittwoch

Frühstück: Mangold-Frittata **NS**, Mangoscheiben und grüner Tee
Mittagessen: Reste des Pilzgerichtes mit roter Quinoa und Spiegeleiern **NS**
Zwischenmahlzeit: Pizzahappen
Abendessen: Schnapper im Pergamentpapier **NS**

Donnerstag

Frühstück: Broccoli-Feta-Frittata und grüner Tee
Mittagessen: Hummus-Sandwich **NS**
Zwischenmahlzeit: Birnen- und Apfel-Chips
Abendessen: Fisch-Tacos mit süßem Mango-Bohnen-Salat

Freitag

Frühstück: Obstschnitze mit Nussmus und Knuspermüsli, dazu grüner Tee
Mittagessen: Reste des Hummus-Sandwiches **NS**
Zwischenmahlzeit: Protein Blend™ Proteinpulver (Getränk für Blutgruppe 0)
Abendessen: Würziger Fischeintopf **NS**

Samstag

Frühstück: Naturreis-Pfannkuchen, Rührei und grüner Tee
Mittagessen: Radicchio mit Lachsfüllung
Zwischenmahlzeit: Knusprige Küchlein aus Frühlingsgemüse **NS**
Abendessen: Süßkartoffel-Gnocchi mit Basilikum-Cranberry-Sauce **NS**, Grillhuhn

WOCHE 3

Sonntag

Frühstück: Birnen-Rosmarin-Brot **NS** mit pochiertem Ei und grünem Tee
Mittagessen: Käse-Steak-Sandwich
Zwischenmahlzeit: Gemüse-Sticks mit Ziegenkäse-Dip **S** (nur **S**!)
Abendessen: Putenunterkeulen mit würziger Schoko-Sauce, Luftig-leichtes Süßkartoffel-Soufflé und Knackig-süßer Kohlrabi-Salat **NS**

Montag

Frühstück: Tropisch-fruchtiger Grünkohl-Smoothie und grüner Tee
Mittagessen: Reste der Putenunterkeulen mit würziger Schoko-Sauce und des Knackig-süßen Kohlrabi-Salats **NS**
Zwischenmahlzeit: Eiweißriegel (Unibar® Protein Bar)
Abendessen: Nudeln mit pochiertem Lachs und sämiger Basilikumsauce **NS**, Salat aus geröstetem Wakame und Fenchel **NS**

Dienstag

Frühstück: Birnen-Rosmarin-Brot **NS** mit Rührei und grünem Tee
Mittagessen: Reste der Nudeln mit pochiertem Lachs und sämiger Basilikumsauce und Reste des Salats aus geröstetem Wakame und Fenchel **NS** mit Zitronen-Olivenöl-Marinade
Zwischenmahlzeit: Leinsamen-Kräcker mit Gemüse-Sticks und Ziegenkäse-Dip **S** (nur **S**!)
Abendessen: Herzhafter Puteneintopf aus dem Schongarer **NS** und Pikant-süßer Rosenkohl

Mittwoch

Frühstück: Broccoli-Feta-Frittata, grüner Tee
Mittagessen: Reste des Herzhaften Puteneintopfs aus dem Schongarer **NS**
Zwischenmahlzeit: Eiweißriegel (Unibar® Protein Bar)
Abendessen: Brokkoli-Bohnen-Suppe **NS**, Huhn in Grüntee pochiert **NS**

Donnerstag

Frühstück: Melasse-Kirsch-Knuspermüsli **NS**, Reisflocken und Mandeldrink mit frischen Blaubeeren und grünem Tee
Mittagessen: Fein geschnittene Reste des in Grüntee pochierten Huhns **NS** mit Cranberrys und Walnüssen auf Blattspinat mit Zitronen-Olivenöl-Marinade
Zwischenmahlzeit: Leinsamen-Kräcker mit Tomaten-Salsa
Abendessen: Heilbutt mit Feigen und Basilikum und Röstkürbis mit gebratenem Salbei **NS**

Freitag

Frühstück: Frühstücks-Eiersalat, Mangoscheiben und grüner Tee
Mittagessen: Reste des Heilbutts mit Feigen und Basilikum **NS**
Zwischenmahlzeit: Eiweißriegel (Unibar® Protein Bar)
Abendessen: Filetspitzen mit Wildpilzen **NS**, Suppe aus gerösteten Pastinaken

Samstag

Frühstück: Soufflé mit grünem Blattgemüse und grüner Tee
Mittagessen: Knackige Kohlrabi-Frühlingsrollen mit Kirsch-Dip **NS**
Zwischenmahlzeit: Knackige Spargelrollen mit Speck und Nüssen
Abendessen: Pasta mit Frühlings-Pesto, Grillhuhn

WOCHE 4

Sonntag

Frühstück: Birnen-Rosmarin-Brot mit pochiertem Ei und grünem Tee
Mittagessen: Hummus-Sandwich **NS**
Zwischenmahlzeit: Obstsalat mit Minz-Limonen-Dressing **NS**
Abendessen: »Shepherd's Pie« – einmal anders, gemischte grüne Blattsalate mit Zitronen-Olivenöl-Marinade

Montag

Frühstück: Rührei mit Putenhack und Ahornsirup, grüner Tee
Mittagessen: Reste des »Shepherd's Pie« – einmal anders
Zwischenmahlzeit: Artischocken-Bruschetta
Abendessen: Gebratene Goldmakrele mit knackigem Fenchelsalat und Kräuter-Quinoa

Dienstag

Frühstück: Kürbis-Muffins mit Carob, Mandelmus und grüner Tee
Mittagessen: Gebackene Falafel **NS** und Griechischer Salat mit Rösttomaten
Zwischenmahlzeit: Obstsalat mit Minz-Limonen-Dressing **NS**
Abendessen: Burger mit sonnengetrockneten Tomaten auf Hirsebrötchen und Knackige Spargelrollen mit Speck und Nüssen **NS**

Mittwoch

Frühstück: Naturreis-Pfannkuchen und grüner Tee
Mittagessen: Grillhähnchen mit Resten der Knackigen Spargelrollen mit Speck und Nüssen **NS**, in Blätter von Buttersalat gewickelt
Zwischenmahlzeit: Gemüse-Sticks mit Ziegenkäse-Dip **S** (nur **S**!)
Abendessen: Zitronen-Ingwer-Lachs, Möhren-Ingwer-Suppe **NS**

Donnerstag

Frühstück: Frühstücks-Eiersalat und grüner Tee
Mittagessen: Reste der Möhren-Ingwer-Suppe **NS**, ½ Hummus-Sandwich **NS**
Zwischenmahlzeit: Artischocken-Bruschetta
Abendessen: Pasta Carbonara mit gebratenem Kohl und Bohnen-und-Blatt-Salat **NS**

Freitag

Frühstück: Kürbis-Muffins mit Carob, Mandelmus und grüner Tee
Mittagessen: Reste des Bohnen-und-Blatt-Salats **NS** mit Walnüssen und frischem Mozzarella-Käse
Zwischenmahlzeit: Gemüse-Sticks mit Ziegenkäse-Dip **S** (nur **S**!)
Abendessen: Fisch-Tacos mit süßem Mango-Bohnen-Salat

Samstag

Frühstück: Crêpes mit Hirse und grüner Tee
Mittagessen: Körnige Pilzsuppe mit Pesto
Zwischenmahlzeit: Obstsalat mit Minz-Limonen-Dressing **NS**
Abendessen: Knusprige Hühnerfleischpastete **NS**

WOCHE 1

Sonntag

Frühstück: Wildreis-Waffeln **NS** mit Brombeeren und rohen Walnüssen
Mittagessen: Ratatouille **NS**
Zwischenmahlzeit: Sellerie-Sticks und Eiersalat mit Curry **NS**
Abendessen: Putenunterkeulen mit würziger Schoko-Sauce

Montag

Frühstück: Melasse-Kirsch-Knuspermüsli **NS**, Reisflocken und Mandeldrink mit frischen Blaubeeren und grünem Tee
Mittagessen: Reste der Putenunterkeulen mit würziger Schoko-Sauce mit gemischtem grünem Salat mit Zitronen-Olivenöl-Marinade
Zwischenmahlzeit: Birnen- und Apfel-Chips **NS** und Würzige Rosmarin-Nuss-Mischung **NS**
Abendessen: Zitronen-Ingwer-Lachs **NS** mit Naturreissalat **NS**

Dienstag

Frühstück: Rühreier, Blaubeer-Macadamia-Muffins **NS** und grüner Tee
Mittagessen: Knackige Kohlrabi-Frühlingsrollen mit Kirsch-Dip, Reste des Zitronen-Ingwer-Lachs **NS**
Zwischenmahlzeit: Leinsamen-Kräcker **NS** mit Sommerkürbis-Salsa **NS**

Abendessen: Sommergemüse mit leckerer Fleischfüllung (Zucchini-Boote mit Putenhack), Kürbis-Ragout **NS**

Mittwoch

Frühstück: Rührei mit Putenhack und Ahornsirup **NS**, Mangoscheiben und grüner Tee
Mittagessen: Löwenzahnblätter mit Ofengemüse und Reste der Zucchini-Boote mit Putenhack
Zwischenmahlzeit: Birnen- und Apfel-Chips **NS** und Würzige Rosmarin-Nuss-Mischung **NS**
Abendessen: Gebratener Radicchio mit Walnuss-Spinat-Pesto **NS**

Donnerstag

Frühstück: Blaubeer-Macadamia-Muffins **NS** mit Resten vom Rührei mit Putenhack und Ahornsirup **NS**, dazu grüner Tee
Mittagessen: Bohnen-und-Blatt-Salat **NS**
Zwischenmahlzeit: Protein Blend™ Proteinpulver (Getränk für Blutgruppe A)
Abendessen: Würzige Kebabs mit Ananas und Tempeh **NS**, Herbstliches Ofengemüse **NS**

Freitag

Frühstück: Quinoa-Müsli **NS**, Blaubeeren und grüner Tee
Mittagessen: Reste des Bohnen-und-Blatt-Salats **NS** mit Feta-Käse
Zwischenmahlzeit: Obstsalat mit Minz-Limonen-Dressing **NS**
Abendessen: Käsemakkaroni mit Ofengemüse **NS**, Cremiges Spinatgemüse mit Knoblauch und Artischocken **NS**

Samstag

Frühstück: Broccoli-Feta-Frittata **NS**, Ananas und grüner Tee
Mittagessen: Feta-Spinat-Pie
Zwischenmahlzeit: Rosmarin-Nuss-Mischung
Abendessen: Paella mit Meeresfrüchten **NS**

WOCHE 2

Sonntag

Frühstück: Kirsch-Scones **NS** mit Mandelmus und grünem Tee
Mittagessen: Gebackene Falafel
Zwischenmahlzeit: Gegrillte Ananas mit Zimtsirup **NS**
Abendessen: Marokkanische Tofu-Tagine **NS**

Montag

Frühstück: Frühstücks-Eiersalat **NS**
Mittagessen: Taboulé mit Minze **NS** und Reste der Marokkanischen Tofu-Tagine **NS**
Zwischenmahlzeit: Birnen- und Apfel-Chips
Abendessen: Herzhafter Puteneintopf aus dem Schongarer

Dienstag

Frühstück: Quinoa-Müsli **NS** mit frischen Blaubeeren
Mittagessen: Reste des Herzhaften Puteneintopfs aus dem Schongarer mit grünen Blattsalaten und Zitronen-Olivenöl-Marinade
Zwischenmahlzeit: Gegrillte Ananas mit Zimtsirup **NS**
Abendessen: Herzhafte Suppe mit Tofu **NS**, Pilzgericht mit roter Quinoa und Spiegeleiern **NS**

Mittwoch

Frühstück: Mangold-Frittata und grüner Tee
Mittagessen: Reste des Pilzgerichtes mit roter Quinoa und Spiegeleiern **NS**
Zwischenmahlzeit: Käse-Toast **NS**
Abendessen: Schnapper im Pergamentpapier **NS**

Donnerstag

Frühstück: Broccoli-Feta-Frittata **NS** und grüner Tee
Mittagessen: Hummus-Sandwich mit Feta **NS**
Zwischenmahlzeit: Birnen- und Apfel-Chips
Abendessen: Reis-Bohnen-Auflauf **NS** und Pikanter Blattkohl **NS**

Freitag

Frühstück: Dinkel-Pfannkuchen und grüner Tee
Mittagessen: Sandwiches mit Resten vom Reis-Bohnen-Auflauf **NS** und Mozzarella-Scheiben
Zwischenmahlzeit: Protein Blend™ Proteinpulver (Getränk für Blutgruppe A)
Abendessen: Eintopf mit Meeresfrüchten **NS**

Samstag

Frühstück: Pfannkuchen **NS** mit Rührei und grüner Tee
Mittagessen: Radicchio mit Lachsfüllung **NS**
Zwischenmahlzeit: Knusprige Küchlein aus Frühlingsgemüse **NS**
Abendessen: Kürbis-Gnocchi mit Basilikum-Cranberry-Sauce **NS**, Grillhuhn

WOCHE 3

Sonntag

Frühstück: Birnen-Rosmarin-Brot **NS** mit pochiertem Ei und grünem Tee
Mittagessen: Fischfilet-Sandwich **NS**
Zwischenmahlzeit: Gemüse-Sticks mit Ziegenkäse-Dip **NS**
Abendessen: Putenunterkeulen mit würziger Schoko-Sauce **NS**, Luftig-leichtes Kürbis-Soufflé **NS** und Knackiger Kohlrabi-Salat **NS**

Montag

Frühstück: Tropisch-fruchtiger Grünkohl-Smoothie und grüner Tee
Mittagessen: Reste der Putenunterkeulen mit würziger Schoko-Sauce **NS** und des Knackigen Kohlrabi-Salats **NS**
Zwischenmahlzeit: Eiweißriegel (Unibar® Protein Bar)
Abendessen: Nudeln mit pochiertem Lachs und sämiger Basilikumsauce, Röstkastanien mit Reis **NS**

Dienstag

Frühstück: Birnen-Rosmarin-Brot **NS** mit Rührei und grünem Tee
Mittagessen: Reste der Nudeln mit pochiertem Lachs und sämiger Basilikumsauce, Romanasalat mit Zitronen-Olivenöl-Marinade
Zwischenmahlzeit: Leinsamen-Kräcker mit Gemüse-Sticks und Ziegenkäse-Dip **NS**
Abendessen: Eintopf aus gekeimten Linsen **NS**

Mittwoch

Frühstück: Soufflé mit grünem Blattgemüse und grüner Tee
Mittagessen: Reste des Linsen-Eintopfs **NS**
Zwischenmahlzeit: Eiweißriegel (Unibar® Protein Bar)
Abendessen: Brokkoli-Bohnen-Suppe **NS**, Huhn in Grüntee pochiert **NS**

Donnerstag

Frühstück: Melasse-Kirsch-Knuspermüsli **NS**, Reisflocken und Mandeldrink mit frischen Blaubeeren und grünem Tee
Mittagessen: Fein geschnittene Reste des in Grüntee pochierten Huhns **NS** mit Cranberrys und Walnüssen auf Blattspinat mit Zitronen-Olivenöl-Marinade
Zwischenmahlzeit: Leinsamen-Kräcker mit Sommerkürbis-Salsa **NS**
Abendessen: Kurzgebratener Thunfisch mit Feigen-Basilikum-Chutney **NS** und Röstkürbis mit gebratenem Salbei **NS**

Freitag

Frühstück: Rührei mit Putenhack und Ahornsirup **NS**, Ananasscheiben und grüner Tee
Mittagessen: Reste des Kurzgebratenen Thunfischs mit Feigen-Basilikum-Chutney **NS** auf Griechischem Salat mit gerösteten Artischocken
Zwischenmahlzeit: Eiweißriegel (Unibar® Protein Bar)
Abendessen: Gemüse-Lasagne **NS** und Röstbrokkoli

Samstag

Frühstück: Soufflé mit grünem Blattgemüse **NS** und grüner Tee
Mittagessen: Knackige Kohlrabi-Frühlingsrollen mit Kirsch-Dip **NS**
Zwischenmahlzeit: Artischocken-Bruschetta
Abendessen: Pasta mit Frühlings-Pesto **NS**, Grillhuhn

WOCHE 4

Sonntag

Frühstück: Birnen-Rosmarin-Brot **NS** mit pochiertem Ei
Mittagessen: Hummus-Sandwich mit Feta **NS**
Zwischenmahlzeit: Obstsalat mit Minz-Limonen-Dressing **NS**
Abendessen: »Shepherd's Pie« – einmal anders **NS**

Montag

Frühstück: Rührei mit Putenhack und Ahornsirup **NS** und grüner Tee
Mittagessen: Reste der »Shepherd's Pie« – einmal anders **NS**
Zwischenmahlzeit: Artischocken-Bruschetta **NS**
Abendessen: Kurzgebratener Thunfisch mit Feigen-Basilikum-Chutney **NS** und Kräuter-Quinoa **NS**

Dienstag

Frühstück: Kürbis-Muffins mit Carob **NS**, Erdnusscreme und grünem Tee
Mittagessen: Gebackene Falafel **NS**
Zwischenmahlzeit: Obstsalat mit Minz-Limonen-Dressing **NS**

Abendessen: Bohnen-Burger **NS**, Knackige Spargelbrokkoli-Rollen mit Speck und Nüssen **NS**

Mittwoch

Frühstück: Melasse-Kirsch-Knuspermüsli **NS**, Tropisch-fruchtiger Grünkohl-Smoothie **NS** und grüner Tee
Mittagessen: Grillhähnchen mit Resten der Knackigen Spargelbrokkoli-Rollen mit Speck und Nüssen **NS**
Zwischenmahlzeit: Gemüse-Sticks mit Ziegenkäse-Dip **NS**
Abendessen: Ingwer-Tofu-Pfanne **NS**, Möhren-Ingwer-Suppe **NS**

Donnerstag

Frühstück: Frühstücks-Eiersalat **NS** und grüner Tee
Mittagessen: Reste der Möhren-Ingwer-Suppe **NS**, ½ Hummus-Sandwich mit Feta **NS**
Zwischenmahlzeit: Artischocken-Bruschetta **NS**
Abendessen: Pasta Carbonara mit gebratenem Kohl **NS** und Bohnen-und-Blatt-Salat **NS**

Freitag

Frühstück: Kürbis-Muffins mit Carob **NS**, Erdnusscreme und grünem Tee
Mittagessen: Reste des Bohnen-und-Blatt-Salats **NS** mit Walnüssen und frischem Mozzarella-Käse
Zwischenmahlzeit: Gemüse-Sticks mit Ziegenkäse-Dip **NS** und Adzuki-Hummus **NS**
Abendessen: Fisch-Tacos mit knackigem Fenchelsalat

Samstag

Frühstück: Feine Crêpes mit Hafer **NS** und grüner Tee
Mittagessen: Körnige Pilzsuppe mit Pesto
Zwischenmahlzeit: Obstsalat mit Minz-Limonen-Dressing **NS**
Abendessen: Knusprige Hühnerfleischpastete **NS**

WOCHE 1

Sonntag

Frühstück: Birnen-Rosmarin-Brot **NS** mit Bananenscheiben und rohen Walnüssen
Mittagessen: Ratatouille **NS** mit Mozzarella-Scheiben
Zwischenmahlzeit: Gurkenscheiben und Eiersalat mit Curry **NS**
Abendessen: Gemüse-Lasagne **NS**

Montag

Frühstück: Melasse-Kirsch-Knuspermüsli **NS**, Reisflocken und Mandeldrink mit frischen Blaubeeren und grünem Tee
Mittagessen: Reste der Gemüse-Lasagne **NS** mit gemischtem grünen Salat mit Zitronen-Olivenöl-Marinade
Zwischenmahlzeit: Birnen- und Apfel-Chips und Würzige Rosmarin-Nuss-Mischung **NS**
Abendessen: Zitronen-Ingwer-Lachs **NS** mit Naturreissalat **NS**

Dienstag

Frühstück: Rühreier mit Blaubeer-Macadamia-Muffins und grünem Tee
Mittagessen: Knackige Gemüse-Frühlingsrollen mit Kirsch-Dip **NS**, Reste des Zitronen-Ingwer-Lachs **NS**
Zwischenmahlzeit: Leinsamen-Kräcker mit Sommerkürbis-Salsa **NS**
Abendessen: Sommergemüse mit leckerer Fleischfüllung (Auberginen mit Lammfleischfüllung)

Mittwoch

Frühstück: Rührei mit Putenhack und Ahornsirup **NS**, frische Himbeeren und grüner Tee
Mittagessen: Löwenzahnblätter mit Ofengemüse und Meerrettich-Dressing und Reste der Auberginen mit Lammfleischfüllung
Zwischenmahlzeit: Birnen- und Apfel-Chips und Würzige Rosmarin-Nuss-Mischung **NS**
Abendessen: Gebratener Radicchio mit Walnuss-Spinat-Pesto **NS**

Donnerstag

Frühstück: Blaubeer-Macadamia-Muffins, Reste vom Rührei mit Putenhack und Ahornsirup **NS**, grüner Tee
Mittagessen: Bohnen-und-Blatt-Salat **NS** mit Walnüssen und Feta-Käse
Zwischenmahlzeit: Protein Blend™ Proteinpulver (Getränk für Blutgruppe B)
Abendessen: Würzige Kebabs mit Ananas und Rind **NS** mit Herbstlichem Ofengemüse **NS**

Freitag

Frühstück: Quinoa-Müsli, Bananenscheiben, Blaubeeren und grüner Tee
Mittagessen: Reste des Bohnen-und-Blatt-Salats **NS** mit Resten des Würzigen Kebabs mit Ananas und Rind **NS**
Zwischenmahlzeit: Obstsalat mit Minz-Limonen-Dressing **NS**
Abendessen: Käsemakkaroni mit Ofengemüse **NS**, Cremiges Spinatgemüse mit Knoblauch und geröstetem Blumenkohl **NS**

Samstag

Frühstück: Mangold-Frittata **NS**, Ananasscheiben und grüner Tee
Mittagessen: Feta-Spinat-Pie
Zwischenmahlzeit: Würzige Rosmarin-Nuss-Mischung
Abendessen: Paella mit Meeresfrüchten **NS**

WOCHE 2

Sonntag

Frühstück: Kirsch-Scones **NS** mit Mandelmus und grünem Tee
Mittagessen: Griechischer Salat mit gerösteten Auberginen
Zwischenmahlzeit: Gegrillte Ananas mit Schokosirup
Abendessen: Marokkanische Lamm-Tagine

Montag

Frühstück: Frühstücks-Eiersalat **NS** und grüner Tee
Mittagessen: Taboulé mit Minze **NS** und Reste der Marokkanischen Lamm-Tagine
Zwischenmahlzeit: Birnen- und Apfel-Chips
Abendessen: Spaghetti-Kürbis mit Ziegenkäse und Walnüssen

Dienstag

Frühstück: Quinoa-Müsli mit Bananenscheiben
Mittagessen: Reste des Spaghetti-Kürbis mit grünen Blattsalaten und Zitronen-Olivenöl-Marinade
Zwischenmahlzeit: Gegrillte Ananas mit Schokosirup
Abendessen: Herzhafte Suppe mit Rindfleisch **NS**, Pilzgericht mit roter Quinoa und Spiegeleiern **NS**

Mittwoch

Frühstück: Mangold-Frittata **NS**, Ananasscheiben und grüner Tee
Mittagessen: Reste des Pilzgerichtes mit roter Quinoa und Spiegeleiern **NS**
Zwischenmahlzeit: Käse-Toast **NS**
Abendessen: Schnapper im Pergamentpapier **NS**

Donnerstag

Frühstück: Broccoli-Feta-Frittata **NS**, grüner Tee
Mittagessen: Sandwich mit Bohnen-Hummus und Feta **NS**
Zwischenmahlzeit: Birnen- und Apfel-Chips
Abendessen: Reis-Bohnen-Auflauf **NS** mit Pikantem Blattkohl **NS** und Gebackenen Bohnen **NS**

Freitag

Frühstück: Blaubeer-Macadamia-Muffins, grüner Tee
Mittagessen: Sandwiches mit Resten des Reis-Bohnen-Auflaufs **NS**
Zwischenmahlzeit: Protein Blend™ Proteinpulver (Getränk für Blutgruppe B)
Abendessen: Würziger Fischeintopf **NS**

Samstag

Frühstück: Dinkel-Pfannkuchen **NS** mit Rührei und grüner Tee
Mittagessen: Radicchio mit Lachsfüllung **NS**
Zwischenmahlzeit: Knusprige Küchlein aus Frühlingsgemüse **NS**
Abendessen: Süßkartoffel-Gnocchi mit Basilikum-Cranberry-Sauce **NS**, gegrillte Putenschnitzel

WOCHE 3

Sonntag

Frühstück: Birnen-Rosmarin-Brot **NS** mit pochiertem Ei und grünem Tee
Mittagessen: Fischfilet-Sandwich **NS**
Zwischenmahlzeit: Gemüse-Sticks mit Ziegenkäse-Dip **NS**
Abendessen: Putenunterkeulen mit würziger Schoko-Sauce, Luftig-leichtes Süßkartoffel-Soufflé und Kohl-Salat mit Rosinen **NS**

Montag

Frühstück: Tropisch-fruchtiger Grünkohl-Smoothie **NS** und grüner Tee
Mittagessen: Reste der Putenunterkeulen mit würziger Schoko-Sauce und Kohl-Salat mit Rosinen **NS**
Zwischenmahlzeit: Eiweißriegel (Unibar® Protein Bar)
Abendessen: Eintopf aus weißen Bohnen **NS** und Würziger Brauner Senf mit Feta **NS**

Dienstag

Frühstück: Birnen-Rosmarin-Brot **NS** mit Rührei und grünem Tee
Mittagessen: Reste des Bohnen-Eintopfs **NS** mit Romanasalat mit Zitronen-Olivenöl-Marinade
Zwischenmahlzeit: Leinsamen-Kräcker mit Sommerkürbis-Salsa **NS**
Abendessen: Herzhafter Puteneintopf aus dem Schongarer **NS** und Pikant-süßer Rosenkohl **NS**

Mittwoch

Frühstück: Mangold-Frittata und grüner Tee
Mittagessen: Reste des Herzhaften Puteneintopfs aus dem Schongarer **NS**
Zwischenmahlzeit: Eiweißriegel (Unibar® Protein Bar)
Abendessen: Körnige Pilzsuppe mit Pesto **NS**, Putenbrust in Grüntee pochiert **NS**

Donnerstag

Frühstück: Melasse-Kirsch-Knuspermüsli **NS** mit Joghurt und frischen Blaubeeren, grüner Tee
Mittagessen: Fein geschnittene Reste der in Grüntee pochierten Putenbrust **NS** mit Cranberrys und Walnüssen auf Blattspinat mit Zitronen-Olivenöl-Marinade
Zwischenmahlzeit: Leinsamen-Kräcker mit Gemüse-Sticks und Ziegenkäse-Dip **NS**
Abendessen: Heilbutt mit Feigen und Basilikum und Geröstete Süßkartoffeln mit gebratenem Salbei **NS**

Freitag

Frühstück: Rührei mit Putenhack und Ahornsirup **NS**, frische Himbeeren und grüner Tee
Mittagessen: Reste des Heilbutts mit Feigen und Basilikum und der Gerösteten Süßkartoffeln mit gebratenem Salbei
Zwischenmahlzeit: Eiweißriegel (Unibar® Protein Bar)
Abendessen: Würziges Lamm mit Wildpilzen **NS**, Brokkoli-Bohnen-Suppe **NS**

Samstag

Frühstück: Soufflé mit grünem Blattgemüse **NS**, grüner Tee
Mittagessen: Knackige Gemüse-Frühlingsrollen mit Kirsch-Dip **NS**
Zwischenmahlzeit: Knackige Spargelbrokkoli-Rollen mit Speck und Nüssen
Abendessen: Pasta mit Frühlings-Pesto **NS**, gegrillter Heilbutt

WOCHE 4

Sonntag

Frühstück: Birnen-Rosmarin-Brot **NS**, Rührei
Mittagessen: Sandwich mit Bohnen-Hummus und Feta **NS**
Zwischenmahlzeit: Obstsalat mit Minz-Limonen-Dressing **NS**
Abendessen: »Shepherd's Pie« – einmal anders **NS**, gemischte grüne Blattsalate mit Zitronen-Olivenöl-Marinade

Montag

Frühstück: Rührei mit Putenhack und Ahornsirup **NS**, grüner Tee
Mittagessen: Reste der »Shepherd's Pie« – einmal anders **NS**
Zwischenmahlzeit: Blumenkohl-Bruschetta **NS**
Abendessen: Gebratene Goldmakrele mit knackigem Fenchelsalat **NS** und Kräuter-Quinoa **NS**

Dienstag

Frühstück: Süßkartoffel-Muffins mit Carob, Mandelmus und grüner Tee
Mittagessen: Gebackene Falafel **NS** und Griechischer Salat mit gerösteten Auberginen **NS**
Zwischenmahlzeit: Obstsalat mit Minz-Limonen-Dressing **NS**
Abendessen: Bohnen-Burger **NS**, Knackige Spargelbrokkoli-Rollen mit Speck und Nüssen **NS**

Mittwoch

Frühstück: Dinkel-Pfannkuchen mit Joghurt und grünem Tee
Mittagessen: Reste der Knackigen Spargelbrokkoli-Rollen mit Speck und Nüssen **NS**, mit Ziegenkäse in Buttersalatblätter gewickelt
Zwischenmahlzeit: Gemüse-Sticks mit Bohnen-Hummus **NS**
Abendessen: Zitronen-Ingwer-Lachs **NS**, Möhren-Ingwer-Suppe **NS**

Donnerstag

Frühstück: Frühstücks-Eiersalat **NS** und grüner Tee
Mittagessen: Reste der Möhren-Ingwer-Suppe **NS**, ½ Salat-Pizza
Zwischenmahlzeit: Blumenkohl-Bruschetta **NS**
Abendessen: Pasta Carbonara mit gebratenem Kohl **NS**, Bohnen-und-Blatt-Salat **NS**

Freitag

Frühstück: Süßkartoffel-Muffins mit Carob, Mandelmus und grüner Tee

Mittagessen: Reste des Bohnen-und-Blatt-Salats **NS** mit Walnüssen und frischem Mozzarella-Käse
Zwischenmahlzeit: Gemüse-Sticks mit Ziegenkäse-Dip **NS**
Abendessen: Fisch-Tacos mit knackigem Fenchelsalat **NS**

Samstag

Frühstück: Feine Crêpes mit Hafer und grüner Tee
Mittagessen: Körnige Pilzsuppe mit Pesto
Zwischenmahlzeit: Obstsalat mit Minz-Limonen-Dressing **NS**
Abendessen: Knusprige Putenfleischpastete **NS**

WOCHE 1

Sonntag

Frühstück: Wildreis-Waffeln **NS** mit Bananenscheiben und rohen Walnüssen
Mittagessen: Ratatouille **NS**
Zwischenmahlzeit: Gurkenscheiben und Eiersalat mit Curry **NS**
Abendessen: Gemüse-Lasagne **NS**

Montag

Frühstück: Melasse-Kirsch-Knuspermüsli **NS**, Reisflocken und Joghurt mit frischen Blaubeeren und grünem Tee
Mittagessen: Reste der Gemüse-Lasagne **NS** mit gemischtem grünen Salat mit Zitronen-Olivenöl-Marinade
Zwischenmahlzeit: Birnen- und Apfel-Chips **NS** und Würzige Rosmarin-Nuss-Mischung
Abendessen: Zitronen-Ingwer-Lachs mit Naturreissalat **NS**

Dienstag

Frühstück: Rühreier mit Blaubeer-Walnuss-Muffins und grünem Tee
Mittagessen: Knackige Gemüse-Frühlingsrollen und Reste des Zitronen-Ingwer-Lachs
Zwischenmahlzeit: Leinsamen-Kräcker **NS** mit Tomaten-Auberginen-Salsa
Abendessen: Sommergemüse mit leckerer Fleischfüllung (Zucchini-Boote mit Putenhack), Ratatouille **NS**

Mittwoch

Frühstück: Rührei mit Putenhack und Ahornsirup **NS**, Ananasscheiben und grüner Tee
Mittagessen: Reste der Zucchini-Boote mit Putenhack und der Gemüse-Frühlingsrollen
Zwischenmahlzeit: Birnen- und Apfel-Chips **NS** und Würzige Rosmarin-Nuss-Mischung
Abendessen: Gebratener Radicchio mit Walnuss-Spinat-Pesto **NS**

Donnerstag

Frühstück: Blaubeer-Walnuss-Muffins, Reste vom Rührei mit Putenhack und Ahornsirup **NS**, grüner Tee
Mittagessen: Bohnen-und-Blatt-Salat mit Feta-Käse
Zwischenmahlzeit: Protein Blend™ Proteinpulver (Getränk für Blutgruppe B/AB)
Abendessen: Würzige Kebabs mit Ananas und Tempeh **NS**, Herbstliches Ofengemüse **NS**

Freitag

Frühstück: Quinoa-Müsli **NS**, Bananenscheiben, Blaubeeren und grüner Tee
Mittagessen: Reste des Bohnen-und-Blatt-Salats mit Resten des Würzigen Kebabs mit Ananas und Tempeh **NS**
Zwischenmahlzeit: Obstsalat mit Minz-Limonen-Dressing **NS**
Abendessen: Käsemakkaroni mit Rösttomaten und Brokkoli **NS** und Cremiges Spinatgemüse mit Knoblauch und Blattkohl **NS**

Samstag

Frühstück: Broccoli-Feta-Frittata **NS**, Ananas und grüner Tee
Mittagessen: Feta-Spinat-Pie
Zwischenmahlzeit: Würzige Rosmarin-Nuss-Mischung
Abendessen: Paella mit Meeresfrüchten **NS**

WOCHE 2

Sonntag

Frühstück: Kirsch-Scones **NS** mit Erdnusscreme und grünem Tee
Mittagessen: Griechischer Salat mit Rösttomaten
Zwischenmahlzeit: Gegrillte Ananas mit Zimtsirup
Abendessen: Marokkanische Lamm-Tagine **NS**

Montag

Frühstück: Frühstücks-Eiersalat **NS**
Mittagessen: Taboulé mit Minze und Reste der Marokkanischen Lamm-Tagine **NS**
Zwischenmahlzeit: Birnen- und Apfel-Chips
Abendessen: Spaghetti-Kürbis mit Ziegenkäse und Walnüssen

Dienstag

Frühstück: Quinoa-Müsli **NS** mit Bananenscheiben und frischen Blaubeeren
Mittagessen: Reste des Spaghetti-Kürbis **NS** mit grünen Blattsalaten und Zitronen-Olivenöl-Marinade
Zwischenmahlzeit: Gegrillte Ananas mit Zimtsirup
Abendessen: Pasta Carbonara mit gebratenem Kohl **NS**

Mittwoch

Frühstück: Mangold-Frittata, Ananasscheiben und grüner Tee
Mittagessen: Reste der Pasta Carbonara mit gebratenem Kohl **NS**
Zwischenmahlzeit: Pizzahappen **NS**
Abendessen: Würziges Lamm mit Wildpilzen **NS**

Donnerstag

Frühstück: Broccoli-Feta-Frittata **NS**, grüner Tee
Mittagessen: Sandwich mit Bohnen-Hummus und Feta **NS**
Zwischenmahlzeit: Birnen- und Apfel-Chips
Abendessen: Ingwer-Tofu-Pfanne **NS**, Gebackene Bohnen

Freitag

Frühstück: Blaubeer-Walnuss-Muffins **NS** und grüner Tee
Mittagessen: Reste der Ingwer-Tofu-Pfanne
Zwischenmahlzeit: Protein Blend™ Proteinpulver (Getränk für Blutgruppe B/AB)
Abendessen: Würziger Fischeintopf

Samstag

Frühstück: Dinkel-Pfannkuchen **NS** mit Rührei, grüner Tee
Mittagessen: Radicchio mit Lachsfüllung
Zwischenmahlzeit: Knusprige Küchlein aus Frühlingsgemüse **NS**
Abendessen: Süßkartoffel-Gnocchi mit Basilikum-Cranberry-Sauce **NS** und Mozzarella-Käse

WOCHE 3

Sonntag

Frühstück: Birnen-Rosmarin-Brot **NS** mit pochiertem Ei und grünem Tee
Mittagessen: Fischfilet-Sandwich
Zwischenmahlzeit: Gemüse-Sticks mit Ziegenkäse-Dip **NS**
Abendessen: Putenunterkeulen mit würziger Schoko-Sauce, Luftig-leichtes Süßkartoffel-Soufflé **NS** und Kohl-Salat

Montag

Frühstück: Tropisch-fruchtiger Grünkohl-Smoothie **NS** und grüner Tee
Mittagessen: Reste der Putenunterkeulen mit würziger Schoko-Sauce und Kohl-Salat
Zwischenmahlzeit: Eiweißriegel (Unibar® Protein Bar)
Abendessen: Nudeln mit pochiertem Lachs und sämiger Basilikumsauce, Würziger Brauner Senf mit Feta **NS**

Dienstag

Frühstück: Birnen-Rosmarin-Brot **NS** mit Rührei und grünem Tee
Mittagessen: Reste der Nudeln mit pochiertem Lachs und sämiger Basilikumsauce **NS**, Romanasalat mit Zitronen-Olivenöl-Marinade
Zwischenmahlzeit: Leinsamen-Kräcker mit Gemüse-Sticks und Ziegenkäse-Dip **NS**
Abendessen: Eintopf aus gekeimten Linsen **NS** und Pikant-süßer Rosenkohl

Mittwoch

Frühstück: Frühstücks-Eiersalat, grüner Tee
Mittagessen: Reste des Linsen-Eintopfs **NS**
Zwischenmahlzeit: Eiweißriegel (Unibar® Protein Bar)
Abendessen: Brokkoli-Bohnen-Suppe **NS**, Putenbrust in Grüntee pochiert **NS**

Donnerstag

Frühstück: Melasse-Kirsch-Knuspermüsli **NS**, Reisflocken und Joghurt mit frischen Blaubeeren und grünem Tee
Mittagessen: Fein geschnittene Reste der in Grüntee pochierten Putenbrust **NS** mit Cranberrys und Walnüssen auf Blattspinat mit Zitronen-Olivenöl-Marinade
Zwischenmahlzeit: Leinsamen-Kräcker **NS** mit Tomaten-Auberginen-Salsa
Abendessen: Kurzgebratener Thunfisch mit Feigen-Basilikum-Chutney **NS** und Röstkürbis mit gebratenem Salbei **NS**

Freitag

Frühstück: Rührei mit Putenhack und Ahornsirup **NS**, Ananasscheiben und grüner Tee
Mittagessen: Reste des Kurzgebratenen Thunfischs mit Feigen-Basilikum-Chutney **NS**
Zwischenmahlzeit: Eiweißriegel (Unibar® Protein Bar)
Abendessen: Sommergemüse mit leckerer Fleischfüllung (Zucchini-Boote mit Putenhack), Körnige Pilzsuppe mit Pesto **NS**

Samstag

Frühstück: Soufflé mit grünem Blattgemüse **NS**, grüner Tee
Mittagessen: Knackige Gemüse-Frühlingsrollen mit Kirsch-Dip **NS**
Zwischenmahlzeit: Knackige Spargelrollen mit Speck und Nüssen
Abendessen: Pasta mit Frühlings-Pesto **NS**, gegrillter Heilbutt

WOCHE 4

Sonntag

Frühstück: Birnen-Rosmarin-Brot **NS**, Rührei
Mittagessen: Sandwich mit Bohnen-Hummus und Feta **NS**
Zwischenmahlzeit: Obstsalat mit Minz-Limonen-Dressing **NS**
Abendessen: »Shepherd's Pie« – einmal anders **NS**, Käsemakkaroni mit Rösttomaten und Brokkoli **NS**

Montag

Frühstück: Rührei mit Putenhack und Ahornsirup, grüner Tee
Mittagessen: Reste der »Shepherd's Pie« – einmal anders **NS**
Zwischenmahlzeit: Blumenkohl-Bruschetta **NS**
Abendessen: Nudeln mit pochiertem Lachs und sämiger Basilikumsauce **NS**, gemischte grüne Blattsalate mit Zitronen-Olivenöl-Marinade

Dienstag

Frühstück: Kürbis-Muffins mit Carob **NS**, Erdnusscreme und grünem Tee
Mittagessen: Gebackene Falafel **NS** und Griechischer Salat mit Rösttomaten **NS**
Zwischenmahlzeit: Obstsalat mit Minz-Limonen-Dressing **NS**
Abendessen: Linsen-Burger und Knackige Spargelrollen mit Speck und Nüssen

Mittwoch

Frühstück: Kirsch-Scones, Tropisch-fruchtiger Grünkohl-Smoothie **NS** und grüner Tee
Mittagessen: Reste der Knackigen Spargelrollen mit Speck und Nüssen mit Ziegenkäse in Buttersalatblätter gewickelt
Zwischenmahlzeit: Gemüse-Sticks mit Ziegenkäse-Dip **NS**
Abendessen: Ingwer-Tofu-Pfanne **NS**, Möhren-Ingwer-Suppe **NS**

Donnerstag

Frühstück: Frühstücks-Eiersalat **NS** und grüner Tee
Mittagessen: Reste der Möhren-Ingwer-Suppe **NS**, ½ Hummus-Sandwich mit Feta **NS**
Zwischenmahlzeit: Blumenkohl-Bruschetta **NS**
Abendessen: Pasta Carbonara mit gebratenem Kohl **NS** und Bohnen-und-Blatt-Salat

Freitag

Frühstück: Kürbis-Muffins mit Carob **NS**, Erdnusscreme und grünem Tee

Mittagessen: Reste des Bohnen-und-Blatt-Salats mit Walnüssen und frischem Mozzarella-Käse
Zwischenmahlzeit: Gemüse-Sticks mit Ziegenkäse-Dip **NS**
Abendessen: Fisch-Tacos mit knackigem Fenchelsalat **NS**

Samstag

Frühstück: Feine Crêpes mit Hafer **NS** und grüner Tee
Mittagessen: Herzhafte Suppe mit Tofu **NS**
Zwischenmahlzeit: Gegrillte Ananas mit Zimtsirup
Abendessen: Knusprige Putenfleischpastete

Einkaufslisten für alle Blutgruppen

Erleichtern Sie sich mit den folgenden Listen *bekömmlicher* Nahrungsmittel für Ihre jeweilige Blutgruppe den Einkauf.

Einkaufsliste für Blutgruppe 0

Obst und Gemüse:

- Artischocken
- Bananen
- Blattsalat
- Blaubeeren
- Brokkoli
- Feigen
- Grünkohl
- Kirschen
- Mango
- Spinat
- Süßkartoffeln
- Wassermelone
- Zwiebeln

Backzutaten:

- Agavensirup
- Backpulver
- Hirsemehl
- Meersalz
- Naturreismehl *(neutral)*
- Pfeilwurzelstärke

Milchprodukte:

- Butter
- Eier
- Fetakäse
- Mozzarella-Käse

Fleisch/Fisch:

- Heilbutt
- Kabeljau
- Lamm
- Nördlicher Schnapper
- Pute
- Rindfleisch

Sonstiges:

- Adzukibohnen
- Augenbohnen
- Carob
- Cayennepfeffer
- Currypulver
- Grüntee
- Ingwertee
- Leinsamen

- Mandelmus
- Mandeln
- Naturreisbrot *(neutral)*
- Olivenöl
- Petersilie
- Mineralwasser
- Walnüsse

Einkaufsliste für Blutgruppe A

Obst und Gemüse:

- Ananas
- Aprikosen
- Artischocken
- Blattsalat
- Blaubeeren
- Brokkoli
- Feigen
- Fenchel
- Grapefruit
- Grünkohl
- Kirschen
- Kürbis (Pumpkin; wenn Saison)
- Möhren
- Spinat
- Stangensellerie
- Zwiebeln

Backzutaten:

- Agavensirup
- Backpulver
- Buchweizenmehl
- Dinkelmehl
- Hafermehl
- Meersalz
- Melasse
- Naturreismehl

Milchprodukte:

- Eier
- Fetakäse
- Ghee
- Mozzarella
- Ricotta
- Sojadrink
- Ziegenkäse

Protein:

- Forelle
- Huhn
- Kabeljau
- Lachs
- Nördlicher Schnapper
- Pute
- Tempeh
- Tofu

Sonstiges:

- Adzukibohnen
- Augenbohnen
- Erdnusscreme
- Erdnüsse
- Grüntee
- Ingwer
- Ingwertee
- Kaffee
- Kamillentee
- Knoblauch
- Kürbiskerne
- Leinsamen
- Linsen
- Naturreisbrot
- Olivenöl
- Rotwein
- Sojabohnen
- Sojasauce
- Walnüsse
- Walnussöl

Einkaufsliste für Blutgruppe B

Obst und Gemüse:

- Ananas
- Aubergine
- Bananen
- Brokkoli
- Cranberrys
- Grünkohl
- Ingwer
- Kopfkohl
- Möhren
- Paprikaschoten
- Rote Bete
- Süßkartoffeln
- Wassermelone
- Weintrauben

Backzutaten:

- Agavensirup
- Backpulver
- Dinkelmehl
- Hafermehl
- Hirsemehl
- Meersalz
- Melasse
- Naturreismehl

Milchprodukte:

- Butter
- Eier
- Fetakäse
- Hüttenkäse
- Joghurt
- Kuhmilch
- Mozzarella
- Ricotta
- Ziegenkäse

Fleisch/Fisch:

- Goldmakrele
- Heilbutt
- Kabeljau
- Lachs
- Lamm
- Pute
- Scholle
- Wild

Sonstiges:

- Cayennepfeffer
- Dinkelbrot
- Grüntee
- Haferbrot
- Ingwertee
- Kidneybohnen
- Mandelmus
- Mandeln
- Olivenöl
- Petersilie
- Pfefferminztee
- Walnüsse
- Weiße Bohnen

Einkaufsliste für Blutgruppe AB

Obst und Gemüse:

- Ananas
- Aubergine
- Blumenkohl
- Brokkoli
- Feigen
- Grapefruit
- Grünkohl
- Knoblauch
- Pastinaken
- Rote Bete
- Süßkartoffeln
- Wasser-melone
- Weintrauben

Backzutaten:

- Agavensirup
- Backpulver
- Dinkelmehl
- Hafermehl
- Meersalz
- Melasse
- Naturreismehl
- Sojamehl

Milchprodukte:

- Eier
- Fetakäse
- Ghee
- Hüttenkäse

- Joghurt
- Mozzarella
- Ricotta
- Ziegenkäse
- Ziegenmilch

Fleisch/Fisch:

- Goldmakrele
- Kabeljau
- Lachs
- Lamm
- Nördlicher Schnapper
- Pute
- Thunfisch

Sonstiges:

- Curry
- Dinkelbrot
- Erdnusscreme
- Erdnüsse
- Grüntee
- Haferbrot
- Ingwertee
- Kamillentee
- Linsen
- Mandeln
- Olivenöl
- Petersilie
- Rotwein
- Sojabohnen
- Tempeh
- Tofu
- Walnüsse
- Weiße Bohnen
- Weizenkeimbrot

Hinweis: In diesen Einkaufslisten werden nur die gebräuchlichsten *bekömmlichen* und einige *neutrale* Nahrungsmittel für die jeweilige Blutgruppe genannt. Eine vollständige Aufstellung der für Sie *bekömmlichen, neutralen* und *zu vermeidenden* Nahrungsmittel finden Sie in *4 Blutgruppen – 4 Strategien für ein gesundes Leben, 4 Blutgruppen – Richtig leben* oder in *Das Original-Blutgruppenkonzept – Tipps für die Blutgruppe 0/A/B/AB* beziehungsweise in Ihrem persönlichen SWAMI-Ernährungsprogramm.

An die Umwelt denken

Michel Nischan legt als Koch und als Kochbuchautor Wert auf Nachhaltigkeit und er kennt sich mit gesunder Nahrung aus der Region aus. In einem seiner Bücher, *Sustainably Delicious: Making the World a Better Place, One Recipe at a Time*, schreibt er: »Aroma geht immer mit Nährstoffen einher, und Nährstoffe sind immer mit Gesundheit verbunden.« Jeder Koch auf dieser Erde weiß, dass man die besten Gerichte nur mit den frischesten Zutaten zubereiten kann, und nichts kann frischer sein als die Tomate, die in Ihrem eigenen Küchengarten oder auf dem Bauernhof in Ihrem Ort wächst. Wer über einen Wochenmarkt schlendert und das Angebot an Obst und Gemüse begutachtet, wird feststellen, dass die genau zum Zeitpunkt der Reife geernteten Produkte unendlich lebendiger wirken – in Geruch, Beschaffenheit und Geschmack – als vergleichbare Ware im Supermarkt. Wenn frische, vollwertige Zutaten Ausgangspunkt eines Gerichts sind, wird daraus ziemlich sicher ein Leckerbissen, der auch noch besonders gesund ist.

Hier folgen einige Gedanken zum Bio-Einkauf, zur Vermeidung von Giftstoffen in der Küche und zur Frische von Obst und Gemüse.

Grundsätze im Überblick

Kaufen Sie, wo immer es geht, Bio-Ware und Rindfleisch aus Weidehaltung. Warum? Früchte und Gemüse aus konventionellem Anbau werden mit schädlichen Chemikalien wie Herbiziden, Pestiziden und Insektiziden besprüht. Die chemischen Stoffe in diesen Pflanzenschutzmitteln können den Hormonhaushalt stören, möglicherweise Krebs, Allergien, Asthma und andere gesundheitliche Störungen verursachen. In der konventionellen Tierhaltung herrschen keine guten Bedingungen, es geht nur um rasche Gewichtszunahme auf Kosten der Gesundheit der Tiere. Bedingt durch die Massentierhaltung werden häufig Antibiotika eingesetzt, die sich dann im Fleisch wiederfinden. Es kommt auch vor, dass illegal Hormone eingesetzt werden, die für mehr Körpermasse bei den Tieren sorgen und das Fleisch für den Konsumenten besser aussehen lassen.

Nachfolgend einige Definitionen, die Klarheit bringen sollen:

»Bio« oder »Öko« – Für Lebensmittel darf nur die Bezeichnung »Bio« oder »Öko« verwendet werden, wenn sie nach den Regeln der EG-Öko-Verordnung produziert wurden. Solche Produkte tragen das Bio-Logo der EU und die Codenummer der Kontrollstelle.

Liegt der Öko-Anteil zwischen 50 und 95 Prozent, dürfen die Öko-Zutaten nur im Zutatenverzeichnis gekennzeichnet werden.

Formulierungen wie »aus kontrolliertem Anbau« oder »aus umweltschonender Landwirtschaft« sollen oft nur den Eindruck erwecken, es handele sich um ein Bio-Produkt. Halten Sie in zweifelhaften Fällen Ausschau nach dem Bio-Logo der EU.

Daneben gibt es noch mehrere Anbauverbände, die neben den Vorschriften der EG-Öko-Verordnung auch noch die Richtlinien des Verbands einhalten müssen, z. B. Demeter, Naturland, Bioland oder Bio-Austria.

Weidefleisch – ist kein geschützter Begriff, in der Regel wird so jedoch das Fleisch von Tieren bezeichnet, die ihr Leben auf der Weide verbracht und Gras gefressen haben.

Freilandhaltung – steht in der Regel für die Haltung von Nutztieren mit Auslauf außerhalb von Ställen. Zu bedenken ist dabei jedoch, dass dies noch nichts über die Beschaffenheit dieses »Auslaufs« aussagt, die Tiere können zusammengepfercht, die Bedingungen schlecht sein.

Bodenhaltung – bei Hühnern bedeutet, dass die Hühner in einem geschlossenen Stall leben, sich aber frei bewegen können. Die Anzahl der Tiere pro Quadratmeter ist begrenzt. Ein bestimmter Bereich muss den Hühnern als Scharrraum zur Verfügung stehen.

Wie kaufe ich regional und biologisch?

Saisonware wählen

Den Ausdruck *Saisonware* findet man recht häufig, doch was sind die Vorteile? Geschmack. Natürlich macht es auch für die Umwelt einen Unterschied, aber der Unterschied zwischen einer traditionellen Tomate, die frisch von der Rispe kommt, und einer gentechnisch veränderten Tomate aus dem Supermarkt wird auch den größten Skeptiker überzeugen. Wer Saisonware wählt, erhält außerdem eine bestimmte Abfolge von Gemüsen und damit auch von Nährstoffen. Es gibt wohl nichts Besseres als eine erfrischende Wassermelone im Sommer oder einen gerösteten Kürbis im Herbst. Lassen Sie es sich zur Gewohnheit werden, regionale Saisonware aus biologischem Anbau zu kaufen.

Und wo finde ich frische Saisonware?

Erkundigen Sie sich, wo es in Ihrer Gegend Wochenmärkte, Hofläden und Ähnliches gibt. Die meisten Anbieter werden Ihnen gerne ihr Angebot zeigen – und Ihre Kinder in die Welt des Gemüseanbaus oder der Tierhaltung einführen. Sehr umfassende Informationen finden Sie beispielsweise auf der Website http://www.oekolandbau.de/verbraucher/einkaufen/einkaufsfuehrer/, hilfreich ist auch die Website von Bio-Austria und die Suchmöglichkeit über http://www.biomaps.at.

Regional oder Bio?

Manchmal müssen wir uns entscheiden, ob wir regionalen Produkten oder Bio-Ware den Vorzug geben. Regionale Produkte sind unschlagbar frisch, ihr Transport belastet die Umwelt deutlich weniger – sie werden nicht zum Beispiel aus Australien hergeflogen. Bio-Ware wird jedoch ohne schädliche Chemikalien erzeugt – also ohne Schaden für Sie und für die Umwelt. Ich greife meist zu Bio-Ware, wenn sich nicht beides vereinbaren lässt. In einer idealen Welt müssten wir uns nicht zwischen regional und Bio entscheiden, doch in der Realität kommt das vor. Zum Glück gibt es in vielen Gegenden schon Erzeuger, die nach ökologischen Grundsätzen arbeiten und uns die Entscheidung leichter machen.

Gesund und bezahlbar?

Jeder von uns muss selbst wissen, was er sich leisten kann. Leichter wird die gesunde Ernährung mit begrenzten Mitteln, wenn Sie Prioritäten setzen. Wenn Sie sich an der Blutgruppendiät orientieren, werden Sie auf Dinge wie Kartoffelchips, Limonaden, Fertigsaucen, Kekse und die meisten industriell verarbeiteten Lebensmittel ohnehin verzichten. Allein dadurch erhalten Sie schon mehr Spielraum für gesündere Alternativen. Außerdem ist Saisonware wesentlich günstiger als andere Produkte. Blaubeeren sind im Sommer durchaus erschwinglich, mitten im Winter kosten sie aber ein Vermögen. Kaufen Sie Getreide oder Nüsse stets in größeren Mengen. Nüsse sollten Sie allerdings einfrieren, denn die darin enthaltenen Fette könnten in der Vorratskammer ranzig werden. Größere Mengen sind meist günstiger und bedeuten auch weniger Verpackung.

Besonders viel einsparen können Sie, wenn Sie klare Schwerpunkte setzen. Es gibt zwölf Obst- und Gemüsesorten, die besonders durch Pestizidrückstände belastet sind – diese aus ökologischem Anbau zu kaufen sollte daher Priorität haben (siehe die nachfolgend angeführten »Zwielichtigen Zwölf«). Verzichten Sie nicht gänzlich auf diese Sorten, wenn Sie sparen müssen, sondern kaufen Sie kleine Mengen. Versuchen Sie ein oder zwei Produkte, die biologisch sein müssen, mit anderen zu kombinieren, die besonders gering mit Pestizidrückständen belastet sind – mit den »Fabelhaften Fünfzehn«.

*Die Zwielichtigen Zwölf/Fabelhaften Fünfzehn**

Es folgt eine Liste der »Zwielichtigen Zwölf«. Versuchen Sie, diese nach Möglichkeit aus organischem Anbau zu kaufen, um die Belastung Ihres Körpers durch Pestizide zu reduzieren.

1. Äpfel
2. Stangensellerie
3. Erdbeeren
   (*zu vermeiden* für Gruppe 0 Nicht-Sekretoren)
4. Pfirsiche
5. Spinat
6. Nektarinen
7. Weintrauben
8. Paprikaschoten (*zu vermeiden* für A, AB)
9. Kartoffeln (*zu vermeiden* für 0, A)
10. Blaubeeren
11. Blattsalat
12. Blattkohl

Nun folgen die »Fabelhaften Fünfzehn«, eine Liste jener Obst- und Gemüsesorten mit den wenigsten Pestizidrückständen, die daher aus konventionellem Anbau verhältnismäßig unbedenklich sind. Wenn die Möglichkeit besteht, ist es jedoch für Sie und für die Umwelt immer besser, wenn Sie Bio-Ware wählen.

1. Zwiebeln
2. Zuckermais (*zu vermeiden* für 0, B, AB)
3. Ananas
4. Avocados (*zu vermeiden* für 0, B, AB)
5. Spargel
6. Grüne Erbsen

* Quelle für die »Zwielichtigen Zwölf« (Dirty Dozen) und »Fabelhaften Fünfzehn« (Clean Fifteen) ist die Website der »Environmental Working Group«, www.ewg.org.

7. Mangos (*zu vermeiden* für A, AB)
8. Auberginen (*zu vermeiden* für A)
9. Kantalupe Melone (*zu vermeiden* für 0, A)
10. Kiwis (*zu vermeiden* für 0)
11. Kopfkohl (*zu vermeiden* für 0, A)
12. Wassermelone
13. Süßkartoffeln
14. Grapefruit
15. Pilze

Gesunde Lagerung

Was bedeutet hier gesund? Die meisten von uns wissen, dass in vielen Kunststoffen Bisphenol A (BPA) enthalten ist, das, wenn es aufgenommen wird, den Hormonhaushalt stört. Neuere Studien ergaben, dass sich BPA negativ auf den Hormonspiegel auswirkt, was zu Adipositas führen kann, und die Schilddrüsenfunktion stört, zudem erhöht BPA das Risiko für bestimmte Arten von Krebs.

Worin ist BPA enthalten?

BPA steckt in verbrauchernahen Produkten wie Kunststoffbehältern, Wasserflaschen, Plastikverpackungen, Dosen und manchen Kartonverpackungen. Kunststoffe mit der Recyclingnummer 3, 6 oder 7 enthalten häufig BPA.

Was lässt BPA in die Nahrung gelangen?

Dosen weisen eine BPA-haltige Innenschicht auf. Wenn eine Dose Nahrungsmittel mit hohem Säuregehalt enthält (etwa Tomaten), steigt die Wahrscheinlichkeit, dass BPA in die Nahrung gelangt. Nahrungsmittel mit hohem Säuregehalt greifen auch Kunststoffe an, aber auch drastische Temperaturveränderungen (wie Einfrieren oder hohe Temperaturen im Auto) können Plastik angreifen.

Wie kann ich das vermeiden?

Das Problembewusstsein ist in den letzten Jahren gestiegen, die BPA-Belastung wird untersucht und diskutiert. So wurde Bisphenol in Babyflaschen etwa bereits verboten. Einzelne Länder ziehen ein Verbot von Bisphenolen in Lebensmittelverpackungen in Erwägung, die Nachfrage nach BPA-freien Produkten steigt. Eine gute Alternative zu Dosen bietet Tetra Pak – alle Tetra Paks sind BPA-frei. Halten Sie außerdem Ausschau nach Nahrungsmitteln in Gläsern und Flaschen anstelle von Dosen und Kunststoffen.

Und was ist mit den Nahrungsmitteln in Kunststoffverpackungen und Dosen?

Kaufen Sie am besten frische Nahrungsmittel oder solche in Glas oder Tetra Pak. Fleisch und Fisch, die im Laden in Plastik eingepackt werden, können Sie zu Hause für die Lagerung herausnehmen. Sie können sich jedoch auch sehr wohl beim Einkauf zu Wort melden und sagen, dass Sie Papier als Verpackung vorziehen. Wenn sich viele Menschen dementsprechend äußern, wird es zu Veränderungen kommen.

Wie packe ich das Pausenbrot ein?

Brotdosen und Plastikflaschen für die Pausenmahlzeit enthalten meist BPA. Allerdings gibt es mittlerweile einige BPA-freie Optionen, man muss nur nach ihnen Ausschau halten. Neuere Studien über die schädlichen Auswirkungen von BPA auf die Gesundheit veranlassen immer mehr Firmen, auf BPA-freie Verpackung umzusteigen. Glasbehälter mit fest verschließbaren Deckeln gibt es in vielen unterschiedlichen Größen, sie sind eine gute Alternative zu Kunststoff.

HINWEIS: Beziehen Sie die Kinder mit ein, damit sie diese Dinge von Anfang an lernen. Beteiligen Sie sie an der Vorbereitung und am Einpacken des Pausenbrots. Das sind erste Kenntnisse über gesunde Ernährung. Wählen Sie lustig gestaltete Dosen ohne schädliche Inhaltsstoffe.

Warum sind Chemikalien problematisch?

Herkömmliche Haushaltsreiniger enthalten Stoffe wie Alkylphenole, Ammoniak, Chlor und Diethanolamin, um nur einige zu nennen. Diese Stoffe können allergische Reaktionen, Hautreizungen, Asthma und möglicherweise noch wesentlich schwerwiegendere Gesundheitsprobleme hervorrufen. Solcherlei Chemikalien völlig aus dem Weg zu gehen, ist unmöglich, doch wir können uns bewusst machen, wo sie anzutreffen sind, und die Belastung möglichst gering halten. Der erste Schritt besteht darin, alle Reinigungs- und Bleichmittel, Desinfektionssprays und Wischtücher zu entsorgen.

Sind natürliche Reinigungsmittel teurer?

Nicht wenn Sie klug vorgehen! Es kann sogar günstiger sein, auf natürliche Reinigungsmittel zurückzugreifen. So wird im Folgenden beispielsweise Essig als Ersatz für einige Reinigungsmittel genannt. Essig kostet nicht viel, und mit einer Flasche Essig können Sie wirklich lange putzen.

Mit welchen Mitteln kann man gut reinigen?

Die besten ungiftigen Reinigungsmittel sind Essig, Natron, Zitronensaft und Soda. Essig wirkt desinfizierend und hilft bei der Beseitigung von Gerüchen, ob Sie es glauben oder nicht. Sie können ihn für Böden, Arbeitsflächen, die Spüle, ja im Grunde für jede verschmutzte Oberfläche verwenden. Natron mit Wasser wirkt leicht abrasiv und kann zum Reinigen von Edelstahl und Teppichen verwendet werden, außerdem macht es Stoffe weicher und kann dabei helfen, Gerüche zu beseitigen.

Anhang

Zusätzliche Informationen zur Blutgruppendiät

Die Blutgruppe herausfinden

Es ist schwer, sich an der Blutgruppendiät zu orientieren, wenn man seine Blutgruppe nicht kennt. Im Gegensatz zu den USA kennt in Europa praktisch jeder seine Blutgruppe, auch wenn er noch keine Bluttransfusion benötigt hat. Für all jene, die sie nicht kennen, gibt es mehrere Möglichkeiten:

Blut spenden. Sie leisten damit nicht nur einen Dienst an der Gemeinschaft, Sie können auch gratis und leicht Ihre Blutgruppe herausfinden. Wann Sie wo Blut spenden können, erfahren Sie beispielsweise auf der Website des Roten Kreuzes (www.drk-blutspende.de; www.roteskreuz.at/blutspende/; www.blutspende.ch).

Wir bieten in unserer Produktlinie auch ein Blutgruppen-Bestimmungsset an (zu beziehen über unseren offiziellen Vertrieb in Europa: www.right4eu.com).

Oder Sie bitten einfach Ihren Arzt, wenn Sie ihn das nächste Mal aufsuchen und Ihre Blutwerte bestimmen lassen, um die zusätzliche Feststellung der Blutgruppe.

Sekretoren-Status

In diesem Buch wird auch der Sekretorenstatus berücksichtigt, bei den Rezepten wird angegeben, ob sie für Sekretoren und Nicht-Sekretoren geeignet sind. Wenn Sie Ihren Sekretorenstatus nicht kennen, können Sie den Test ebenfalls über die genannte Website beziehen.

Im Buch genannte Produkte

Protein Blend™ Proteinpulver: Dr. D'Adamo entwickelte ein spezifisches Proteinpulver, das die individuellen Bedürfnisse jeder Blutgruppe berücksichtigt. Das Pulver für Blutgruppe 0, A und B hat einen hohen Proteinanteil auf der Basis von Reisprotein und Hühnereiweiß und enthält keinen Zucker. Das Pulver für Blutgruppe AB hat einen hohen Proteinanteil auf der Basis von Molkenkonzentrat und enthält ebenfalls keinen Zucker.

Unibar® Protein Bar: Ein gesunder Snack, der von Dr. D'Adamo für alle Blutgruppen entwickelt wurde, für Sekretoren und Nicht-Sekretoren, und sich bestens als Mahlzeitenersatz, als Brennstoff für ein Work-out oder einfach als nährstoffreiche Kleinigkeit für den Energieschub zwischendurch eignet.

Carob Extract™: Dieser Sirup wird aus Johannisbrot hergestellt und ist für alle Blutgruppen *bekömmlich*, denn er hilft bei Verdauungsbeschwerden und bei Erschöpfung. Geben Sie ihn über Ihre Crêpes, Eiscreme, Muffins oder über Ihre Frühstücksflocken.

Proberry 3™ Liquid: Proberry 3™ dient der Stärkung des Immunsystems und ist sowohl in Kapsel- als auch in flüssiger

Form erhältlich. Nehmen Sie es teelöffelweise ein, wenn Sie erkältet sind, beträufeln Sie damit Smoothies oder Eiscreme oder geben Sie es in Ihren Tee. So erhalten Sie zusätzlich äußerst schmackhafte Antioxidantien.

SWAMI© Software für eine persönlich zugeschnittene Ernährung: Mit dieser Software lassen sich maßgeschneiderte Diäten ausarbeiten. SWAMI kann auf Grundlage seiner umfassenden Datenbank mehr als 700 Nahrungsmittel im Hinblick auf über 200 Eigenschaften bewerten (etwa Cholesterin-, Gluten-, Antioxidantiengehalt etc.) und so feststellen, ob dieses Nahrungsmittel für Sie besonders wertvoll oder gar toxisch ist. Es liefert eine spezifische, einzigartige und leicht verständliche Diät in einem benutzerfreundlichen Format.

Vertrieb

North American Pharmacal ist der offizielle Vertrieb für die speziellen Blutgruppen-Produkte.

Produktinformationen und Preise finden sich auf unserer Website (www.4yourtype.com). Natürlich können Sie auch unter der Nummer 001-203-7610042 bei North American Pharmacal anrufen oder unter 001-203-7610043 ein Fax senden.

Für Leser im deutschsprachigen Raum:

Der offizielle Vertrieb in Europa, über den Sie ebenfalls Informationen erhalten können, ist:

NAP4EU Ltd.
info@right4eu.com
www.right4eu.com

Danksagungen

Dr. PETER J. D'ADAMO

Mit großer Freude lege ich den Lesern von *4 Blutgruppen* und auch jenen, die sich für meine Arbeit über die Blutgruppendiät und meine fortlaufende Forschungsarbeit im Bereich der personalisierten Medizin interessieren, nun *4 Blutgruppen – Das große Kochbuch* vor. Bei dieser Gelegenheit möchte ich mich bei zahlreichen Personen bedanken, denn dies war ein Gemeinschaftsprojekt.

Meine tiefe Wertschätzung gilt Berkley Books, Teil von Penguin Group (USA) Inc., meinem langjährigen Verlag; ein besonderer Dank geht dabei an meine Redakteurin Denise Silvestro, deren persönlicher Glaube an diese Kochbücher aus den ursprünglichen E-Books das werden ließ, was nun vor Ihnen liegt; an meine Herausgeberin Leslie Gelbman und an Allison Janice, die die Produktion koordinierte; an Pam Barricklow, die leitende Redakteurin; und an das gesamte Berkley-Team, das an diesem Projekt beteiligt war. Auch meiner engagierten Agentin Janis Vallely möchte ich danken, ohne deren Zureden, Anleitung und Hartnäckigkeit dieses Buch nicht gediehen wäre.

Mein ganz besonderer Dank gilt Kristin O'Connor, deren kulinarische Fähigkeiten in Kombination mit ihrem großen Wissen und ihrem Glauben an die Blutgruppendiät uns köstliche, nahrhafte Rezepte entwickeln ließen, die für jede Blutgruppe genau richtig sind.

Eine Dankesbezeugung sende ich auch unserem Team bei North American Pharmacal and Drum Hill, das an der Entwicklung dieses Buches beteiligt war, besonders Bob Messineo, Wendy Simmons-Taylor, Ann Quasarano, John Alvord, Emily D'Adamo und Angela Bergamini.

Wie immer bin ich meiner Ehefrau und Partnerin Martha Mosko D'Adamo sehr dankbar für ihre unermüdliche Unterstützung und für ihre Rolle in der Entstehungsgeschichte dieses Buches; und auch meinen Töchtern Claudia und Emily, die sich beide leidenschaftlich für dieses Thema und für eine gut zubereitete Mahlzeit interessieren.

Ein abschließendes Dankeschön an jene Hunderttausende von Lesern und Anhängern, die diesen Weg mit mir gegangen sind. Ihr fortwährender Einsatz für Ihre persönliche Gesundheit und Ihr Wohlbefinden ermutigt und bestärkt mich, Ihr Vertrauen und Ihr Glaube an diese Arbeit lassen mich demütig werden.

KRISTIN O'CONNOR

Ich kann mich glücklich schätzen, so viel Unterstützung zu genießen; ich hätte auf keinen Einzelnen von euch verzichten wollen!

Da ist zunächst natürlich Dr. Peter D'Adamo, von dem die wissenschaftlichen Hintergründe dieser wirksamen Diät stammen. Ich werde stets Respekt für Ihren brillanten Kopf und Ihren Einsatz für eine gesündere Welt empfinden! Meine Mutter Susan O'Connor ist der eigentliche Grund, warum ich so viel Vertrauen in diese Diät setze, denn sie lehrte mich kochen, unterstützte mich bei jedem Schritt und war stets an meiner Seite, während ich all die Rezepte testete! Mein Vater Kevin O'Connor, der in mir mehr Potenzial sieht als jeder andere, führte mich in die Grundlagen der Fotografie ein und machte mir Mut, den Schritt an die Öffentlichkeit ein ums andere Mal zu wagen. Mein Bruder Dr. Ryan O'Connor erkennt meine Leistungen an und freut sich mit mir über meine Erfolge, als wären es seine eigenen – und er probiert nur zu gerne meine neuen Rezepte aus! Meinen Großeltern Mike und Ellie DeMaio danke ich für den vielen Applaus, ihre ermutigenden Worte und die bedingungslose Unterstützung.

Ein ganz großes Dankeschön an David Domedion, der jedes Rezept genauestens redigierte. Danke Chris Bierlein, der in der Aufnahme und Bearbeitung unserer wunderbaren Titelfotos unglaubliches Talent, außerordentliche Gutmütigkeit und Großzügigkeit bewies. Es war ein Privileg, mit ihm zu arbeiten!

Heather Rahilly, deren Freundschaft mich am Boden hielt und deren Verstand mich dranbleiben ließ – danke, du bist die gründlichste Anwältin, die ich mir wünschen könnte! Meinen Freunden, die für mich wie eine Familie sind, für ihre selbstlose Hilfe in jeder erdenklichen Weise: Annie Gaffron, Mandy Geisler, Latha Chirunomula (mit Padma und Pushpavathi für die Unterweisung in der südindischen Küche), Jennifer Eastes, Iwona Lacka und den Metwallys.

Danke Tim Macklin, meinem sehr geduldigen Mentor, der mir stets mit seinem Wissen und seinen aufmunternden Worten zur Verfügung stand. Danke Danielle Boccher, Scott Olnhausen und all meinen Freunden bei Concentric! Mein besonderer Dank gilt Dr. Peter Bongiorno und Dr. Pina LoGiudice, die mich unter ihre Fittiche nahmen, als ich als Köchin beinahe noch frisch geschlüpft war, aber schon etwas bewirken wollte.

Danke Kate Fitzpatrick und Ann Quasarano, deren Verlässlichkeit und Einsatz für die Veröffentlichung dieses Buches ich wirklich sehr zu schätzen weiß. Danke Stephen Czick für die vielen Stunden an Redaktionsarbeit und Unterstützung. Danke Wendy Simmons-Taylor für die große Geduld in der Gestaltung dieses Buches.

Danke Martha D'Adamo und dem Team von Drum Hill Publishing für die Chance, an diesem Kochbuch, das mir sehr viel bedeutet und an das ich glaube, mitzuarbeiten.

Und schließlich ein ganz besonderes Dankeschön an Craig Anderson, die ganz zu Anfang auf mich setzte und damit die Tür zu meinem Traum aufstieß.

REGISTER
– NACH REZEPTGRUPPEN

Abendessen

Suppen und Beilagen

Zwischenmahlzeiten

Getränke

Desserts

Brühen, Extras und Saucen

Die kompakte Information für alle mit Blutgruppe 0

Peter J. D'Adamo

4 Blutgruppen – Das Original-Blutgruppenkonzept

Tips für die Blutgruppe 0

Aus dem Amerikanischen von Erica Mertens-Feldbausch

Piper Taschenbuch, 128 Seiten
€ 10,00 [D], € 10,30 [A]*
ISBN 978-3-492-30655-3

Was tun, wenn Sie beim Einkaufen, beim Kochen, im Restaurant oder auf Reisen schnell wissen wollen, ob bestimmte Nahrungsmittel für Sie sinnvoll sind oder nicht? Dr. D'Adamo hat für die Blutgruppe 0 diese Kompaktinformation neu konzipiert. In übersichtlichen Tabellen finden Sie die Nahrungsmittel, die für Sie bekömmlich, neutral oder nicht zu empfehlen sind. Kurze Kapitel über Nahrungsergänzungsmittel und über Naturheilmittel bei gängigen Krankheiten runden das praktische und handliche Buch ab.

Leseproben, E-Books und mehr unter www.piper.de